普通高等教育"十一五"国家级规划教材

房地产法

（第四版）

黄河 编著

中国政法大学出版社

2021·北京

图书在版编目（CIP）数据

房地产法/黄河编著. —4版. —北京：中国政法大学出版社，2021.9
ISBN 978-7-5764-0026-7

Ⅰ.①房…　Ⅱ.①黄…　Ⅲ.①房地产法—中国—高等学校—教材
Ⅳ.①D922.181

中国版本图书馆CIP数据核字(2021)第178446号

出　版　者	中国政法大学出版社
地　　　址	北京市海淀区西土城路 25 号
邮　　　箱	fadapress@163.com
网　　　址	http://www.cuplpress.com (网络实名：中国政法大学出版社)
电　　　话	010-58908435(第一编辑部) 58908334(邮购部)
承　　　印	固安华明印业有限公司
开　　　本	720mm×960mm　1/16
印　　　张	16.5
字　　　数	342 千字
版　　　次	2021 年 9 月第 4 版
印　　　次	2021 年 9 月第 1 次印刷
印　　　数	1～5000 册
定　　　价	49.00 元

作 者 简 介

　　黄　河　男，1960年8月生，陕西省富平县人，曾任西北政法学院（现西北政法大学）经济法系主任、教授，陕西省高级人民法院副院长、一级高级法官，陕西省人民检察院副检察长、一级高级检察官，第十、十一届全国人大代表，兼任中国商业法研究会副会长，陕西省法学会经济法学研究会会长、陕西省法学会房地产法研究会会长等。主要著作有：《经济法学》（副主编，普通高等教育"十一五"国家级规划教材）、《房地产法》（编著，司法部"九五"规划高等学校法学教材）、《土地法教程》（合著，司法部"九五"规划高等学校法学教材）、《土地法理论与中国土地立法》（独著）、《农业法视野中的土地承包经营权流转法制保障研究》（合著）等。在《中国法学》《中国土地科学》《法律科学》等学术期刊上发表了《经济法理论体系论纲》《改革开放与中国土地立法的发展》《西部生态农业的外部性损害与国家补偿法律制度片论》《政府对房地产市场的计划调控及其立法》等60多篇学术论文。主持并完成了国家社科基金、最高人民检察院、司法部、中国法学会的研究课题（项目）"修改与完善农业法问题研究""民事案件抗诉标准研究""外部性损害与国家补偿法律制度研究"等。

出 版 说 明

中国政法大学出版社是国家教育部主管的，我国高校中唯一的法律专业出版机构。多年来，中国政法大学出版社始终把法学教材建设放在首位，出版了研究生、本科、专科、高职高专、中专等不同层次、多种系列的法学教材，曾多次荣获新闻出版总署良好出版社、国家教育部先进高校出版社等荣誉称号。

自 2007 年起，我社有幸承担了教育部普通高等教育"十一五"国家级规划教材的出版任务，本套教材将在今后陆续与读者见面。

本套普通高等教育"十一五"国家级规划教材的出版，凝结了我社二十年法学教材出版经验和众多知名学者的理论成果。在江平、张晋藩、陈光中、应松年等法学界泰斗级教授的鼎力支持下，在许多中青年法学家的积极参与下，我们相信，本套教材一定会给读者带来惊喜。我们的出版思路是坚持教材内容必须与教学大纲紧密结合的原则。各学科以教育部规定的教学大纲为蓝本，紧贴课堂教学实际，力求达到以"基本概念、基本原理、基础知识"为主要内容，并体现最新的学术动向和研究成果。在形式的设置上，坚持形式服务于内容、教材服务于学生的理念。采取灵活多样的体例形式，根据不同学科的特点，通过学习目的与要求、思考题、资料链接、案例精选等多种形式阐释教材内容，争取使教材功能在最大程度上得到优化，便于在校生掌握理论知识。概括而言，本套教材是中国政法大学出版社多年来对法学教材深入研究与探索的集中体现。

中国政法大学出版社始终秉承锐意进取、勇于实践的精神，积极探索打造精品教材之路，相信倾注全社之力的普通高等教育"十一五"国家级规划教材定能以独具特色的品质满足广大师生的教材需求，成为当代中国法学教材品质保证的指向标。

中国政法大学出版社

2007 年 7 月

第四版修订说明

《房地产法》第三版于 2016 年 8 月出版，重印了三次。这次修订主要基于以下几个方面的考虑：一是近几年来，我国有多部与房地产法相关的法律颁布或者被加以修改，如颁布了《中华人民共和国民法典》《中华人民共和国耕地占用税法》《中华人民共和国契税法》《中华人民共和国城市维护建设税法》，修改了《中华人民共和国土地管理法》《中华人民共和国城市房地产管理法》《中华人民共和国城乡规划法》；同时，出台或修订了一些行政法规，如《不动产登记暂行条例》《物业管理条例》等。二是废止了一些与房地产法相关的法律法规，如《中华人民共和国担保法》《中华人民共和国合同法》《中华人民共和国物权法》《中华人民共和国营业税暂行条例》等。三是房地产法理论研究也在不断产生新的成果，笔者对房地产法一些理论问题也有了新的认识。为了及时把这些信息反馈给读者，笔者对本教材进行了修订。本次修订除对原版本查漏补缺外，主要做了以下工作：

第一，更新了部分内容。依据《中华人民共和国民法典》对教材的相关内容，特别是对第四章土地使用权出让法律制度、第七章房地产转让法律制度、第八章房屋租赁法律制度、第九章房地产抵押法律制度、第十章房地产登记法律制度、第十一章物业管理法律制度做了全面更新。

第二，补充完善了部分内容。依据新修改的《中华人民共和国土地管理法》有关规定，对第三章土地征收法律制度第二节和第四节进行了较大修改，在介绍我国以前土地征收（征用）程序的同时，增加了现行土地管理法规定的土地征收程序，明确了土地征收申请人是县级以上地方人民政府，而不是土地使用单位；阐明了土地征收申请审批的前置程序是土地征收申请人应与被征收土地的所有人签订土地征收补偿安置协议。按照《不动产登记暂行条例》规定，在第十章房地产登记法律制度一章重新撰写了两节内容，即第二节房地产登记程序的法律规定、第三节房地产权利登记的法律规定等。

第三，删掉了部分内容。鉴于新修改的《中华人民共和国土地管理法》首次采取"列举式"立法模式明确了公共利益的六种情形，用"区片综合地价"代替了延用 60 多年的"按土地年产值倍数"确定补偿安置标准的规定，删去了原教材第三章土地征收法律制度第四节中有关完善相关立法建议的内容，即"采取'列举式'立法模式，明确公共利益的范围""扩大征地补偿的范围，提高征地补偿标准"等。根据国务院关于废止有关行政法规的决定，删掉了第六章房地产开发法律制度第四节中的房地产开发企业资质管理的内容、第十章房地产登记法律制度的第二节土地登记和第三节房屋产权登记、第十四章房地产市场管理法律制度第四节中的营业税部分等。

最后，感谢中国政法法学出版社及编辑部同志的辛勤工作和支持帮助。

黄　河

2021 年 1 月 3 日

第三版修订说明

　　《房地产法》（第二版）于 2012 年 6 月出版，至今 3 年有余，时间虽然较短，但我国社会经济生活却发生了深刻的变化。十八届三中全会通过的《中共中央关于全面深化改革若干重大问题的决定》（下称《决定》）作为我国发展新阶段全面深化改革的行动纲领，具有里程碑的意义。《决定》确定的深化经济体制改革、政治体制改革中的若干问题都影响着我国房地产业的发展，涉及房地产法的问题，如探索建立城乡统一的房地产交易和监管制度；农民集体建设用地使用权在符合国家规定的前提下，与国有土地使用权同等入市、同权同价；取消或下放部分行政审批项目的权限；等等。为了贯彻落实这些新政策，立法机关、行政管理部门及法学界都及时作出了回应，对一些相关的房地产法律法规作了修改和完善，一些新的房地产法理论研究成果也相继问世。为了将这些新的房地产法律法规和房地产法理论介绍给读者，我对本教材作了修订。

　　这次修订着力补充新内容，更新旧资料，对一些新的房地产法律问题也阐明了自己的观点，力求使本教材与时俱进。

　　此次修订工作得到中国政法大学出版社的关心和支持，在此深表谢意。

黄　河

2016 年 5 月于西安

第二版修订说明

　　本教材自 2008 年出版以来，我国陆续修改、出台了一些房地产法律和行政法规，社会经济生活中也出现了一些新的房地产法律现象，我们对一些房地产法律问题也有了新的认识，为了及时把这些信息反馈给读者，笔者对本教材进行了修订。本次修订除对原版书进行查漏补缺外，主要做了以下工作：

　　第一，依照现行房地产法律法规，对原教材的"房地产开发法律制度""房地产转让法律制度""房地产市场管理法律制度"等章的相关部分进行了修改与补充。

　　第二，用"国有土地上房屋征收与补偿法律制度"替换了原"城市房屋拆迁法律制度"。

黄　河

2012 年 6 月于西安

编写说明

本书是普通高等教育"十一五"国家级规划教材之一。本教材以国家调控房地产业发展、规制房地产市场秩序、保护房地产权利人的权益为宗旨，力求准确地阐述房地产法的基本知识、基本理论和基本法则，以便学生全面、系统地学习房地产法理论，理解并掌握房地产法律法规的立法精神。在教材编写过程中，笔者尽力做了以下几个方面的工作：

第一，在体系设计上，本书以房地产业运行过程中发生的社会关系为房地产法的调整对象，并据此建立房地产法学的理论体系。全书由五个部分组成：第一部分是房地产法的基本理论，包括房地产法概述、房地产法律关系，即本教材的第一章和第二章；第二部分是房地产开发法，包括土地征收、土地使用权出让、城市房屋拆迁、房地产开发等法律制度，即本教材的第三章至第六章；第三部分是房地产交易法，包括房地产转让、房屋租赁、房地产抵押、房地产登记等法律制度，即本教材的第七章至第十章；第四部分为物业管理法律制度，即本教材的第十一章；第五部分是房地产市场调控法，包括廉租住房保障、经济适用住房管理和公有住房出售、房地产市场管理等法律制度，即本教材的第十二章至第十四章。廉租住房、经济适用住房和出售的公有住房三种类型的房屋，虽然具有公共福利和住房保障的性质，但它们供应量的大小对房地产的市场价格影响较大，因此本教材把它们列入房地产市场调控法之中。

第二，在编写体例上，本书的每一章包括"内容提要""学习重点""正文论述""参阅案例""思考题"等几部分内容。"内容提要"是对本章内容的简要介绍。"学习重点"是该章教学的重点问题。"正文论述"是对本章节所涉及的基本知识、基本理论和基本法则的具体讲述。"参阅案例"是把现实生活中发生的与本章内容有关的案例提供给学生，便于学生在学习基本理论的同时，对司法裁判者的司法思维、法律运用有一定的了解；在案例选择上，以《中华人民共和国最高人民法院公报》和最高人民法院中国应用法学研究所编的《人民法院案例选》上选登的案例为主，并采用了案例的全部内容，未作删减，仅对案例当事人等事项作了技术处理；参阅案例仅供学生在学习与思考问题时参考。"思考题"是对本章重点问题的设问，以便学生复习巩固所学知识。

第三，在编写的内容上，本书在简明扼要地阐述房地产法理论的同时，注重对房地产法律法规的阐释，力求达到定义简明准确、知识要点全面、理论联系实际。在具体内容安排上，考虑到房地产法是一门综合性较强的专门学科，涉及民法学、经济法学、行政法学的有关理论以及民事法律规范、经济法律规范、行政法律规范，为了避免学科内容重复，对学生在其他法学学科已经学习了的、与房地产法有关的法律知识和法学理论，如民法学中物权法部分的土地所有权、土地使用权、建筑物区分所有权等法律制度，本教材没有设专章进行阐述。

本书编写过程中参考了近几年出版的有关教材和论著，并将其作为参考书目列于书后，特向有关作者致以谢意！书中的缺点错误在所难免，敬请读者指正。

黄　河

2008 年 6 月于西安

| 目 录 |

第一章

房地产法概述

内容提要 本章介绍了我国法学理论界对房地产法的不同定义和对房地产法调整对象的不同认识，阐明了本教材对房地产法的定义及房地产法的调整对象、房地产法的地位和房地产法的体系等一系列观点。笔者认为，房地产法是调整房地产开发、交易、物业服务及房地产管理过程中发生的社会关系的法律规范的总称。本教材把房地产业运行过程中发生的房地产开发关系、房地产交易关系、物业服务关系及国家对房地产业的调控关系作为房地产法的调整对象，并据此创立其理论体系。

学习重点 房地产法的定义；房地产法调整对象的具体范围；房地产法的地位和体系。

■第一节 房地产法的定义和调整对象

一、房地产的定义

（一）我国法学理论界对"房地产"的不同定义

何谓"房地产"？我国有关房地产的法律、法规对此无明确界定，法学理论界则对此有不同的解释：

1. 房地产是指房产和地产的总称，是房产和地产的结合体。在法律术语上，房地产一般又称不动产，我们所要研究的是狭义的房地产，即土地和土地上永久性建筑物及其衍生的权利，而且主要研究的是城市的房地产。[1]

2. 房地产有广义和狭义之分，狭义上的房地产特指以商品经营服务性质为主的地产和房产，尤其是指城市中具有商品房意义的房地产。广义上的房地产包括一切能够作为财产或不动产的土地、房屋及固着于土地、房屋上不可分离的部分。[2]

3. 房地产是房产和地产的合称，是指在一定所有制关系下受一定所有权支配的

---

[1] 符启林：《房地产法》，法律出版社 2004 年版，第 1 页。

[2] 李延荣、周珂：《房地产法》，中国人民大学出版社 2000 年版，第 12 页。

第
一
章

房屋财产和土地财产。[1]

4. 房地产是土地、房屋财产的总称。"房地产"一词可分为广义和狭义两种，有时指土地或房屋，有时指土地和房屋。[2]

从上述几种对房地产一词的界定来分析，我国法学理论界对房地产一词表述的分歧点主要有两点：①从范围上来看，有的学者认为房地产是地产和房产的总称，有的学者认为房地产指地产和房产的结合体。②从构成要素和称谓来看，有的学者称房地产的"房"为房产，有的将其称为房屋，有的将"房产""房屋"同时使用，也有的将"房产""建筑物"同时使用。有的学者把"房地产"的"地"称之为"地产"，有的将"地产""土地"同时使用。尽管表述不同，但本质是一致的。因为"土地""房屋""建筑物"等作为法律关系的客体，都是指一种财产，并且这种财产固着于土地之上，与土地不可分离。

（二）本教材对"房地产"的定义

"房地产"一词分广义和狭义两种解释。广义的房地产是指土地以及地上建筑物和其他定着物，它和民法学上"不动产"属同一语。狭义的房地产是指土地与建筑物在空间上合为一体的财产形态，它是土地与建筑物的有机结合。若土地是完全独立的，没有与建筑物结合，则不能称之为房地产。狭义的房地产一词的含义与《中华人民共和国城市房地产管理法》第2条规定的"房屋"一词的定义基本相同。该法第2条规定："本法所称房屋，是指土地上的房屋等建筑物及构筑物"。

土地是人类社会赖以存在的物质条件，是一切生产和生存的源泉，这是自人类社会产生以后人们就达成的共识。但何谓土地？各国（地区）法律上对此的界定有所不同。有些国家或地区的法律对"土地"一词以地表伸展所包括的范围予以确定。例如，我国台湾地区"土地法"第1条和第2条明确规定，该法所称土地，谓水陆及天然富源。依其使用不同，分为建筑用地、直接生产用地、交通水利用地和其他土地。《朝鲜民主主义人民共和国土地法》第7条规定，该法所规定的土地有：农业土地、居民区土地、山林土地、工业土地、水域土地和特殊土地。《匈牙利土地法》第7条规定，该法对除森林以外全国的所有土地及其上面的建筑物和其他建筑设施有效。按用途可以把土地分为：耕地、建筑用地、特殊用地、不宜利用土地。前《苏联土地法》也有类似规定。有些国家的土地法则以地表及其上下空间扩展的范围来界定"土地"一词。例如，《印度尼西亚土地基本法令》第10条规定，土地包括领陆、领水或领空，其中"领陆的含义，除地表面外，还包括地层内部和领水的底土；领空指领陆和领水之上的空间"。[3]《法国民法典》第552条规定，土地包括地表及地上、地下的空间。"所有人得在地面上进行其认为适当的种植及建筑"；

〔1〕　温世扬、宁立志主编：《房地产法教程》，武汉大学出版社1996年版，第1页。

〔2〕　程信和、刘国臻编著：《房地产法学》，北京大学出版社2001年版，第1页。

〔3〕　王先进主编：《土地法全书》，吉林教育出版社1990年版，第1081页。

"所有人得在地下进行其认为适当的建筑及采掘，并可获取采掘的产品"。[1]《日本民法典》第207条规定，土地包括地表及地表之上下于法令限制的空间。[2]我国法律[3]对"土地"一词的含义未作明确规定。笔者认为，土地应包括地球表面及地表之下和之上延伸的一定空间。因为土地所有权人或使用人取得土地的目的，不仅是为了土地的本身（地表），更重要的是为了利用土地从事其他活动。例如，从事种植活动就需要一定的空间，包括地表之上植物的生长空间和地表之下植物根系的生长空间；从事房地产开发活动主要是为了利用地上空间。因此，对"土地"一词应从立体角度来把握其含义。

建筑物是指土地上人工建造的房屋和构筑物。房屋是指在土地上建造的供人们居住、生产或进行其他活动的建筑物。构筑物是指除房屋以外的建筑物，人们不直接在内进行生产或活动的场所，如道路、桥梁、水井等。

关于土地与建筑物的关系问题，我国法学理论界有不同认识，一种观点认为，二者不可分割，土地为主，房屋为辅。[4]另一种观点认为，二者不是绝对的从属关系，在房地产法律制度中，土地所有权、土地使用权和房屋所有权是相互并列的，并无从属意义。[5]对此问题，理论界之所以产生不同的看法，笔者认为有两个原因，一是分析问题的角度不同，从房地产这种财产上涉及的物权种类来看，有土地所有权、土地使用权、房屋所有权、抵押权，且土地所有权和房屋所有权的主体不同；从房地产这种财产的交易来看，二者是不可分割的，转让房屋所有权时，土地使用权随之转移，转让土地使用权时，土地上的房屋随之转移；从土地与房屋二者的关系来看，土地是主要的，没有土地就不可能有房地产。二是从国外的立法例来看，一些国家采取一元主义立法例（结合主义立法模式），即土地及其地上建筑物为一个不动产，如《德国民法典》第94条规定，土地的主要组成部分，为定着于土地和地面的物，特别是建筑物。[6]一些国家则采取二元主义立法例（分别主义立法模式），即把土地和建筑物各自作为独立的不动产予以区别对待，如日本、法国。《日本民法典》第86条规定，土地及其定着物叫不动产。其不动产登记法则进一步明确将土地和建筑物分别登记，使建筑物可以与土地相分离成为不同的不动产。[7]虽然日本与法国、英国立法模式有别，但从理论上讲，建筑物只有在土地上与土地结合为一体才能称之为不动产，若分离则不能称之为不动产。因此在房、地二者关系中，

〔1〕《法国民法典》，马育民译，北京大学出版社1982年版，第120页。

〔2〕《日本民法》，曹为、王书江译，法律出版社1986年版，第42页。

〔3〕 这里仅指新中国成立以后的土地立法内容。

〔4〕 参见赵红梅：《房地产法论》，中国政法大学出版社1995年版，第6页；温世扬、宁立志主编：《房地产法教程》，武汉大学出版社1996年版，第2～3页。

〔5〕 李延荣、周珂：《房地产法》，中国人民大学出版社2000年版，第8～9页。

〔6〕《德国民法典》，陈卫佐译注，法律出版社2006年版，第29页。

〔7〕 李延荣、周珂：《房地产法》，中国人民大学出版社2000年版，第14～15页。

土地为主物，房屋为从物。《日本民法典》第 87 条第 2 款规定："从物随主物处分。"[1] 笔者认为，房地产作为土地与建筑物的统一体，土地是主物、是建筑物存在的基础，建筑物是从物、依附于土地，建筑物离开土地就不能存在，二者密不可分。没有与建筑物结合的土地及其关系，主要由土地法调整。所以本教材是从狭义上使用"房地产"一词的。

二、房地产业

房地产业是从事房地产开发、经营、管理和服务的产业，是具有生产、经营和服务职能的独立行业。1987 年 11 月 20 日原城乡建设环境保护部在《关于发展城市房地产业的报告》中将房地产业表述为：房地产业包括土地的开发，房屋的建筑、维修、管理，土地使用权的有偿划拨、转让，房屋所有权的买卖、租赁，房地产的抵押贷款，以及由此而形成的房地产市场。现在来看，这个表述虽然不够严密、精确，但基本上明确了房地产业的范围，即土地开发，房屋建筑、维修、管理，房地产的转让、租赁，房地产中介服务等均属房地产业。在此需要厘定房地产业与建筑业的关系。建筑业是房屋和其他构筑物的建造、改造和设备安装工作的物质生产部门，属于第二产业。而房地产业包括了物质生产、流通和服务三个部门，属于第三产业。联合国统计委员会 2008 年公布的《所有经济活动的国际标准行业分类》（第四版）中把经济行为分为 21 个门类，其中建筑业被列为第 6 类，房地产业被列为第 12 类。我国 1984 年 12 月 1 日颁布的《国民经济行业分类和代码》把我国经济行业划分为 13 个门类，建筑业被列为第 4 类，房地产业被列为第 7 类。1994 年、2002 年、2011 年和 2017 年我国又先后四次修订颁布了《国民经济行业分类》。根据 2017 年修订的《国民经济行业分类》标准（GB/T4754 – 2017），建筑业在国民经济行为排序中为第 5 位；房地产业为第 11 位，其包括 4 个组成部分，即房地产开发经营、物业管理、房地产中介服务、自有房地产经营活动以及其他房地产业。所以，房地产业与建筑业虽然有交叉之处（房屋建造），但不能因此否定它们各自应有的质的规定性，房地产业是一个独立的行业。

房地产业作为国民经济中一个独立的产业，其运行过程由三个环节组成：①生产环节，是指房地产开发者通过对土地投入劳动和资本进行的土地开发和房屋及构筑物建造活动；②流通环节，是指作为商品的房地产进入市场，进行交易活动，实现其使用价值和价值的过程，包括房地产买卖、租赁和抵押三种方式；③消费环节，是指基于房地产这种商品具有固定性、长久性和增值性的特征而在长期的消费过程中所涉及的维修服务和各种管理活动，如物业服务、产权产籍管理等。总之，房地产业的运行过程包括生产、流通、消费三个环节。这三个环节周而复始的循环过程，就是房地产业的生产和再生产过程。

---

[1] 《最新日本民法》，渠涛编译，法律出版社 2006 年版，第 24 页。

三、房地产法的定义及调整对象

（一）我国法学理论界对房地产法的定义和调整对象的不同认识

对于如何表述房地产法的定义和确定房地产法的调整对象，我国法学理论界有不同的认识，概括起来有以下两种学说：

1. "房地产经济关系说"。该说认为房地产法的调整对象是房地产经济关系。具体有以下几种观点：

（1）房地产法是调整房地产经济关系的法律规范的总称。经济关系包括经济管理关系和经济协作关系，两者是相互联结为一体的。具体而言，房地产调整的对象主要有以下几类重要的经济关系：①土地利用管理关系；②土地财产关系：一是土地所有权关系，二是土地使用权关系；③土地利用规划关系；④城市房屋管理关系：包括房地产产权、户籍管理关系，房屋拆迁管理关系，房地产交易管理关系，房地产评估及鉴定等管理关系，物业管理、行为管理关系等；⑤房屋财产关系：包括房屋买卖关系、房屋交易关系、房屋租赁关系、房屋继承关系、抵押关系、典当关系、相邻关系、公共关系、物业管理关系等；⑥涉外房地产管理关系和协作关系。[1]

（2）房地产法是调整房地产经济关系的法律规范的总称。对房地产经济关系的理解可分广义和狭义两种。广义的房地产经济关系包括房地产产权、开发、经营、使用、交易、服务管理及其他与房地产相关的关系；狭义上的房地产经济关系，可以理解为房地产产业法，是指在城市规划区国有土地范围内从事房地产开发、交易、实施房地产管理过程中发生的经济关系。

房地产法的调整对象是指房地产法所调整的特定领域的房地产社会经济关系。从广义上理解，房地产法的调整对象按照法律关系所涉及的主要法律部门可分为以下三类：①房地产民事关系；②房地产行政关系；③房地产经济法律关系，包括土地管理法律关系、土地规划管理关系、房地产开发和经营管理关系、房地产租赁收缴关系、房地产管理关系、涉外房地产关系等。[2]

2. "房地产关系说"。该说认为房地产法的调整对象是房地产关系。对于如何理解房地产关系又有如下观点：

（1）房地产法是调整房地产关系的法律规范的总称。房地产法调整的房地产关系可以分为民事性质的关系和行政管理性质的关系，具体包括：①土地、房屋财产关系；②土地使用和管理关系；③城市房屋开发经营关系；④城市房地产管理关系；⑤城市物业管理关系。[3]

（2）房地产法是调整房地产开发、房地产交易、房地产管理等房地产关系的法律规范的总称。房地产法的调整对象是房地产关系，包括房地产开发关系、房地产

---

〔1〕　符启林：《房地产法》，法律出版社 2004 年版，第 14～15 页。

〔2〕　李延荣、周珂：《房地产法》，中国人民大学出版社 2000 年版，第 40～42 页。

〔3〕　程信和、刘国臻编著：《房地产法》，北京大学出版社 2001 年版，第 15～16 页。

交易关系、房地产管理关系。[1]

（3）房地产法有广义和狭义之分。狭义的房地产法即形式意义上的房地产法，是指国家立法机关制定的统一调整房地产关系的基本法律，如《中华人民共和国城市房地产管理法》。广义的房地产法即实质意义上的房地产法，是指以房地产关系为调整对象的法律规范体系。学理和实践意义上的房地产法，一般指其广义含义。房地产法以房地产关系为调整对象，房地产关系是指以房地产为客体或联结因素的各类社会关系的总和，可以将其归纳为房地产权属关系、房地产异动关系、房地产管理关系和房地产争讼关系四个方面。[2]

（二）本教材对房地产法的定义及调整对象的具体范围的表述

房地产法是调整房地产开发、交易、物业服务及房地产管理过程中发生的社会关系的法律规范的总称。它对于国家管理房地产业，规制房地产市场秩序，保护房地产权利人的合法权益，促进房地产业发展具有重要作用。

从上述房有关地产法的定义中，可以看出房地产法调整的社会关系包括房地产开发关系、房地产交易关系、物业服务关系及房地产管理关系。

1. 房地产开发关系。房地产开发是指在依法取得土地使用权的土地上进行基础设施建设、房屋建筑的行为。房地产开发关系就是因房地产开发而产生的房地产开发人与土地所有权人之间及其他法人或经济组织之间的经济关系。例如，土地征收关系、土地使用权出让关系以及土地使用权作价入股、合资开发经营房地产过程中所产生的关系。

2. 房地产交易关系。房地产交易是指房地产权利人转让、租赁、抵押房地产的行为。房地产交易关系是指房地产权利人与其他平等主体之间在房地产转让、租赁、抵押过程中发生的经济关系。例如，房地产买卖关系、房地产（或房屋）租赁关系等。

3. 物业服务关系。物业服务是指物业服务人受物业所有人（或称之为业主）的委托，对物业进行修缮、养护、经营并为使用人提供多方面服务的行为。物业服务关系是指物业服务人与业主之间在物业服务过程中形成的社会关系。

4. 房地产管理关系。房地产管理是指人民政府及其房地产管理部门依据国家法律赋予的职权对房地产市场所实施的管理、监督、检查行为。房地产管理关系就是人民政府及房地产管理部门与法人、公民或其他社会组织在房地产管理过程中发生的社会关系。具体包括两类关系，一类是对房地产市场的调控关系，如计划调控关系、价格管理关系、廉租住房保障及经济适用住房管理关系；另一类是对房地产产权产籍的管理关系。

通过上述四个方面的分析可以看出，房地产法所调整的社会关系包括两个方面：

---

〔1〕　赵勇山主编：《房地产法论》，法律出版社2002年版，第1～2页。

〔2〕　温世扬、宁立志主编：《房地产法教程》，武汉大学出版社1996年版，第12页。

一方面，它调整国家对房地产开发、交易的调控关系及产权产籍的管理关系；另一方面，它调整房地产开发经营公司、物业服务公司、业主等平等主体之间在房地产开发、交易及物业服务中所发生的经济关系。将这两个方面的内容概括起来，可以把房地产法的定义表述为：房地产法是调整房地产开发、交易及物业服务和房地产管理关系的法律规范的总称。

■第二节　房地产立法回顾

房地产作为重要的生产和生活资料，历来受统治阶级的重视。[1] 在我国商周时期，就有"普天之下，莫非王土""田里不鬻"等关于土地所有权和土地买卖方面的法律规定。从秦汉开始直到明清，在历代封建王朝的法律中分别用《田律》或《田宅》等专门篇章对房地产的所有权、使用权及房地产管理机构作出具体的规定。除此以外，各朝代还实行了一系列的土地制度。例如，夏、商、西周的"井田制"，春秋时期的"初税亩"，汉代的"屯田制"，北魏的"均田制"，唐代的"租庸调"，明代的"一条鞭"，清朝的"摊丁入亩"，以及各朝代实行的"官田制"，等等。这些法律规定散见于我国古代"诸法合一"的法律体系之中，其内容偏重于房地产权属和税收的法律调整，它们与本教材所研究的房地产法调整对象的范围是有很大差异的。为了更好地研究我国房地产法的现状，探讨房地产法的发展趋势，有必要对新中国成立后的房地产立法作一回顾。

新中国成立后，我国的房地产立法大体上经历了两个阶段，即改革开放以前的房地产立法和改革开放后的房地产立法。前一个阶段，偏重于房地产权属方面的立法；后一个阶段，加强了房地产开发、交易、物业服务及房地产管理方面的立法。

一、改革开放以前的中国房地产立法

这一阶段的房地产立法可以分为以下几个时期：

（一）建立新型的房地产权属关系时期

这一时期大体上是从 1949 年到 1956 年，主要的法规有 1948 年的《中共中央关于城市中的公共房产问题的决定致北平委电》、1951 年的《中华人民共和国惩治反革命条例》、1950 年的《中华人民共和国土地改革法》、1950 年的《中央人民政府政务院关于土地改革中对华侨土地财产的处理办法》、1950 年的《城市郊区土地改革条例》、1950 年的《内务部土地政策司对目前城市房产问题的意见》、1955 年的《农业生产合作社示范章程草案》等。立法的内容主要是废除旧的半封建、半殖民地的房地产关系；没收大地主、大资本家剥削的房地产；分配土地及房产给无地和

---

〔1〕　由于我国房地产业形成的时间较晚，因此用以调整该产业运行过程中所形成的社会关系的立法的时间也较短，基于这种情况，本书关于"房地产立法回顾"一节的内容不限于房地产业立法的历史沿革，包括土地、房地产、房地产业的立法。

无房者；逐渐理顺城市房屋租赁关系。立法的重点是建立新型的社会主义土地所有权关系。

1. 确立土地国家所有制和公民个人所有权。1950 年实施的《中华人民共和国土地改革法》，在全国开始了彻底"废除地主阶级封建剥削的土地所有制，实行农民的土地所有制"和土地国家所有制的土地改革。

2. 从农民私有制向集体所有制过渡。土地改革虽然建立了"耕者有其田"的土地制度，解放了农村的生产力，激发了农民的生产热情，但这种农民私有制不利于机械化、化学化等先进技术的采用，影响了我国农业的发展速度。在土地改革以后，各级人民政府及时引导农民走向了合作化的道路。1955 年 11 月 9 日，全国人民代表大会常务委员会第二十四次会议通过的《农业生产合作社示范章程》规定："社员的土地必须交给农业生产合作社统一使用"；"允许社员有小块自留地"；"合作社按照社员入社土地的数量和质量，从每年的收入中付给社员以适当的报酬"；等等。从这些规定中我们可以看出，在这个时期，土地虽然为私有，但已由集体经营，土地所有者——农民只能按入社土地面积的多少和质量的优劣参加分红，土地权属关系已开始由私有制向集体所有制过渡。

3. 建立农民集体土地所有制。1956 年 6 月 30 日第一届全国人民代表大会第三次会议通过的《高级农业生产合作社示范章程》，对我国农村土地由农民私有转变为生产队集体所有作了明确规定，该章程第 13 条第 1 款规定："入社的农民必须把私有的土地和耕畜、大型农具等主要生产资料转为合作社集体所有。"并规定社员的土地转为集体所有之后，取消土地报酬。参加社会劳动成果分配的唯一标准是社员的劳动数量和质量，从而确定了我国农村土地集体所有和集体经营的制度。此外，在这个时期，我国还规定，除国家征用土地外，不允许土地买卖或租赁。

（二）私房改造和稳定集体土地所有权时期

这一时期是从 1956 年至 1978 年 6 月，主要法规有 1956 年中共中央批转的《关于目前城市私有房产基本情况及进行社会主义改造的意见》、1958 年的《国家建设征用土地办法》、1962 年中共中央发出的《关于改变农村人民公社基本核算单位问题的指示》、1964 年国务院批转的《关于私有出租房屋社会主义改造问题的报告》。立法的主要内容是对城市私有房屋进行社会主义改造和稳定集体土地所有制。

1. 私房社会主义改造方面的立法。1956 年 1 月 18 日中共中央批转的中央书记处第二办公室《关于目前城市私有房产基本情况及进行社会主义改造的意见》的实施，标志着我国私房社会主义改造的开始。该意见指出，对城市私人房屋通过国家经租（为主）、公私合营（为辅）等方式，逐步改变它们的所有制；还对私房改造的形式、合理调整私房租金和改造、充实房屋管理机构等问题作出了规定。1958 年 3 月 12 日第二商业部的《关于城市私房改造问题的报告》，对私房改造的起点、改造的形式、定息和定租、人员安排等问题提出了参考意见。1964 年 1 月 13 日，国务院批转了国家房产管理局《关于私有出租房屋社会主义改造问题的报告》，该报告在指出私房改造中存在的问题的同时，还进一步明确了以下内容：①国家经租房屋的性质。经租是指"对城市房屋占有者用类似赎买的办法，即在一定时期内给固定的租金，来逐步改变他们的所有制"。出租房屋数量达到改造起点的，即将其出租房屋全部由国家统一经营，房主只能领取固定租金，不能收回已由国家经租的房屋。②私房改造的起点。大城市私房改造起点为100～200平方米或稍多一点，一般不可再变动；个别地方私房改造起点达300平方米的，可以经省、自治区、直辖市委员会批准，适当降低改造起点，继续改造；小城市（包括镇）改造起点低于50平方米的，应按省、自治区、直辖市的统一规定，提高改造起点，退还不应由国家经租的房屋。③允许私人出租小量房屋。对于改造起点以下的小量私有房屋，允许进行出租或买卖。

2. 稳定农村集体土地所有制方面的立法。在农村高级农业合作社成立后，由于"左"的思潮的影响，我国在农村实行了人民公社，把高级农业合作社的土地等生产资料"公社化"了。为了纠正这一错误，1962年2月13日，中共中央发布了《关于改变农村人民公社基本核算单位问题的指示》，该指示明确指出，前一个时期，搞"一大二公"是错误的，农村仍然以生产队为基本核算单位。原来"四固定"[1]的土地，如果是合理的或大体上是合理的，可以基本不动，个别调整。有些地方的土地，由于各种原因，几年来变动过大，各队之间过于悬殊，群众要求调整的，应当进行调整，但不能打乱重分。土地的所有权归谁，可以酌情而定，在有利于改良土壤、培养地力、保持水土和增加建设等条件下，土地的所有权可以确定归生产队所有，也可以仍归生产大队所有。属于生产大队所有的土地可以固定给生产队长期使用。中国共产党第八届中央委员会第十次全体会议通过的《农村人民公社工作条例（修正草案）》（简称《六十条》）对农村土地的权属问题作了进一步明确规定，其第21条第2款规定："生产队范围内的土地，不经县级以上人民委员会的审查和批准，任何单位或个人都不得占用。"这一规定使我国农村的土地所有权关系获得了稳定，集体所有和集体经营的土地经营制度模式被正式确定了下来。在经济体制改革以后，我国实行了集体所有与农户分散经营的土地使用制度模式。

二、改革开放以后的中国房地产立法

这一阶段的房地产立法可以分为以下几个时期：

（一）建立和健全城市私房管理法律制度时期

这一时期是从1978年到1988年，主要的法规有1983年的《城镇个人建造住宅管理办法》、《城市私有房屋管理条例》，1984年的《城乡建设环境保护部关于外国人私有房屋管理的若干规定》，1986年的《中华人民共和国土地管理法》（以下简称《土地管理法》），以及1987年的《城镇房屋所有权登记暂行办法》。立法的目的是

---

〔1〕 "四固定"是指1961年6月15日通过的《农村人民公社工作条例（修正草案）》中第17条第4款所规定的固定给生产队的土地、劳动力、耕畜和农具。

解决"文革"时期忽视私房权属管理的问题，纠正和制止非法侵占、接管、没收私房的行为。立法的主要内容是规范城镇私有房屋的产权管理及建造、买卖和租赁行为，重点是加强私有房屋的权属管理，保护房屋所有人和使用人的合法权益。

（二）建立和完善房地产业管理和交易法律制度时期

这一时期从 1988 年开始，主要的立法有 1988 年原建设部发布的《建设部关于建立和健全房地产交易所的通知》，1990 年国务院颁布的《中华人民共和国城镇国有土地使用权出让和转让暂行条例》（以下简称《出让和转让条例》），1992 年原建设部发布的《城市房地产市场估价管理暂行办法》，1992 年原国家物价局、财政部等颁布的《商品住宅价格管理暂行办法》，1998 年修订的《中华人民共和国土地管理法》、2001 年 4 月原建设部颁布的《商品房销售管理办法》，2001 年 6 月国务院颁布的《城市房屋拆迁管理条例》，2003 年 6 月国务院颁布的《物业管理条例》、2004 年 7 月原建设部修正的《城市商品房预售管理办法》，2004 年 5 月原建设部、国家发展和改革委员会、原国土资源部、中国人民银行颁布的《经济适用住房管理办法》，1995 年 1 月施行，2007 年、2009 年两次修正的《中华人民共和国城市房地产管理法》（以下简称《房地产法》），2007 年 3 月颁布的《中华人民共和国物权法》，2011 年 1 月颁布的《国有土地上房屋征收与补偿条例》等。立法的主要内容有：①实行土地使用权有偿使用制度；②建立房地产价格评估制度和成交价格的申报制度；③完善房地产市场管理制度；④健全中介服务机构的资质认证制度；⑤建立和完善物业管理制度。立法的重点是适应市场经济发展的需要，建立和健全房地产交易法律制度和物业管理法律制度。

（三）探索建立城乡统一的房地产交易和管理的法律制度时期

这一时期从 2013 年开始，主要的政策法规有：2013 年 11 月 12 日中国共产党第十八届中央委员会第三次全体会议通过的《中共中央关于全面深化改革若干重大问题的决定》，2015 年 11 月 2 日中共中央办公厅、国务院办公厅印发的《深化农村改革综合性实施方案》，2019 年第三次修正的《土地管理法》《房地产法》等。主要内容有：①农民集体建设用地入市的范围。入市建设用地仅限于已经被土地利用总体规划和城乡规划确定为工矿仓储、商服等经营性用途的存量农村建设用地。②农民集体建设用地入市的条件。入市建设用地必须符合土地规划和用途管制的要求，且为依法取得的农村建设用地。③交易的形式。主要是出让、租赁、入股等。④交易的基本规则和目的。实行与国有土地使用权同等入市、同权同价，实现土地增值收益的合理分配。

■第三节　房地产法的地位

一、房地产法的性质

房地产法是调整房地产开发、交易、物业服务及房地产管理过程中发生的社会关系的法律规范。对其法律属性，理论界有不同的认识。有人认为，房地产法应属经济法，理由是在房地产开发、交易、物业服务及房地产管理过程中所发生的社会关系，除了平等主体之间的房地产交易关系外，更重要的还有国家对房地产市场的宏观调控关系，如规划、计划、价格、税收等调控关系。有人认为，房地产法应属行政法，理由在于：①房地产法所调整的各种关系，可以概括为两大类：一类是房地产行政管理关系，另一类是房地产交易关系。虽然房地产交易关系发生在平等主体之间，但其交易过程始终含有国家的管理因素，如交易价格由国家定价或向政府有关部门申报。②我国房地产开发、交易过程中发生的各种关系，统一由房地产法调整。还有人认为，房地产法应属民法，理由是房地产法所调整的房地产开发、交易、物业服务及房地产管理过程中所发生的各种社会关系，基本上是在平等主体之间发生的，虽然有些社会关系是在"管理"过程中发生的，但"管理"的含义仍属民事范畴。例如，物业管理，是指物业管理公司与业主之间在房屋售后服务过程中所发生的关系。产权管理主要是指产权登记行为，而登记行为是取得不动产物权的行为。

笔者认为，在探讨房地产法的性质时，首先应当弄清楚在什么层面上、以什么为立足点，即从什么角度来研究房地产，是把房地产作为不动产，还是把房地产作为房地产业来研究。如果把房地产作为不动产来研究，房地产法的性质自然属于民法；若把房地产作为一个产业来研究，规范房地产业的法律法规即房地产法就具有经济法的性质。本教材是把房地产作为一个产业，研究国家如何调整该产业运行过程中所发生的各种关系，并据此创立其理论体系。如前所述，房地产业的运行过程包括三个环节即生产环节、流通环节和消费环节，房地产法所调整的对象也就是在这三个环节中发生的各种社会关系，如生产环节中发生的房地产开发关系，流通环节中发生的房地产交易关系和权属管理关系及中介服务关系，以及消费环节中发生的物业服务关系。当然房地产业在运行过程的某一环节中也发生一些平等主体之间的关系，法律也运用民事方法对其予以调整，如房地产法中有关房地产交易的法律规定，应当属于民事法律规范。在房地产交易和确定法律主体时，适用房地产法有关规定的同时，也要适用民法的一般规定。但我们不能因为调整房地产业运行过程中发生的各种社会关系的法律、法规中有民事法律规范或行政法律规范就认为调整房地产业的专门法就属于民法部门或者行政法部门。

二、房地产法与民法、土地法的关系

（一）房地产法与民法

民法是调整平等主体之间的财产关系和人身关系的法律规范的总称。房地产法调整的社会关系中也有平等主体之间发生的财产关系，因此，民法的基本原则如平等、自愿、有偿原则，对房地产交易也同样适用，这是房地产法与民法的联系。

房地产法与民法的区别在于民法调整平等主体之间的财产关系和人身关系，而房地产法不仅调整平等主体的房地产交易关系，还调整政府房地产管理、土地管理

第
一
章

等部门与房地产权利人之间的管理关系。民法主要调整商品在流通领域中的关系，而房地产法不仅调整流通、消费领域关系，还调整生产领域中发生的关系。民法多为任意性规范，而房地产法较之民法则有更多的强制性规范，房地产法律关系的主体必须遵守这些规范。例如，在房地产交易过程中，房地产权利人在贯彻平等自愿原则时，还要遵守国家规定的房地产交易规则，如房地产转让的条件、成交价格申报，以及转让时如需改变用途或原规划设计条件，应报经出让和城市规划行政主管部门批准等。

（二）房地产法与土地法的关系

土地法是调整土地关系的法律规范的总称。大多数土地属于农业用地，因此土地法在调整、规范土地关系时，既把土地当作一种资源，也把土地当作一种财产。因房地产与土地有密切的联系，所以房地产法与土地法也有交叉之处，如房地产发展规划与土地利用管理就息息相关。当然土地法与房地产法也有明显的区别，我国的土地法属于自然资源法的一部分，因此土地法偏重于资源管理，而房地产法对房地产的管理偏重于房地产开发、经营管理与房地产交易、中介服务管理；土地法是相对所有土地而言的，而房地产法，仅涉及与房屋在空间上结合为一体的土地。

■第四节 房地产法的体系

房地产法的体系是指构成房地产法的各部分之间有机联系的整体。对于房地产法的体系，我们从四个方面来认识，即房地产法的渊源体系、房地产法的内容体系、房地产法的法理体系和房地产法学的理论体系。

一、房地产法的渊源体系

房地产法的渊源体系也称之为房地产法的法规体系，是指房地产法律规范的表现形式。其中主要包括：

1. 宪法。宪法是国家的根本大法，由全国人民代表大会制定，具有最高的法律效力。宪法中有关房地产的规定，是房地产法最重要的表现形式。

宪法中对房地产的规定主要有：①关于国有土地的范围：矿藏、河流、森林、山岭、草原、荒地、滩涂等自然资源，属于国家所有；由法律规定属于集体所有的森林和山岭、草原、荒地、滩涂除外。城市的土地属于国家所有。②关于集体所有土地的范围：农村和城市郊区的土地，除由法律规定属于国家所有的外，属于集体所有；宅基地和自留地、自留山，也属于集体所有。③关于土地的转让问题，《宪法》第10条第4款规定："任何组织或者个人不得侵占、买卖或者以其他形式非法转让土地。土地的使用权可以依照法律的规定转让。"④关于土地征收、征用问题，《宪法》规定，国家为了公共利益的需要，可以依照法律规定对土地实行征收或者征用并给予补偿。另外，宪法关于公民和法人财产权保护方面的规定，也是我们制定房地产法都必须遵循的原则。这些都是调整房地产关系的法律规范，是房地产法的一种表现形式。宪法是国家的根本大法，因此，宪法中有关房地产的规定，是我们制定房地产法律法规所必须遵循的准则。

2. 房地产法律。房地产法律是由全国人民代表大会及其常务委员会制定颁布的法律文件，是我国房地产法的主要表现形式。它包括基本法律和其他法律两种。基本法律由全国人民代表大会制定；其他法律一般由全国人民代表大会常务委员会制定。房地产法律的效力仅次于宪法。

作为房地产法表现形式的法律有两种：一种是法律文件整体都是关于房地产问题的规定。例如，1994 年 7 月 5 日第八届全国人民代表大会常务委员会第八次会议通过，并于 1995 年 1 月 1 日实施、2007 年 8 月 30 日、2009 年 8 月 27 日和 2019 年 8 月 26 日修改的《房地产法》，对房地产管理作了全面规定，是我国规范房地产管理行为的主要法律。另一种是法律文件整体虽不全是关于房地产的规定，但其中有与房地产相关的规定。例如我国的《民法典》，就其整体来说，它是调整平等主体的公民之间、法人之间、公民和法人之间的财产关系和人身关系的法律，但其中也有关于房地产方面的规定。它们都是房地产法律的表现形式。

3. 国务院发布的房地产法规、决议和命令。国务院是最高国家行政机关，可以根据宪法、法律和全国人民代表大会常务委员会的授权，制定、批准和发布法规、决议和命令。其中，有关房地产方面的法规、决议和命令，是房地产法的重要表现形式。例如，国务院发布的《城市私有房屋管理条例》《中华人民共和国城镇国有土地使用权出让和转让暂行条例》《城市房地产开发经营管理条例》等，其法律效力次于宪法和房地产法律。国务院发布的房地产法规、决议和命令，要以宪法、房地产法律为依据，并不得与之相抵触。

4. 最高人民法院的文件。最高人民法院是我国的最高审判机关，依法享有监督地方各级人民法院和各专门人民法院审判工作的职权，为了在审判工作中正确贯彻执行法律和有关的国家政策，最高人民法院可以在总结民事和商事审判实践经验的基础上，发布指导性文件，包括在审判工作中适用某个法律的具体意见，如《最高人民法院关于审理房地产管理法施行前房地产开发经营案件若干问题的解答》（1995 年）、《最高人民法院关于审理商品房买卖合同纠纷案件适用法律若干问题的解释》（2003 年发布，2020 年修正）、《最高人民法院关于审理涉及国有土地使用权合同纠纷案件适用法律问题的解释》（2005 年发布，2020 年修正）等。最高人民法院的这些文件，也是房地产法的重要表现形式，对各级人民法院审理有关房地产纠纷案件具有法律效力。此外，最高人民法院关于某些具体案件适用法律的批复等，对各级人民法院审理房地产案件也具有指导作用。

5. 国务院各部、委发布的命令、指示和规章。国务院所属各部、委根据宪法、房地产法律和国务院发布的房地产法规、决议和命令，在本部门的权限范围内所发布的命令、指示、办法、规定和规章等，也是房地产法的表现形式。例如，原建设部发布的《城市房地产开发经营管理暂行办法》《城市房地产中介服务管理规定》等。

6. 地方政权机关发布的房地产管理法规。地方各级人民代表大会和人民政府在宪法、法律规定的权限内所制定、发布的关于房地产方面的地方性法规、命令、决议，也是房地产法的表现形式。其只在本行政区内发生法律效力。

二、房地产法的内容体系

房地产法的渊源体系是房地产法的表现形式体系，而房地产法是形式和内容的有机统一，因此在研究房地产法的渊源体系之后，还应研究房地产法的内容体系，以明确房地产法要规定哪些方面的问题。从内容上来看，房地产法包括：

1. 总则。总则是关于房地产法的指导思想、基本原则、适用范围等的规定，是房地产法的最核心部分。房地产法的各项具体制度和规定应以总则的规定为依据。

2. 房地产开发法律制度。房地产开发是房地产开发商在土地上进行基础设施和房屋建设的行为，是房地产商品的生产过程。因此，房地产开发法律制度是房地产法具体法律制度和规定的首要内容，包括土地所有权、土地使用权、土地征收征用、土地使用权出让等。

3. 房地产交易法律制度。房地产交易是房地产产权的让渡，是房地产商品的流通过程，也是房地产商品价值和交换价值的实现过程。因此，房地产交易法律制度应详尽规定房地产交易的原则、形式、程序等问题。

4. 物业服务法律制度。物业服务是房地产商品在消费过程中的维修、养护、管理等服务行为。因此，物业服务法律制度应具体规定物业服务人的法律地位、权利和义务，以及物业服务人与业主及业主委员会的关系等问题。

5. 房地产市场管理法律制度。房地产市场管理是政府及其职能部门，对房地产用地的规划和计划、房地产价格、房地产权属问题的管理。因此，房地产市场管理法律制度应具体规定各职能部门的职权及行使职权的程序。

6. 房地产法律责任。即规定各种违反房地产法的行为及应承担的相应的法律责任和责任的追究程序，其中包括对房地产开发、交易过程中各种犯罪行为的构成和刑事责任认定的规定。

7. 其他内容。即规定房地产法的溯及效力、生效日期等问题。

三、房地产法的法理体系

从法理角度来看，法律规范一般由假定、处理、制裁三部分组成。假定是指适用法律规范的条件，即一定的法律事实的出现。处理是对人的行为的指引，指明允许做什么，应当怎样做，必须怎样做或禁止怎样做，实际上就是对人的一定权利和义务的规定。制裁是指违反法律规范而导致的法律后果。任何一个部门法的法律规范一般都要包含这三个逻辑要素。在一个具体的部门法中，假定就表现为特定部门法的法律事实，处理则表现为特定部门法的法律关系，制裁则表现为法律责任。另外，一个部门法的法律条文还要从总体上规定该部门法律规范的有关问题。我们以此法理逻辑结构来分析房地产法的体系，房地产法及各具体法律制度包括四大部分：

①关于房地产法律规范的总体性规定；②关于房地产法律事实的规定；③关于房地产法律关系的规定；④关于房地产法律责任的规定。

1. 房地产法律规范的总体性规定，包括房地产法的定义、调整对象、指导思想、基本原则、适用范围、公布与生效时间等内容，是确定房地产法律事实、建立和履行房地产法律关系、确定和追究房地产法律责任时都应遵守的规定。特别是其中关于房地产法基本原则的规定，对房地产法的其他部分具有指导作用。

2. 房地产法律事实，是指适用房地产法律规范调整房地产关系的条件。当这一条件出现时就要运用房地产法律规范来调整房地产关系，它起着发动房地产法调整的作用。房地产法律事实包括行为法律事实和事件法律事实。

3. 房地产法律关系，是指由房地产法律事实引起的，依照房地产法律规范在当事人之间形成的具体权利义务关系。房地产法律规范中关于房地产法律关系主体和客体、内容（权利义务）的规定都是这一逻辑要素的体现。

4. 房地产法律责任，是房地产法律关系主体违反房地产法律规范所导致的法律后果，即对房地产违法行为的制裁，其目的在于确保房地产法律关系主体的权利与义务的实现。

四、房地产法学的理论体系

房地产法学是以房地产法为研究对象的一门综合性较强的独立法律学科，而房地产法以特定的社会关系为调整对象。至于特定的社会关系是什么，有的学者认为房地产法调整民事法律关系和行政法律关系两种性质的法律关系，也有学者认为房地产法调整房地产行政管制关系和房地产交易法律关系。[1]笔者认为房地产法调整房地产业运行过程中所发生的各种社会关系，即因生产过程中的房地产开发行为所产生的房地产开发关系、因流通过程中的房地产交易行为所产生的房地产交易关系、因消费过程中的物业服务行为所产生的物业服务关系以及在政府对房地产业、房地产市场的管理过程中所发生的房地产管理关系，并据此创建房地产法学的理论体系。

笔者认为房地产法学由五部分内容构成。第一部分是房地产法基础理论，包括房地产法概述（房地产法的定义和调整对象、房地产立法回顾、房地产法的地位、房地产法的体系）和房地产法律关系，即本教材的第一章和第二章；第二部分是房地产开发法，包括土地征收法律制度、国有土地使用权出让法律制度、国有土地上房屋征收与补偿法律制度和房地产开发法律制度，即本教材的第三章至第六章；第三部分是房地产交易法，包括房地产转让法律制度、房屋租赁法律制度、房地产抵押法律制度和房地产登记法律制度，即本教材的第七章至第十章；第四部分是物业服务法律制度，即本教材的第十一章；第五部分是政府对房地产市场的调控法，包括廉租住房保障法律制度、经济适用住房管理和公有住房出售法律制度及房地产市场管理法律制度，即本书的第十二章至第十四章。

---

[1] 赵红梅：《房地产法论》，中国政法大学出版社 1995 年版，第 30 页。

■参阅案例

黄某诉某某市房产测量事务所、新丰房地产开发有限责任公司商品房买卖合同纠纷案[1]

【阅读要点提示】

房地产法作为规范房地产运行过程中所发生的各种社会关系的专门法，其内容既有民事法律规范，也有行政法律规范和经济法律规范。在处理具体案件时，往往适用不同性质的法律规范。本案涉及房地产买卖中消费者知情权的范围、相对方的确定及知情权的保护等法律问题。根据《消费者权益保护法》的相关规定，本案中的原告作为消费者要求享有所购房屋公摊面积知情权，作为经营者的房地产公司有告知义务。阅读此案例时应该注意区分购房者作为消费者对购买房屋面积的知情权与购房者作为房屋所有权人对房地产主管机关颁发的房屋所有权证确定的房屋建筑面积的异议权。

原告：黄某

被告：某某市房产测量事务所

被告：新丰房地产开发有限责任公司（下称新丰房地产公司）

原告黄某诉称：2001年12月，其与被告新丰房地产公司签订商品房买卖合同，购买由新丰房地产公司开发的新丰小区7-1-4商业用房94.9平方米。2005年3月3日，新丰房地产公司办理了房屋所有权证，该证上被告房产测量事务所出具的测量报告载明分摊共有面积7.42平方米。原告多次要求二被告以书面形式告知公摊面积计算的依据、公摊部位的名称、具体测量数据、计算方法及过程结果，均遭拒绝。房产测量事务所的测量成果系被告新丰房地产公司的依据，其作为购房人与该测量成果有直接利害关系，亦形成事实上的消费关系。《中华人民共和国消费者权益保护法》规定经营者有提供真实信息的义务，消费者依法享有知情权，故其诉至法院，要求二被告按照2000年8月1日实施的中华人民共和国国家标准（GB/T17986-2000）《房产测量规范》附录B《成套房屋的建筑面积和共有共用面积分摊》的规定，以书面形式告知房产证上公摊面积7.42平方米的依据，并告知公摊的部位名称、具体测量数据、计算方法、过程及结果，以维护其知情权。

被告房产测量事务所辩称：其具备房屋测量的资质，从未接受原告黄某的委托进行房屋面积测量，与原告黄某亦不存在委托合同关系，请求驳回原告黄某的诉讼请求。

被告新丰房地产公司辩称：其与黄某签订的商品房买卖合同明确约定，"合同约定面积与产权登记面积有异议的，以产权登记面积为准"。其遂委托具备房屋测量资

---

[1] 载《西安市中级人民法院参阅案例》2007年第2期。

质的房产测量事务所对黄某购买的商品房面积进行了测量，且在给黄某办理的房屋所有权证书上注明分摊共有面积 7.42 平方米，并画有房屋平面示意图。该分摊面积系房产测量事务所依据国家相应规范计算所得，黄某无权要求其对共有分摊面积计算的依据、如何计算、共有分摊面积、分摊部位予以告知，请求驳回黄某的诉讼请求。另称，黄某就同一事实同一理由，多次诉至法院，本案不应再重复立案，应予以驳回。

一审法院经审理查明：2001 年 12 月，黄某与新丰房地产公司签订商品房买卖合同，新丰房地产公司将其开发的新丰小区 7 - 1 - 4 号商品房出售给黄某，合同约定，该商品房建筑面积 94.9 平方米，其中套内建筑面积 91.34 平方米，公共部位与公用房屋分摊建筑面积 2.77 平方米，合同约定面积与产权登记面积有异议的，以产权登记面积为准。2003 年 1 月 6 日，其公司委托房产测量事务所对开发的桃园新丰小区商品房面积进行实测。2005 年 3 月 3 日，新丰房地产公司给黄某办理了房屋所有权证书，该证书载明房屋建筑面积 99.19 平方米，用途为商住，该证书附记栏注明建筑面积含公用分摊面积，分摊共有面积 7.42 平方米，并加盖了房产测量事务所的资料专用章。该商品房由黄某使用至今。

黄某曾于 2004 年将新丰房地产公司诉至××市××区法院，××市××区法院依法作出（2004）×经初字第 748 号民事判决，判决新丰房地产公司对双方合同中 2.77 平方米公摊面积按合同约定进行绘图说明，判决生效后在××市××区法院执行过程中，新丰房地产公司向黄某提供了合同约定房屋公摊面积 2.77 平方米构成图纸并对具体公摊面积作出了说明。黄某又于 2005 年将新丰房地产公司再次诉至法院，要求对合同约定的公摊面积 2.77 平方米的构成内容（山墙及外墙、楼梯间、电梯间、消防水箱四部分）提供具体的计算依据、计算方法、计算过程、计算结果，并标明四部分公摊面积的具体位置，以维护其知情权。××市××区法院依法作出（2005）×经初字第 1099 号民事判决，驳回了黄某的诉讼请求。

一审法院认为，黄某与新丰房地产公司签订的商品房买卖合同内容真实，未违反法律、行政法规的强制性规定，为有效合同。双方均按合同履行了各自义务，且合同明确约定，合同约定面积与产权登记面积有差异的，以产权登记面积为准。另外，合同对产权登记面积与合同约定面积发生差异时如何处理亦作了约定，双方应以此约定确定双方实际买卖商品房的建筑面积，且双方已按实际建筑面积进行了结算。黄某与房产测量事务所无委托进行房屋面积实测的委托关系，房产测量事务所具备房屋面积测量的资质。某某市国土资源和房屋管理局对房产测量事务所作出的商品房面积测量报告予以认可，并颁发了《中华人民共和国房屋所有权证》，黄某若对房屋主管机关颁发的房屋所有权证确定的房屋建筑面积（含公用分摊面积）有异议，可另案提起行政诉讼。黄某与新丰房地产公司关于合同约定的公用分摊面积的构成事宜所提起的诉讼，法院均已作出判决。故此，黄某的诉讼请求理由不能成立，法院不予支持。遂判决：驳回原告黄某的诉讼请求。宣判后，黄某不服，提起上诉称：①本案中上诉人仅要求知道房产证内"公摊面积7.42平方米"的来历，并未提出计算是否合法、合理，判决书中"原告黄某若对房屋主管机关颁发的房屋所有权证确定的房屋建筑面积（含公摊面积）有异议，可另案提起行政诉讼"的理由脱离其诉讼请求；②新丰房地产开发有限公司、某某市房产测量事务所对于"公摊面积7.42平方米"有告知义务，该测量结果与其有直接利益关系；③此案是知情权，而非面积之争，法院依照《最高人民法院关于审理商品房买卖合同纠纷案件适用法律若干问题的解释》第14条的规定来判决是错误的，故上诉请求撤销原判，依法支持上诉人一审的诉讼请求。

　　二审法院经审理查明：一审查明的基本事实清楚，予以确认。二审法院经审理认为，2001年12月，黄某与新丰房地产公司签订商品房买卖合同，购买新丰房地产公司的商品房。2005年3月，新丰房地产公司为黄某办理了房屋所有权证，该证载明房屋建筑面积99.19平方米，分摊共有面积7.42平方米。现黄某要求房产测量事务所与新丰房地产公司共同告知其7.42平方米具体公摊的部位名称、测量依据、过程及结果，以维护其知情权。根据《中华人民共和国消费者权益保护法》有关规定，经营者应当向消费者提供有关商品或者服务的真实信息，经营者对消费者就其提供的商品或服务的质量和使用方法等问题提出的询问应当作出真实明确的答复，消费者享有知悉其购买、使用的商品或者接受服务的真实情况的权利。本案黄某作为消费者要求享有所购房屋公摊面积知情权，作为经营者的新丰房地产公司有告知义务。黄某与房产测量事务所不是经营者与消费者的关系，亦无委托关系，故黄某要求房产测量所履行告知义务，依法不予支持。据此，原审判决适用法律不当，应予改判。判决：①撤销××市××区人民法院（2006）×经初字第729号民事判决；②本判决生效后新丰房地产公司立即对黄某所购之新丰小区7-1-4号商品房以书面绘图形式告知分摊共有面积7.42平方米的具体部位、具体的测量数据、计算依据及方法；③驳回黄某要求某某市房产测量事务所履行告知义务的诉讼请求。一审案件受理费500元，上诉案件受理费500元均由新丰房地产公司负担。

【思考题】

1. 如何理解房地产法的定义？
2. 房地产法的调整对象是什么？
3. 如何认识房地产法的地位？

第二章

房地产法律关系

内容提要　本章以传统的法律关系原理为基础，阐述了房地产法律关系的定义和特征，简要地分析了房地产法律关系的构成要素，讨论了引起房地产法律关系产生、变更和消灭的法律事实，阐明了房地产法律关系具有性质的多重性、主体的广泛性、客体的特殊性等特征。

学习重点　房地产法律关系的特征；房地产法律关系的构成；房地产法律事实。

■第一节　房地产法律关系的定义和特征

一、房地产法律关系的定义

房地产法律关系是指房地产法律规范在调整房地产开发、交易、物业服务及房地产管理关系过程中发生在房地产主体之间的权利义务关系，如房地产交易法律关系、房地产租赁法律关系、经济适用住房管理法律关系等。

（一）房地产法律关系以法律性质为标准的分类

1. 房地产民事法律关系。房地产民事法律关系是指平等主体之间依法形成的权利义务关系，如土地使用权出让法律关系、房地产租赁法律关系、房地产转让法律关系、房地产抵押法律关系、物业服务法律关系等。

2. 房地产行政法律关系。房地产行政法律关系是指政府及其职能部门与房地产开发公司等房地产主体之间，因行政管理依法形成的权利义务关系，如土地征收、征用法律关系，房地产开发项目的审批法律关系等。

3. 房地产经济法律关系。房地产经济法律关系是指政府及其职能部门与房地产开发公司、公民及其他法人和社会组织之间因宏观调控依法形成的权利义务关系，如房地产开发的规划和计划法律关系、房地产价格管理法律关系等。

（二）房地产法律关系以房地产法律规范调整对象为标准的分类

1. 房地产开发法律关系。房地产开发法律关系是指房地产主体在房地产开发过程中依法形成的权利义务关系，如土地征收、征用法律关系，土地使用权出让法律关系等。

2. 房地产交易法律关系。房地产交易法律关系是指房地产主体在房地产交易过程中依法形成的权利义务关系，如房地产转让法律关系、房地产租赁法律关系。

3. 物业服务法律关系。物业服务法律关系是指物业服务人与业主之间在物业服务过程中依法形成的权利义务关系，如房地产修缮法律关系等。

4. 房地产管理法律关系。房地产管理法律关系是指房地产管理机关与其他房地产主体之间在房地产管理过程中依法形成的权利义务关系，如房地产项目规划审批法律关系、经济适用住房管理法律关系等。

二、房地产法律关系的特征

房地产法律关系，作为法律关系的一种，自然具有一般法律关系的特征，即它是一种上层建筑范畴的思想意志关系，是由国家强制力保证实现的权利义务关系。除此之外，它还具有自身的一些特征：

1. 房地产法律关系性质的多重性。房地产开发经营过程中的复杂性决定了房地产法律关系的复杂性，使其在性质上体现多重性特征。它既包括因平等主体之间在房地产交易过程中所发生的民事法律关系，又包括因实施房地产管理行为而在房地产管理机关与房地产开发公司之间所发生的行政法律关系，还包括因国家对房地产市场的干预而发生的经济法律关系。这是房地产法律关系与具有单一性质的法律关系的区别之处。

2. 房地产法律关系主体的广泛性。房地产法律关系涉及房地产开发、交易、中介服务、管理等活动中的各种主体，包括房地产管理部门、土地管理部门、房地产开发公司、房地产经营公司、物业服务公司、房地中介服务公司、房地产咨询服务公司、房地产评估事务所以及其他法人和公民。

3. 房地产法律关系客体的特殊性。房地产法律关系的客体主要是指房地产这种商品，而这种商品与一般商品不同，其具有特殊性，表现为：①它不论是在生产过程中，还是在交易过程和物业服务过程中都不发生位置移动，因此房地产交易只是权利主体发生变动。②它具有社会属性和经济属性，房地产是社会成员生存的必需品，因此满足社会成员住房需求是政府的社会责任。政府在制定政策时或国家在立法时要把它的社会属性放在首位，其次再考虑它的经济属性。③它具有投资与消费的二重性，房地产的使用价值不因使用或时间的推移而减少，其具有保值和增值的功能。因此，人们除了把购置的房地产作为一般商品消费使用外，还把它作为投资对象。

4. 房地产法律关系产生、变更、消灭具有严格的程序性。房地产的开发、交易都要按法律规定的程序和具体的行为规则进行，如房地产开发要依法办理开发用地、开发项目的审批手续，房地产交易要依法进行成交价格申报和产权登记等。

■第二节 房地产法律关系的构成

房地产法律关系同其他法律关系一样，也是由主体、客体、内容三要素构成的。

一、房地产法律关系的主体

房地产法律关系的主体是指在房地产法律关系中依法享有权利（或行使职权）和承担义务（或负有职责）的国家房地产管理部门、房地产开发经营公司、公民及其他法人或社会组织。按照房地产法律关系主体在房地产开发、交易、物业服务及房地产管理过程中的地位和作用不同，可以分为以下几种：

1. 房地产管理主体。包括各级人民政府及其房地产主管部门（房产管理部门、土地管理部门）、发展改革委员会、城市建设规划部门、物价管理部门及房地产产业协会等。

2. 房地产开发主体。主要指房地产开发公司。

3. 房地产交易主体。包括从事房地产交易的公民、法人及其他社会组织等。

4. 房地产服务主体。包括房地产交易所、房地产评估事务所、房地产经纪人、物业服务人等。

二、房地产法律关系的内容

房地产法律关系的内容是指房地产法律关系主体所享有的权利（或职权）和承担的义务（或职责）。

（一）房地产管理职权、职责

房地产管理职权、职责是指房地产管理主体依照法律规定或国家授权所享有的对房地产开发、交易活动进行管理的职责权限，表现为它有权作出一定行为以及要求被管理主体为一定行为或不为一定行为，并享有对其违法行为进行禁止和处罚的权力。例如，审查批准权、监督检查权、调查处理权、指导协调权等。这些职权不仅是房地产管理主体依法享有的权力，也是其对国家应负的职责。房地产管理主体必须依法行使自己的职权或履行自己的职责，不得滥用权利或不履行义务。

（二）房地产民事权利

房地产民事权利是指房地产法律关系中的平等主体依法享有的权利。它包括：①房地产财产权利，即房地产主体依法对其所有的房地产享有的权利及产生的其他权利，如房地产所有权、租赁权、转让权、赠与权等。②房地产合同权，即房地产主体有订立各种房地产合同的权利，有要求对方履行合同中约定的各项义务的权利，如房地产买卖合同中的买方有权要求卖方按照合同约定的时间、面积交付房屋；房屋租赁合同中的出租人有权要求承租人按时交付房租。③在房地产活动中请求民事赔偿的权利，即房地产主体在房地产开发、交易活动中因另一方主体的违约或违法行为给其造成经济损失时，有权请求赔偿。

（三）房地产法律义务

房地产法律义务是指房地产法律关系主体依据法律规定和合同约定在房地产活动中必须为一定行为或不为一定行为，以满足权利主体的要求，如房地产交易价格申报义务、全面履行房地产合同的义务、依法缴纳税的义务等。

三、房地产法律关系的客体

房地产法律关系的客体是指房地产法律关系主体之权利义务共同指向的对象。

房地产法律关系的客体主要有房地产经济行为和房地产两大类：①房地产经济行为，是指房地产法律关系主体为了获得经济利益而进行的房地产活动，如房地产开发主体实施的房地产开发行为，房地产交易主体实施的房地产交易行为等。房地产主体所实施的房地产经济活动必须经过房地产法的调整，纳入法律关系的轨道，才能有序进行，以实现房地产主体的经济利益。房地产法针对主体所实施的各种房地产经济行为，规定了房地产主管机关对房地产活动的管理职权，以及房地产当事人对其房地产经济活动应负的义务，从而将人们的房地产经济行为纳入法律关系的轨道，由此也就形成了房地产法律关系。②房地产。房地产法律关系主体的权利义务一般都是针对特定的房地产发生的，法律规定了房地产主体在房地产上的权利和义务，因而房地产也就成为房地产法律关系的重要客体。

■第三节　房地产法律事实

一、房地产法律事实的定义

房地产法律事实是指能够引起房地产法律关系产生、变更或消灭的法定客观情况。房地产法律关系同其他法律关系一样，其产生、变更或消灭总是以一定的法律事实的出现为依据。在房地产法律事实的认定上，一是要注意它的客观性；二是要注意它的法定性。房地产法律事实首先要具有客观性，即法律事实必须是已经现实发生和存在的客观事实，包括行为、事件等。如果是主观想象、未现实存在的情况，就不是法律事实。然而，现实经济生活中，涉及房地产的客观现象和情况是多种多样的，并不是每一个客观情况的出现都会引起房地产法律关系的产生、变更和消灭，只有符合房地产法律规定的客观情况，才是房地产法律事实，才能引起房地产法律关系的产生、变更或消灭。

二、房地产法律事实的种类

房地产法律事实根据其发生是否与人的意志有关，被分为行为和事件。行为是指与人的意志有关的活动，事件是指人的意志以外的客观现象。

（一）行为

1. 房地产法律行为。房地产法律行为是指房地产法律关系主体为了设定、变更和消灭一定的房地产法律关系而实施的合法行为。具体包括：①房地产开发的申请行为，即房地产开发公司就其开发房地产向政府有关部门请求准许的行为。当事人的申请一旦提出就会在政府有关部门与开发公司之间产生房地产管理法律关系。②各种房地产合同行为，包括土地使用权出让合同、房地产转让合同、房地产租赁合同、房地产互易合同、物业服务合同等。这些行为均可引起相应的房地产合同法律关系的产生、变更或消灭。

2. 房地产管理行为。房地产管理行为指房地产管理主体对房地产开发和交易活动进行计划、审批、检查监督、登记发证等行为。这些行为不同于房地产当事人所实施的房地产法律行为，它不是以一方当事人的意思表示为特征的行为，而是其职责所要求的其必须实施的行为。这些行为是房地产法律关系产生、变更或消灭的重要的法律事实。

3. 违法的房地产行为。违法的房地产行为是指房地产法律关系主体不履行法定义务或侵犯其他房地产主体的权利，扰乱房地产市场秩序的行为，如未按土地使用权出让合同约定进行房地产开发的行为，未申报交易价格的行为等。违法的房地产行为往往会导致房地产法律关系的无效，或引起损害赔偿及处罚关系的产生。

（二）事件

房地产法律事件是指由房地产法律规定的不以当事人的意志为转移的，能够引起房地产法律关系产生、变更或消灭的客观情况，主要是指国家房地产法律、法规的颁布实施或者修改、废止以及不可抗力事件等。

■参阅案例

盛华公司与中国人寿保险（集团）公司商品房预售合同纠纷案[1]
【阅读要点提示】

房地产法律关系的一方当事人是公司设立的分公司，公司基于经营发展需要向工商行政管理部门申请注销分公司，分公司是否已实际经工商部门注销完毕，不影响公司基于独立法人资格行使其分支机构所享有的民事权利、承担其分支机构所负有的民事义务。

上诉人（原审被告）：盛华公司

被上诉人（原审原告）：中国人寿保险（集团）公司（下称"人寿（集团）公司"）

上诉人盛华公司与被上诉人人寿（集团）公司商品房预售合同纠纷一案，某某市高级人民法院于2005年7月29日作出（2005）某高法民初字第13号民事判决，盛华公司不服一审判决，提起上诉。

一审法院经审理查明：人寿（集团）公司原名为中保人寿保险有限公司，1996年9月经批准设立了中保人寿某某分公司。1998年5月18日，盛华公司与中保人寿

---

[1]　载《中华人民共和国最高人民法院公报》2008年第2期。

某某分公司签订了《商品房预售（预购）合同》，合同约定：盛华公司将其开发建设的某某市盛华大厦 3 区 9～28 楼房屋 14 400 平方米和 4 区负一层车库 600 平方米，共计 15 000 平方米以 6 625 万元的价格预售给中保人寿某某分公司。第一次缴付购房款在合同签字后付定金 20 万元；第二次在登记时付房款总额的 20%（含定金）共计 1 325 万元；第三次在工程进行到第 9 层时付总价的 10%，共计 662 万元；第四次在工程每上升 5 层时付房款总额的 10%，共计 662 万元。盛华公司在 1999 年 8 月 31 日将竣工并经验收合格的上述房屋移交给中保人寿某某分公司。该合同关于违约责任的约定为：合同签订后，双方均不得擅自变更或撤销，中保人寿某某分公司如违反约定的期限延迟缴付房款，应向盛华公司缴纳违约金，违约金每日按房价的 0.2‰ 累加计算；盛华公司如违反约定的期限延迟交付房屋，应向中保人寿某某分公司缴纳违约金，违约金每日按房价款的 0.2‰ 累加计算。合同签订后，盛华公司和中保人寿某某分公司在某某市房地产交易所办理了预售合同登记，登记号为（98）预售（购）第 0953 号。1998 年 7 月 6 日至 1999 年 1 月 11 日，中保人寿某某分公司分 8 次向盛华公司支付了共计 5 875 万的房款。

1999 年 3 月，中保人寿保险有限公司更名为中国人寿保险公司，同年 4 月，中保人寿某某分公司更名为中国人寿某某分公司。2003 年 6 月，中国人寿保险公司独家发起设立了中国人寿保险股份有限公司，同年 8 月，中国人寿保险公司又更名为中国人寿保险（集团）公司［以下简称人寿（集团）公司］。2003 年 9 月 18 日，中国人寿保险股份有限公司设立了中国人寿保险股份有限公司某某市分公司。2004 年 7 月，人寿（集团）公司发文同意注销中国人寿某某分公司及其所属分支机构营业执照，原中国人寿某某分公司及其直属机构的相关债权债务由人寿（集团）公司承担。

2003 年 2 月 12 日，盛华公司向中国人寿保险公司某某市分公司（以下简称中国人寿某某分公司）发出的《商品房入住通知》称，现已按照中国人寿某某分公司的变更要求及施工图完全竣工，设备安装已全部就位，并已调试完毕。请中国人寿某某分公司即日起入住该楼，进一步完善精装修，尽快支付剩余房款，以便盛华公司尽早为中国人寿某某分公司完善房屋产权证及国土使用证。但是，盛华公司至今未向人寿（集团）公司提交盛华大厦通过竣工验收和消防验收并达到合格可以入住的证据。

2003 年 10 月 28 日，中国人寿某某分公司称以邮件挂号的方式，向盛华公司送达了《关于催交我公司购买的办公用房的公函》，但未向一审法院提交邮政送达的回执单据。

目前，讼争房屋已完成主体结构建设，尚未竣工验收，不具备交付使用条件。

2005 年 2 月，人寿（集团）公司在向一审法院提起诉讼的同时，申请对盛华大厦的房屋予以诉讼保全。一审法院于 2005 年 3 月 11 日作出（2005）某高法民初字第 13 号民事裁定书，查封了盛华大厦价值 6 624 万元的房产。

人寿（集团）公司向一审法院提起诉讼称：1998年5月18日，该公司下属非法人营业组织——中保人寿某某分公司与盛华公司协商签订了购买盛华公司开发的某某市盛华大厦部分房屋的《商品房预售（预购）合同》。合同约定：中保人寿某某分公司向盛华公司购买盛华大厦3区9～28楼14 400平方米房屋和4区600平方米车库，共计15 000平方米。工程竣工交付时间为1999年8月31日。中保人寿某某分公司应分数次向盛华公司支付购房款6 624万元。鉴于盛华大厦3区共计29层，故竣工验收前中保人寿某某分公司支付房款为总房款的70％，计4 636.80万元。合同签订后，双方办理了预售合同登记，中保人寿某某分公司超额支付购房款共计5 875万元。但至今为止，盛华公司仍未交付竣工验收合格的房屋，构成违约。购房合同签订后，中保人寿保险有限公司经批准变更为中国人寿保险公司，2003年6月中国人寿保险公司又更名为人寿（集团）公司，现人寿（集团）公司享有1998年5月18日购房合同的全部权利。为此请求判令：①盛华公司立即履行交房义务；②盛华公司从逾期之日起至交房之日止向人寿（集团）公司支付违约金（截至2005年1月31日违约金为2 543.62万元）；③由盛华公司承担诉讼费用。

盛华公司答辩称：①人寿（集团）公司主体不适格。从人寿（集团）公司提交的现有证据来看，无法证明中国人寿某某分公司已更名为人寿（集团）公司，人寿（集团）公司不是购房合同的相对方，不享有购房合同的权利；②关于实体问题，盛华公司对于交房无异议，但对于违约金，人寿（集团）公司的请求已超过诉讼时效，盛华公司不予认可。

一审法院经审理认为，人寿（集团）公司以原告身份向盛华公司主张权利符合《公司法》第13条的规定，是正当的。盛华公司关于违约金债权应当按照违约时间分别计算诉讼时效的抗辩事由，因无现行法律、司法解释明文规定的支持，不予采纳。

综上，人寿（集团）公司与盛华公司签订的《商品房预售（预购）合同》符合法律规定，系双方真实意思表示，应当受到法律保护。盛华公司应当按照合同忠实履行义务，避免因违约造成其损失的扩大。人寿（集团）公司的诉讼请求及其理由成立。依照《中华人民共和国合同法》第60条第1款、第107条、第114条之规定，作出判决如下：①盛华公司在判决生效后30日内按双方签订的《某某市商品房预售（预购）合同》将验收合格的盛华大厦3区9～28楼14 400平方米房屋和4区600平方米车库交付人寿（集团）公司，并办理有关产权过户手续；②盛华公司在判决生效后立即向人寿（集团）公司支付截至2005年1月31日的逾期交房违约金2 543.62万元，并按每日6 624万元的0.2‰向人寿（集团）公司支付从2005年2月1日起至履行本判决第一项交房义务时止的逾期交房违约金。案件受理费430 960元、保全费331 720元，共计762 680元，由盛华公司负担。

盛华公司不服一审判决，提起上诉，请求撤销一审判决，驳回人寿（集团）公司的诉讼请求，并由人寿（集团）公司承担本案诉讼费用。主要理由是：①一审判决关于人寿（集团）公司享有本案诉讼主体资格的认定错误，人寿（集团）公司提供的证据不足以证明其享有《商品房预售（预购）合同》的权利，其无权提起本案的诉讼。②一审判决认定盛华公司违约并判令盛华公司承担违约责任错误。其一，根据人寿（集团）公司提供的盛华公司及中国人寿某某分公司的往来函件，双方已对交房时间达成了新的约定，盛华公司并不存在违约行为。本案讼争房屋于1998年年底已主体封顶，1999年8月竣工并经结构验收合格，盛华公司已经具备依约交付房屋的条件，但因盛华公司前任法定代表人被撤销职务后，拒不交出全部工程资料，故盛华公司无法调取相应的证据。盛华公司在一审期间已向法院提出《调查取证申请书》，但一审法院未予理睬。人寿（集团）公司提出变更设计的要求是导致盛华公司未能按照《某某市商品房预售（预购）合同》约定时间交付房屋的根本原因。中国人寿某某分公司出具的《关于催交我公司购买的办公用房的公函》表明，双方已就房屋交付的时间形成了新的合意，人寿（集团）公司不能再按照《商品房预售（预购）合同》的约定主张盛华公司违约。其二，假设盛华公司违约，人寿（集团）公司主张的违约金也已超过诉讼时效，已丧失胜诉权。《商品房预售（预购）合同》约定了明确的履行期限，即自1999年9月1日起盛华公司应当给付违约金，本案违约金是有给付期限的。自约定交付房屋之日起至今近6年时间内，人寿（集团）公司从未催促盛华公司交付房屋，更未主张过违约金，故人寿（集团）公司主张的违约金已经超过诉讼时效，法律不应保护。

人寿（集团）公司当庭答辩称：一审判决认定事实清楚，适用法律正确，应予维持。主要理由：①人寿（集团）公司主体适格。②《商品房预售（预购）合同》约定盛华公司于1999年8月31日交付的房屋应为竣工验收合格的房屋，而不是主体封顶即可。人寿（集团）公司所发的两份函件本意为催交房屋，与变更交房时间非同一概念，双方从未就交房条件进行过变更。③《商品房预售（预购）合同》未约定违约金的支付时间，故应从发生争议之日，即2003年10月28日和2004年4月1日人寿（集团）公司分别发函至盛华公司催收房屋遭到拒绝之日开始起算诉讼时效。

二审查明的事实与一审法院查明的事实相同。

二审法院认为，本案双方当事人争议焦点有二：①人寿（集团）公司的诉讼主体资格问题；②违约责任的认定及人寿（集团）公司主张违约金是否超过诉讼时效问题。

1. 人寿（集团）公司的诉讼主体资格问题。经审查，本案所涉《商品房预售（预购）合同》的一方签约主体为中保人寿某某分公司。该公司系属中保人寿保险有限公司设立的分公司。1999年3月22日，经中国保险业监督管理委员会批准，中保人寿保险有限公司更名为中国人寿保险公司，随之，作为中保人寿保险有限公司分公司的中保人寿某某分公司亦于同年4月20日变更公司名称为中国人寿某某分公司。2003年7月8日，中国人寿保险公司再次更名为人寿（集团）公司。上述事实表明，人寿（集团）公司与本案签约主体中保人寿某某分公司的总公司中保人寿保险有限公司仅为变更前后公司名称的差异，实系同一法人。人寿（集团）公司变更设立后，中国人寿某某分公司虽未因之变更相应名称，但 2004 年 7 月 14 日，人寿（集团）公司向某某市工商行政管理局出具了《关于注销原中国人寿某某市分公司及其所属分支机构的函》，申请注销中国人寿某某分公司，同时表明原中国人寿某某分公司及所属分支机构的相关债权债务由该公司承担。人寿（集团）公司申请注销中国人寿某某分公司的行为，属公司基于经营发展需要对其分支机构的变更调整。根据《公司法》第 13 条的规定，公司可以设立分公司，分公司不具有企业法人资格，其民事责任由公司承担。因此，公司分支机构于法人变更过程中是否已实际经工商注销完毕，不影响公司基于独立法人性质行使对其分支机构所享有的民事权利和民事义务。人寿（集团）公司于本案中以原告身份向盛华公司主张《商品房预售（预购）合同》项下的合同权利符合法律规定。盛华公司上诉所提出的截至 2005 年 5 月 18 日，中国人寿某某分公司未办理注销手续，仍为合法存续的法人分支机构，人寿（集团）公司不具备合法诉讼主体资格，无权提起本案诉讼的主张，与事实不符，亦无法律根据。一审判决认为人寿（集团）公司属于本案适格原告，认定事实及适用法律正确，予以维持。

2. 违约责任的认定及人寿（集团）公司主张违约金是否超过诉讼时效问题。本案双方当事人签订的《商品房预售（预购）合同》约定，盛华公司应在 1999 年 8 月 31 日将竣工并验收合格的房屋移交给中保人寿某某分公司。盛华公司上诉提出，根据盛华公司与中国人寿某某分公司的往来函件，双方已对交房时间达成了新的约定，盛华公司不存在违约行为。经审查，中国人寿某某分公司分别于 2003 年 10 月 28 日及 2004 年 4 月 13 日，向盛华公司发出两份函件，名称为《关于催交我公司购买的办公用房的公函》。其中，2004 年 4 月 13 日函件的邮政送达回执单据上载明盛华公司拒收。该函件内容为中国人寿某某分公司基于函发之日，盛华公司仍未完成工程竣工验收、消防验收和环境配套设施的整治工作的现状，为避免损失继续扩大而要求盛华公司尽快依约交付竣工验收合格房屋的催告。未见双方在此函件中对房屋交付期限存有明确具体的合意变更，且于此之外，盛华公司亦没有再提供其他形式的证据证明其主张的本案双方当事人就讼争房屋交付时间存在协商一致的变更，因此，盛华公司的上述主张与事实不符，不予支持。盛华公司上诉亦提出，本案讼争房屋已于 1999 年 8 月竣工并经结构验收合格，已具备依约交付的条件，以及人寿（集团）公司提出变更设计的要求是导致盛华公司未能按照约定时间交付房屋的根本原因两项主张，作为其不应承担违约责任的抗辩事由。经查，自本案诉讼伊始，盛华公司一直未能就讼争房屋已通过竣工验收合格及人寿（集团）公司于合同履行过程中存在不符合合同约定的设计变更提供有效证据。对此，盛华公司主张系由其前任法定代表人隐匿工程资料而导致其对此举证不能。盛华公司法定代表人的变更属于其公司内部人员的调整变化，在公司依法存续期间，法定代表人的更迭不构成影响公司民事责任承担的法定抗辩理由，故盛华公司该项上诉主张亦不能成立。

按照双方当事人在《商品房预售（预购）合同》中的约定，盛华公司如违反约定的期限延迟移交房屋，应向人寿（集团）公司缴纳违约金，违约金每日按房价款的 0.2‰ 累加计算。盛华公司上诉提出人寿（集团）公司从未催促盛华公司交付房屋，其关于违约金的主张已经超过诉讼时效，不应支持。结合本案查明事实分析，人寿（集团）公司购买盛华大厦的目的系为解决办公用房之需，因盛华公司一直未能交付讼争房屋，人寿（集团）公司至今仍于他处租赁房屋进行办公。于此情形下，依盛华公司的上诉主张人寿（集团）公司于房屋交付期限届至后长期不主张权利，既不符合本案《商品房预售（预购）合同》的订立目的，亦有违常理。且盛华公司于上诉请求中一方面主张，根据相互往来函件，双方已对交房期限达成了新的合意，另一方面又认为双方对交房方式从来没有进行过协商，人寿（集团）公司从未催促过盛华公司交付房屋。该两项上诉主张，前后表述矛盾，本院不予采信。2004 年 4 月 14 日，中国人寿某某分公司向盛华公司发出《关于催交我公司购买的办公用房的公函》的函件，要求盛华公司于 2004 年 6 月底交付竣工验收合格的房屋，对此盛华公司予以拒收，此时应视为权利人主张权利而义务人拒绝履行义务，权利人始知其权利遭到侵害，诉讼时效应从此争议发生之日起计算。故盛华公司关于本案违约金债权已经超过诉讼时效的上诉主张，与事实不符，亦无法律依据，本院不予支持。

综上，一审判决认定事实清楚，适用法律正确。盛华公司的上诉理由不能成立，法院不予支持。根据《中华人民共和国民事诉讼法》第 153 条第 1 款第 1 项之规定，判决如下：

驳回上诉，维持原判。

如逾期不履行本判决确定之金钱给付义务，应当按照《中华人民共和国民事诉讼法》第 232 条之规定，加倍支付迟延履行期间的债务利息。

二审案件受理费 430 960 元，由盛华公司负担。

【思考题】

1. 如何理解房地产法律关系？
2. 房地产法律关系有何特点？
3. 房地产民事法律关系的主体享有哪些主要权利？

第三章

土地征收法律制度

内容提要　本章首先对土地征收一词作了界定，然后介绍了我国土地征收法律制度的历史沿革；具体阐述了土地征收程序、土地征收审批权限、土地征收补偿及安置标准、土地征收补偿费用的使用等。

学习重点　土地征收的定义和法律特征；土地征收的主体及征收程序；如何构建具有中国特色的土地征收法律制度。

第三章

■第一节　土地征收法律制度概述

一、土地征收的定义

土地征收，是指国家或政府为了公共目的依法强制取得他人土地所有权并给予补偿的一种行为。英国法律称之为"强制收买"，法国、德国法律称之为"征收"，日本法律称之为"土地收用（买）"。

土地征收制度的建立是以公共目的需要为前提条件的。公共目的主要是指国家或政府兴办的以公共利益为目的的各种公益事业，如国防外交事业、政府组织的教育、医疗、科研、城市基础设施、公共休息场所等的建设。由于其经济效益很难评价，投资回报率很低，所以，一般的土地开发商不愿予以投资，多由政府进行投资开发。而国家或政府拥有的土地是有限的，土地多为私人或其他社会组织所有；加之用于公共目的的土地又很难通过市场实现土地所有权的转移，于是各国都建立了土地征收制度，以保证公共目的用地的需要。

土地征收制度的实质是对财产权利的限制，表现为土地征收权的行使。土地征收权，是指国家或政府在不需要土地所有者同意的情况下，通过一定的补偿，依法把土地用于公共目的的权力。它有以下三个方面的特征：①它属于国家或政府的特有权力；②它以公共目的为前提；③它以补偿为条件。在这三个特征中，最难界定的是"公共目的"。如果对其界定过宽，往往会出现滥用土地征收权的现象；如果对其界定过窄，就会不利于公共目的用地的实现。基于这一情况，大多数国家的法律在界定公共目的时采用了"列举式"。例如《韩国土地征用法》规定，公益事业是指：①有关国防军事建设事业；②铁道、公路、河川、港口、上下水道、气象观测等事业；③国家或地方公共团体设立的办公场所、研究所等；④国家或公共团体指派的建设者……我国香港特别行政区的"官地收回条例"规定，公共用途是指一切有关公共大众利益的建设，如公路建设、公共屋村、街道、公共休息场所等。

我国的土地征收制度建立于计划经济体制时期。长期以来，我国把土地征收制度称为土地征用制度，并在不同时期制定并实施了土地征用方面的法律和法规，如1953 年的《国家建设征用土地办法》、1986 年《土地管理法》中有关土地征用的规定。2004 年 3 月第十届全国人民代表大会第二次会议通过的《宪法修正案》对土地征收和土地征用作了科学的界定，把 50 多年来我国一直使用的土地征用制度改为土地征收制度，明确土地征用是紧急状态下对土地的使用，并进一步规定土地征收和征用都要对农民集体进行补偿。这些规定，对于理顺因土地征收、征用行为而发生的不同财产关系，正确处理私有财产保护与公共利益需要的关系具有重要意义。

土地征收制度和土地征用制度既有联系又有区别，其共同点在于：①原因相同，二者都是基于公共利益的需要；②措施相同，二者都是运用国家强制力对土地进行征收、征用，被征收人、被征用人必须服从；③征收、征用土地以后都给予补偿；④征收、征用行为都必须按法律规定的程序进行。其不同点在于：①法律后果不同。征收实质上是强制买卖，是对土地所有权的改变；征用实质上是强制使用，是对土地使用权的改变。②补偿的范围和标准不同。征用仅对征用期间的损失予以补偿；而征收因涉及土地所有权的转移，故采取不同的补偿范围和标准。

当然，征收、征用制度作为国家强行取得或强行使用农民集体土地的制度，相对于物权绝对性原则和契约自由原则而言，属于一种例外规则。因此，《宪法》及其他法律严格规定了征收和征用的范围和程序，以确保征收权、征用权的正确行使。这些规定主要有：①必须是出于公共利益的需要，以确保征收、征用目的的合法性。社会公共利益是指所有社会成员的共同的直接的利益，如国防、公共卫生、灾害防治、科学及文化教育事业等。②征收、征用必须符合法律规定的程序，以确保征收、征用行为在程序上的合法性。③必须给予补偿，以确保征收、征用行为的合理性。关于补偿问题，我国《宪法》规定了补偿原则，具体如何进行补偿，我国《土地管理法》作了具体规定。对此问题，我们还应进一步研究，对现行法律制度予以完善，如对谁进行补偿（土地所有权人、土地承包权人、土地经营权人）、补偿的范围、补偿的标准等问题进行明确。

二、我国土地征收的法律特征

（一）征收主体的唯一性

征收土地是国家通过征收行为把集体所有的土地变为国家所有。这种土地征收法律关系是在国家与农民集体之间建立的，而不是在用地单位与农民集体之间建立的。因为征收行为将导致土地所有权发生变化，而取得这种土地所有权的只能是国家，而不是其他任何单位或个人。虽然直接需要土地的并不是国家，而是企业、事业单位或机关、团体。但这些单位作为土地使用者，只能依法定程序向国家土地管理部门申请，经人民政府批准以后才能取得土地使用权。因此，人民政府对用地单位使用土地的申请与审批的法律后果只是用地单位取得土地使用权，并非土地所有权。所以，征收主体只能是国家。

（二）征收土地标的的特殊性

征收土地标的是指征收土地的权利与义务共同指向的对象。征收土地标的在不同时期有所不同。建国初期，我国实行了土地私有制和国家所有制。国家建设除了使用国有土地外，主要征收属于私人所有的土地。农业合作化以后，我国实行了农村土地集体所有制，从而使我国土地所有权主体表现为三种，即国家、集体和个人。国家征收土地的标的主要指集体所有的土地（也有私人所有的土地）。1982 年《宪法》明确规定城市土地一律为国家所有，至此，我国确立了土地国家所有和农民集体所有两种土地所有制形式。因此，1982 年以后征收土地的标的只能是农民集体所有的土地。

（三）征收土地行为的强制性

国家征收土地行为是一种土地所有权转移行为，但它与一般民事法律行为引起的所有权转让行为不同，它是一种单方面的法律行为，具有强制性。在土地征收法律关系中，乡（镇）、村、组等农民集体作为土地所有权人必须服从国家的土地征收权。

（四）征收土地条件的补偿性

国家征收农民集体所有的土地要给农民集体以合理补偿，即要向集体经济组织支付土地补偿费、被征土地附着物及青苗补偿费、农业人口安置补助费等。这一特征主要是由以下三个方面的因素决定的：①农民集体所有的土地是该集体成员生存的基础，国家征用集体所有的土地以后，会造成部分成员失去生活来源，因此，国家理应给予一定的补偿费及农业人口安置补助费，以妥善解决农业人口的安置及生活问题；②土地作为不动产，自身是有价值的，因此，国家征收集体所有的土地以后，应给予相应的合理补偿；③土地作为最基本的农业生产资料，农民集体通过投资，使地力保持不变或不断增长，国家征收集体所有的土地以后，改变了这些土地的所有权和用途，农民集体原来投资于土地的这部分价值便无法收回。因此，只有国家支付一定的补偿费，才能使农民集体不仅可以收回投资，而且还能利用这些土地补偿费进行土地开发，或扩大耕地面积，或提高现有耕地的生产能力。

三、我国土地征收、征用法律制度的历史沿革

新中国成立以来，我国一直重视土地征用[1]的立法工作，先后制定了一系列土

---

〔1〕 由于长期以来，我国在立法上沿用了"土地征用"一词，因此本章为尊重历史，在使用"土地征收"与"土地征用"二词时是混用的。凡提到的"土地征用"一词均指法律行政法规所规定的土地征收制度的涵义。

地征用法律和法规。1949 年 12 月 12 日，上海市人民政府公布了《处理无主土地暂行办法》，该办法首先使用了"土地征用"这个词。1950 年 11 月 21 日，政务院公布的《城市郊区土地改革条例》中，不仅使用了"土地征用"一词，而且比较准确地表述了这一词的含义。1953 年 11 月 5 日，政务院通过了《关于国家建设征用土地办法》。这一办法对土地征用的原则、补偿标准、劳动力安置以及批准权限和征用土地程序作了规定。该办法是新中国成立以后第一部比较完整的土地征用法。1954 年《宪法》对土地征用也作了规定。1957 年 10 月 18 日，国务院根据变化了的社会经济状况对《关于国家建设征用土地办法》作了修改，并于 1958 年 1 月 6 日经全国人民代表大会常务委员会批准后公布实施。修改后的土地征用办法明确了土地征用的对象不仅包括私有土地，还包括合作社集体所有的土地。20 世纪 60 年代，国家根据变化了的客观情况，对征用土地批准权限等问题作了修改和补充规定。1982 年，针对社会主义经济建设时期出现的新情况和新问题，我国制定了《国家建设征用土地条例》，各地也先后出台了实施细则。1986 年《土地管理法》第四章和 1998 年《土地管理法》第五章专门对国家建设用地作了规定，从而把国家征用土地行为纳入到《土地管理法》的轨道。2004 年 3 月 14 日，第十届全国人民代表大会第二次会议通过的《宪法修正案》进一步完善了土地征用制度，区分了"土地征收"与"土地征用"的不同含义，突出了土地征收、土地征用所反映的不同的财产关系，更加符合我国社会主义市场经济土地市场的发展趋势。2004 年 8 月 28 日，第十届全国人民代表大会常务委员会第十一次会议对《土地管理法》作了第二次修正，主要是区分了土地征收与土地征用，将第 2 条第 4 款改为国家为公共利益的需要可以依法对土地征收或征用，并将原集体土地征用改为土地征收。2019 年 8 月 26 日，第十三届全国人民代表大会常务委员会第十二次会议通过修改《土地管理法》的决定，对其进行第三次修正，主要内容是缩小了土地征收的范围，明确可以征收农民集体土地的六种情形，并规范了土地征收的程序。两次修法使我国的土地征收制度，不仅在法学理论上，而且在法律制度上显得更加完善。

四、我国土地征收制度对公共利益范围的界定

为了公共利益的需要，国家才能征收土地，这是世界各国或地区法律所规定的土地征收的法定条件之一。我国《宪法》规定：国家为了公共利益的需要，可以依照法律规定对土地实行征收或征用并给予合理补偿。《土地管理法》第 2 条规定：国家为了公共利益的需要，可以依法对土地实行征收或者征用并给予补偿。但何谓公共利益？我国法律对这一概念在不同时期的表述方式（立法模式）不同，《土地管理法》经过了由"概括式"向"列举式"逐步演变的过程。1986 年的《土地管理法》仅在第四章"国家建设用地"中，把公共利益与国家建设等同起来，规定"国家进行经济、文化、国防建设以及兴办社会公共事业，需要征用集体所有的土地……按照本章规定办理"。何谓国家建设？人们对此的理解有所不同，有人认为应以投资主体来确定，即凡国家投资的建设项目就是国家建设，否则就不是国家建设。笔者认为，1986 年《土地管理法》所规定的国家建设，应依该法第 22 条来进行判断，即凡属下列情形之一，均为国家建设：①列入国家固定资产投资计划；②各级人民政府准许建设的项目。不应以投资主体作为认定是否为国家建设的条件或标准。1998 年 8 月 29 日，第九届全国人民代表大会常务委员会第四次会议修订的《土地管理法》第五章把"国家建设用地"改为"建设用地"，即合并了 1986 年《土地管理法》中的"国家建设用地"和"乡（镇）、村建设用地"，但仍没有明确何为"公共目的"。2019 年 8 月第三次修正的《土地管理法》采用了"列举＋概括"的方式，明确了公共利益的范围，该法第 45 条第 1 款规定，"为了公共利益的需要，有下列情形之一，确需征收农民集体所有的土地的，可以依法实施征收：①军事和外交需要用地的；②由政府组织实施的能源、交通、水利、通信、邮政等基础设施建设需要用地的；③由政府组织实施的科技、教育、文化、卫生、体育、生态环境和资源保护、防灾减灾、文物保护、社区综合服务、社会福利、市政公用、优抚安置、英烈保护等公共事业需要用地的；④由政府组织实施的扶贫搬迁、保障性安居工程建设需要用地的；⑤在土地利用总体规划确定的城镇建设用地范围内，经省级以上人民政府批准由县级以上地方人民政府组织实施的成片开发建设需要用地的；⑥法律规定为公共利益需要可以征收农民集体所有的土地的其他情形"。

■第二节　土地征收程序

关于土地征收的程序问题，我国《土地管理法》在不同时期的规定不同。以 2019 年 8 月修改的《土地管理法》为界限，可以将其划分为两个阶段，土地征收有两个不同的程序。以前的程序可以简单地概括为：申请——审查——批准——公告——签订补偿协议，即先审批后签订补偿安置协议。新规定的程序为：发布拟征收土地公告——签订补偿安置协议——申请审批——公告实施，即先签订补偿安置协议，再申请审批。

为了便于读者能够对我国土地征收程序予以全面了解，现分别予以介绍：

一、《土地管理法》在 2019 年 8 月修改以前规定的土地征收程序

（一）申请

建设项目需要使用国有土地的，应向有审批权的县级以上人民政府土地行政主管部门提出使用国有土地的申请。

申请时，建设单位应当根据建设项目的总体设计一次申请；分期建设的项目，可以根据可行性研究报告确定的方案分期申请建设用地，分期办理建设用地有关审批手续。建设单位在申请时，应当填写建设用地申请表，并且附相应材料等。

（二）审查

市、县人民政府土地行政主管部门对材料齐全、符合条件的建设用地申请受理后，应在收到申请之日起 30 日内拟定农用地转用方案、补充耕地方案、征收土地方案和供地方案，编制建设项目用地呈报说明书，经同级人民政府审批同意后，报上一级土地行政主管部门审查。

上级土地行政主管部门收到上报的建设项目呈报说明书和有关方案后，对材料齐全、符合条件的，应当在规定时间内报送同级人民政府审核。

同级人民政府审核同意后，应当逐级上报有批准权的人民政府，并将审查所需资料报同级土地行政主管部门审查。对应由国务院批准的建设项目呈报说明书和有关方案，省级人民政府必须提出明确的审查意见，并对报送资料的真实性、合法性负责。

（三）批准

有批准权的人民政府土地行政主管部门应当在收到上报的农用地转用方案、补充耕地方案、征收土地方案和供地方案并按规定征求有关方面意见后进行审查。

建设用地审查应当实行土地行政主管部门内部会审制度，会审后报人民政府批准。

上报的有关方案经有批准权的人民政府批准后，同级行政主管部门应当在收到批准书后5日内将批准文件转发给申请征地的市、县人民政府。

（四）公告

征收土地方案经依法批准后，市、县人民政府应当自收到批准文件之日起10日内在被征收土地所在地的乡（镇）、村范围以内予以公告。

公告内容包括：批准征收机关、批准文号、征收土地的用途、被征收土地的所有权、位置、地类和面积以及征地补偿标准，农业人员安置办法和办理申报征地补偿登记的期限、地点等。

被征收土地的所有权人、使用权人应当在公告规定的期限内持土地权属证书到公告指定的人民政府土地行政主管部门办理征收土地补偿登记。

市、县人民政府土地行政主管部门根据经批准的征收土地方案，会同有关单位制定具体的补偿、安置方案，并在乡村范围内予以公告。公告内容包括：①被征收土地的位置、地类、面积，地上附着物和青苗的种类、数量，需要安置的农业人口的数量；②土地补偿的标准、数额、支付对象和支付方式；③安置补助费的标准、数额、支付对象和支付方式；④地上附着物和青苗的补偿标准和支付方式；⑤农业人员的具体安置途径；⑥其他有关征地补偿、安置的具体措施。[1]农民集体组织、村民或其他权利人对征收土地补偿、安置方案有不同意见或者要求举行听证会的，市、县人民政府土地行政主管部门应当研究被征地人提出的意见或召开听证会。确需修改征收土地方案的，应依法进行修改。

因未按照依法批准的征收土地方案和征地补偿、安置方案进行补偿、安置引发

---

[1]　参见《征用土地公告办法》，2001年10月22日国土资源部令第10号公布。2010年11月30日，国土资源部第49号令将《征用土地公告办法》的名称修改为《征收土地公告办法》。

争议的，由市、县人民政府负责协调；协调不成的，由上一级地方人民政府裁决。征地补偿、安置争议不影响征用土地方案的实施。

二、现行《土地管理法》规定的土地征收程序

根据《土地管理法》第47条规定，土地征收申请人是县级以上地方人民政府。土地征收程序可以概括为土地征收申请人完成前期工作、申请人与土地所有人及相关权利人签订协议、申请审批及审批后公告并实施四个程序。

（一）征收土地前期工作

县级以上地方人民政府申请征收土地前，应当发布拟征收土地公告、开展土地现状调查和社会稳定风险评估、编制土地补偿安置方案等前期工作。

拟征收土地公告的内容包括：征收土地的目的、征收范围、开展土地现状调查工作计划等。公告应当在拟被征收土地所有人住所地发布。从公告发布之日起，被征收土地范围内的地上建筑物、构筑物及定着物应保持原貌，不得抢建、抢栽。抢建、抢栽的不予补偿。

土地现状调查的内容包括：被征用土地的所有人、使用权人和经营权人，土地类型、面积，地上建筑物、村民住宅、其他地上附着物和青苗的权属、数量等信息。

社会稳定风险评估是指市、县人民政府应当对征收土地的社会稳定风险状况进行综合评估，查找风险点，提出风险防范措施及风险处置预案。这项工作是土地征收前期工作的一个重要环节，它涉及土地征收工作是否继续进行以及如何进行。

在社会稳定风险评估工作完成以后，根据风险评估结果，县级以上地方人民政府组织相关部门编写土地征收补偿安置方案。征补偿安置方案应当包括：征收范围、土地现状、征收目的、补偿标准、安置方式和社会保障等内容。

（二）签订补偿安置协议

这个程序是土地征收的关键程序。除特殊情况外，它是县级以上地方人民政府申请审批征用土地的前置程序和必要条件。包括以下几个环节：

1. 公告补偿安置方案。县级以上地方人民政府编制补偿安置方案后，应当在拟征收土地所在地的乡（镇）、村、村民小组范围内发布征收土地补偿安置公告。公告应载明补偿登记期限、异议反馈方式等内容。公告至少30日。

2. 召开听证会。公告发布后，县级以上地方人民政府应听取被征收土地的农村集体经济组织及其成员和其他利害关系人的意见。多数被征收土地的农村集体经济组织成员认为补偿安置方案不符合法律法规规定的，应当组织听证，对所提出的意见或异议依法公开答复。意见或异议成立的，应当修改完善征地补偿安置方案。

3. 办理补偿登记。听证会后，拟征收土地的所有人、使用人及相关权利人应当在公告规定期限内，持不动产权属登记材料办理补偿登记。

4. 签订补偿安置协议。县级以上地方人民政府应当在保证征地所需费用足额到位的前提下，与拟征土地的所有人、使用人及相关权利人签订补偿安置协议。

个别土地权利人确实难以达成协议的，县级以上地方人民政府应当依据征地补偿安置方案和补偿登记结果作出征地补偿安置决定，并向审批机关如实说明情况。

（三）申请审批

县级以上地方人民政府完成征地前期工作并与被征地人签订补偿安置协议后，可以提出土地征收申请，按照《土地管理法》第46条的规定报有审批权的人民政府批准。有审批权的人民政府应当按照《土地管理法》的规定，对报批的征地文件进行审查，符合条件的，应当在法律法规规定的时限内批准。

（四）土地征收公告和实施征收

土地征收申请经依法审批后，县级以上地方人民政府应当在拟征收土地所有人所在地发布土地征收公告。公告内容包括：批准征收机关、批准文号、征收土地用途等，并实施征收。

三、临时用地批准程序

临时用地是指使用期限不超过2年，不改变土地的所有权，因抢险或紧急用地、地质勘探、施工需要材料堆场、运输通路等而占用的土地。[1]根据《土地管理法》的规定，临时用地依其用途不同，可以分为四种，相应的批准程序分别为：

1. 建筑施工的临时用地。工程项目施工中需要材料堆场、运输通道和其他临时设施的，应当尽量在征地的范围内安排。确实需要增加临时用地的，由建设单位向当地县级以上人民政府土地行政主管部门提出临时用地数量和期限的申请。经批准以后，同被征用土地者签订用地协议，并给予补偿。在临时使用的土地上不得修建永久性建筑物。使用期满建设单位应当恢复土地的使用条件，及时归还。

2. 地下或地上管线用地及地质勘探用地。因铺设地上线路、铺设地下管线、建设其他地下工程、进行地质勘探等需要临时使用土地的，由当地县级以上人民政府土地行政主管部门批准，并按照建筑工程临时用地补偿办法的规定，给予补偿。

3. 选择勘探用地。建筑单位为选择建设地址，需要对土地进行勘测的，应当征得当地县级以上人民政府土地行政主管部门同意；造成损失的，应当给予适当补偿。

4. 抢险及紧急军事用地。抢险、紧急军事用地等属于特殊情况下的紧急用地。若永久占用，经县、市人民政府同意，可以先使用，并按规定的审批权限补办建设用地审批手续。

临时用地需要注意以下几个问题：

（1）临时用地在城市规划区内的，应当先经城市规划行政主管部门同意后，再向自然资源部门提出临时用地申请审批。

（2）土地使用者应当根据土地权属与有关自然资源主管部门或者农村集体经济组织签订临时使用土地合同。

（3）临时用地除法律有特别规定外，均不得修建永久性建筑物。

（4）临时使用土地的期限一般不得超过2年。

---

[1] 临时用地行为，相当于《宪法修正案》中规定的"土地征用"。

（5）临时用地期满以后，由用地单位负责恢复土地的生产条件，及时归还土地。

■第三节　土地征收审批权限

一、我国土地征收、征用审批权限的历史演变

新中国成立以来，我国在征收、征用土地审批权限方面实行了分级限额审批制度，并在不同历史时期作了不同规定。了解这些法律规定，对处理因土地征收、征用而引起的土地所有权纠纷具有重要的作用。

1953 年 12 月 5 日公布施行的《国家建设征用土地办法》（以下简称《办法》）是我国第一部比较系统的国家建设征用土地的法规。该《办法》第 4 条对土地征用审批权限的规定，也是新中国成立以后第一次对征用土地审批权限的明确规定。该办法规定：①全国性的建设事业用地，经中央人民政府国家计划委员会核定，由中央人民政府政务院批准。②地方性建设事业用地在 5 000 亩以上或迁移居民 300 户以上者，由大行政区行政委员会批准；用地在 1 000 亩以上不足 5 000 亩或者迁移居民 50 户以上不足 300 户者，由省（市）人民政府批准；用地不足 1 000 亩，或迁移居民不足 50 户者，由县人民政府批准。③国防建设工程，应区分大小，经中央人民政府革命军事委员会、大军区或省军区核定，移送政务院或地方人民政府批准。但什么是全国性建设事业用地？什么是地方性建设事业用地？对于二者怎样区分，该《办法》没有明确。1954 年 4 月 27 日中央人民政府内务部《关于执行〈国家建设征用土地办法〉中几个问题的综合答复》对这一问题作了说明，并作了一些补充性的具体规定。该答复指出，某些全国性建设事业，在其原已批准用地的基础上因进行扩建而需要征用一部分土地时，可以不必经国家计委审核、政务院批准，由各业务系统上级机关核准后，按该办法规定的地方性建设事业用地的审批权限办理，并报上一级人民政府和政务院备案。1954 年，中央人民政府决定撤销大行政区一级的行政机构，根据这一情况，中央人民政府政务院于 1954 年 9 月 22 日下发了《关于变更〈国家建设征用土地办法〉中部分审核批准权限问题的通知》。该通知指出，大行政区撤销以后，用地在 5 000 亩以上或迁移居民 300 户以上者，由省、中央直辖市人民政府审核批准，并报中央人民政府内务部备案。1955 年 2 月 8 日，国务院根据国家机构改革的情况进一步变更了《办法》中关于审核权限的规定，国防建设工程应区分大小经国防部、大军区或省军区核定移报政务院或送省（市）人民委员会批准。

1953 年《国家建设征用土地办法》关于审批权限的规定，对于加强建设征用土地的管理起了一定的作用。但是，该办法也有许多缺陷，如中央集中的权限较多，以全国性或者地方性建设事业用地来区分中央或者地方政府的审批权限也不合理，实践中也出现了浪费土地的现象。因此，国务院根据农业合作化以后农村发生的变

第三章

化，在 1957 年对《国家建设征用土地办法》作了修订并于 1958 年 1 月 6 日公布实施。修改后的《国家建设征用土地办法》第 4 条第 1 款对征用土地审批权限重新作了规定："征用土地，须由有权批准本项建设工程初步设计的机关负责批准用地的数量，然后由用地单位向土地所在地的省级人民委员会申请一次或者数次核拨；建设工程用地在 300 亩以下和迁移居民 30 户以下的，可以向土地所在地的县级人民委员会申请核拨。"为了加强对土地征用工作的进一步管理，严格控制土地征用面积，杜绝"多征少用、早征迟用、征而不用"的现象，1962 年 4 月 10 日，国务院转发了《内务部关于〈北京、天津两市国家建设征用土地使用情况的报告〉的批语》，指出建设征用土地的审批权统一收归省、自治区、直辖市人民委员会掌握。1962 年 10 月 3 日，国务院在对广西处理征用土地有关问题的批复中也明确指出，征用土地审批权限应当掌握在省级，审批权不宜下放到市、县。从此，我国土地征用审批权由国务院和省级人民政府行使。1964 年，国务院针对建设用地较以前增多、审批过于集中的情况，决定适当下放审批权限，以便省级人民政府集中精力管好大面积用地的审批工作。1964 年 7 月 20 日，国务院在《关于国家建设征用土地审批权限适当下放的通知》中指出，征用土地 10 亩以下和迁移居民 5 户以下的（不包括水利、水电工程移民）可分别城市和农村、城市的近郊和远郊以及土地好坏等情况，将审批权限适当下放。至于在这一规定权限内具体下放几亩、几户，下放到哪一级政府，是乡、镇还是县、市，在各省、自治区、直辖市自行确定后，报内务部备案，国家对此未作明确规定。

1982 年 5 月 14 日，国务院公布实施了《国家建设征用土地条例》。该条例结合十一届三中全会以后我国经济建设出现的新情况，对征用土地的审批权限作了新规定。该条例第 8 条规定："征用耕地、园地 1 000 亩以上，其他土地 10 000 万亩以上，由国务院批准；征用直辖市郊区的土地，由直辖市人民政府批准；征用 50 万人口以上城市郊区的土地，由所在市人民政府审查，报省、自治区人民政府批准；征用其他地区耕地、园地 3 亩以上，林地、草地 10 亩以上，其他土地 20 亩以上，由所在县、市人民政府审查，报省、自治区人民政府批准，在上述限额以下的，由县、市人民政府批准。"

1986 年《土地管理法》及 1991 年《土地管理法实施条例》针对土地与人口矛盾日益尖锐、土地资源不断减少的情况，对土地审批权作了调整。具体内容为：①国家建设征用耕地 1 000 亩以上，其他土地 2 000 亩以上，由国务院审批。《土地管理法实施条例》第 21 条还规定，一个建设项目同时征用耕地 1 000 亩以下和其他土地 1 000 亩以上合计为 2 000 亩以上的，由国务院审批。②征用省、自治区、直辖市行政区域内、国务院审批权限以下的土地，由省、自治区、直辖市人民政府批准。③征用耕地 3 亩以下，其他土地 10 亩以下，由县级人民政府批准。《土地管理法实施条例》第 21 条第 2 款对征用"其他土地 10 亩以下"作了具体规定，指出征用其他土地 10 亩以下，包括一个建设项目同时征用耕地 3 亩以下和其他土地 10 亩以下合计为 3 亩以上 10 亩以下。结合 1986 年《土地管理法》第 26 条第 2 款和第 3 款的规定，应正确理解《土地管理法》第 25 条中的"县级人民政府"。当时所说的"县级"指县、县级市、自治县、旗等人民政府，不包括市辖区。《土地管理法》只规定了直辖市的区人民政府和县人民政府的批准权限由直辖市人民代表大会常务委员会决定，其他市辖区的审批权限由哪一级权力机关决定，未作规定。因此，笔者认为其他市辖区不享有征用土地审批权。④征用直辖市行政区域内的土地，由直辖市人民政府批准；直辖市的区人民政府和县人民政府的批准权限，由直辖市人民代表大会常务委员会决定。⑤省辖市、自治州人民政府的批准权限，由省、自治区人民代表大会常务委员会决定。当时，各省、自治区都制定了省级土地管理条例或暂行条例，并对省辖市、自治州人民政府的批准权限作了规定。例如，《河北省土地管理条例》规定，征用耕地 10 亩以下，其他土地 20 亩以下的，由省辖市人民政府（地区行署）批准，报省土地管理局备案。《陕西省土地管理法实施办法》规定，征用菜地 10 亩以下，耕地 3 亩以上 10 亩以下，其他土地 10 亩以上 50 亩以下，由省辖市人民政府或地区行政公署批准。《新疆维吾尔自治区实施〈土地管理法〉办法》规定，一次性开垦荒地超过 30 公顷不足 60 公顷的，由州（市）人民政府或地区行署批准；超过 60 公顷不足 600 公顷的，由自治区人民政府批准。

二、现行土地管理法关于土地征收权限的规定

现行土地管理法仍然坚持了分级限额审批制度，但对该制度进行了修改和完善，具体体现在两个方面：一是把原来的三级（国务院、省、县）审批制度改为两级（国务院和省级人民政府）审批制度；二是集中上收了审批权限，即把省级人民政府的审批权限缩小了。需由国务院批准的征收土地范围包括：①永久基本农田；②永久基本农田以外的耕地超过 35 公顷的；③其他土地超过 70 公顷的。国务院批准权限以外的土地，由省级人民政府批准。

■第四节 土地征收补偿及安置

一、我国土地征收补偿及安置标准的历史演变

长期以来，我国征收土地的补偿及安置标准，都是以 20 世纪 50 年代《国家建设征用土地办法》为基础的，以土地用途和年产值为标准计算补偿费用，60 多年以来没有发生什么变化。具体补偿范围和标准简述如下：

（一）土地补偿费

土地补偿费是国家依法付给被征收土地的所有人对土地投资的一定费用。按照 2019 年 8 月《土地管理法》修改以前的规定，征收耕地的补偿费，为该耕地被征收前 3 年平均年产值的 6～10 倍。对于具体补偿数，各省、自治区、直辖市的规定不尽相同，补偿时应按各省的土地管理办法处理。

（二）地上附着物和青苗补偿费

地上附着物是指地上建筑物及其他设施，如水井、围墙。这些附着物是原土地所有人或使用人投入了劳动和资金，因此应对此进行补偿。具体补偿标准，应按地上附着物的新旧程度由有关部门估价。

青苗补偿费是指对正在生长、尚未成熟的农作物，因征地不能收获而给土地使用人造成损失的补偿费。对于青苗补偿费的标准，国家没有统一的规定，法律授权省、自治区、直辖市根据各地的具体情况予以制定。

（三）新菜地开发建设资金

新菜地开发建设资金是指因征收征用城市郊区的菜地，造成菜地面积减少，为了保障城市居民的蔬菜供应，用地单位应向政府交纳一定的费用，由政府重新建设蔬菜基地。《土地管理法》规定，征收城市郊区的菜地，用地单位应当按照国家有关规定缴纳新菜地开发建设基金。根据《国家建设征用菜地缴纳新菜地开发建设基金暂行管理办法》的规定，我国新菜地开发建设基金收取标准如下：

（1）在城市人口（不含郊县人口。是指市区和郊区的非农业人口，下同）100万以上的大城市，每征用1亩郊区新菜地，缴纳7 000～10 000元新菜地开发建设基金。

（2）在城市人口50万以上，不足100万的中等城市，每征用1亩郊区菜地，缴纳5 000～7 000元新菜地开发建设基金。

（3）城市人口不足50万的城市，每征1亩菜地，缴纳3 000～5 000元新菜地开发建设基金。

新菜地开发建设基金，是人民政府用于开发建设新菜地的专项资金，不得挪作他用。

（四）安置补助费的标准

安置补助费是指国家对被征地单位支付的因征地需要安置农业人口的补助费用。安置补助费标准以耕地年产值为基础，按人口予以补助。每一个需要安置的农业人口的安置补助费标准，为该耕地被征收前3年平均年产值的4～6倍。但是，每公顷被征收耕地的安置补助费，最高不得超过被征收前3年平均年产值的15倍。

二、现行《土地管理法》关于土地征收补偿安置标准的规定

随着我国土地市场的进一步发展，人们对土地价格的形成有了新的认识，国家立法机关对征收土地的价格也有了新的规定，现行《土地管理法》用"片区综合地价"代替了过去长期沿用的"按照土地年产值倍数"确定土地补偿、安置费用标准的规定，目的是按照公平合理的原则，"保障被征地农民原有生活水平不降低、长远生计有保障"（《土地管理法》第48条）。

补偿安置费用包括三部分：其一，片区综合地价。片区综合地价由土地原用途、土地资源条件、土地产值、土地区位、土地供求关系、人口以及社会发展水平等因素确定，至少每3年调整或公布一次。其二，地上附着物和青苗等补偿费用。地上附着物中包括了农村村民住宅。因征地需要搬迁村民住宅的，应当按先补偿后搬迁、居住条件改善的原则，由村民在以下三种方式中选择：①重新安排宅基地建房；②提供安置房；③货币补偿。县级以上人民政府应当尊重村民的选择权，不得强迫村民接受其中一种安置方式。另外，因土地征收造成的搬迁、临时安置等费用，也应予以补偿。其三，社会保障费用。社会保障费用主要用于符合条件的被征地农民的养老保险等社会保险缴费补贴。

三、土地征收补偿费用的使用

（一）合理确定所有权人、土地承包权人、土地经营权人的补偿范围和份额

我国过去的土地补偿费用，是对土地所有人因征收土地所造成损失的一种补偿。这种补偿办法是建立在私人所有与私人经营和集体所有与集体经营的土地生产经营模式的基础上的，如1953年的《国家建设征用土地办法》、1982年的《国家建设征用土地条例》和1986年的《土地管理法》。但农村经济体制改革以后，我国实行了集体所有与农户或农民个人分散经营的模式，将土地所有权和土地承包经营权分设，所有权归集体，承包经营权归农户或农民个人。随着农村土地使用制度改革的不断深入，将土地承包经营权分为承包权和经营权。在保留农户或农民土地承包权的前提下，流转经营权，实现了土地所有权、承包权、经营权分置并行。因此，为了维护农民集体、承包农户（或农民）及土地经营主体的合法权益，在土地补偿费用中就应建立合理的分配机制，确定各自的补偿范围和份额。

（二）土地补偿费用的收支状况应当向村民公布

被征地的农村集体组织的成员不仅享有土地补偿费用的分配权，而且还享有土地补偿费用收支状况的知情权和监督权。因此，被征地农村集体经济组织应当将征地补偿费用收支情况向集体经济组织成员公布并接受监督。

（三）合理妥善安排土地补偿费用的用途

土地补偿费作为被征收土地的所有人、使用人因土地被征收得到的一种补偿费用，如何使用该费用应当由土地所有人或土地使用人决定，任何单位和个人不得干涉。但为了农村的稳定发展和农民的长远利益，国家鼓励农村集体经济组织和农民用土地补偿费兴办企业。为此，《土地管理法》第50条规定："地方各级人民政府应当支持被征地农民集体经济组织和农民从事开发经营、兴办企业。"

（四）禁止侵占、挪用土地补偿费用和其他有关费用

土地补偿费必须全额支付给被征土地的所有人和使用人，并由土地所有人和使用人决定如何进行分配和使用。各级人民政府、乡镇集体经济组织、村委会或个人都不得以任何名义侵占、挪用。

第三章

■参阅案例

A市B区C镇D村村民委员会诉A市规划国土局E国土分局、A市B区C镇人民政府、××集团有限责任公司征地补偿纠纷案[1]

【阅读要点提示】

土地征收是国家为了公共利益的需要把农民集体所有的土地征为国家所有的行为，其法律关系在国家与农民集体之间建立，国家要对农民集体依法予以合理补偿。国有土地使用关系是国家与土地使用者之间建立的关系，土地使用者不是土地征收法律关系的主体。

原告：D村村民委员会（下称D村委）

被告：A市规划国土局E国土分局（下称E国土分局）

被告：A市B区C镇人民政府（下称C镇政府）

被告：××集团有限责任公司（下称××集团）

原告D村委起诉称：因国家重点建设工程D××站的需要，E国土分局代表国家征收D村委土地。1997年12月10日，D村委与E国土分局、C镇政府签订了一期《D××站征地协议》。协议规定，E国土分局向D村委征地7 094.04亩，征地补偿费标准为每亩2万元，含征地管理费，由D村委包干。E国土分局在收款3天内扣除征地管理费后，将全部款项付给C镇政府，C镇政府收款5天内将款项付给D村委。1998年8月25日，D村委与E国土分局、C镇政府签订了二期《D××站征地协议》。协议约定E国土分局向D村委征地1 968.99亩，征地补偿费标准为每亩1万元，由C镇政府包干，E国土分局按协议总额的3%收取征地管理费，E国土分局在收款后3天内，将全部款项付给C镇政府。以上两期征地，D村委应得征地补偿款16 157.069 4万元。但是E国土分局、C镇政府以各种名义克扣、截留应归D村委所有的征地补偿款3 986.892 068万元。E国土分局、C镇政府还以每亩收取1万元"土地转让金"为由，变相将应归村集体或农民所有的6 344.04万元征地补偿款占为己有。××集团没有对征用的750亩滩涂给予补偿，并将应由××集团交纳的税、费附加在D村委身上。

1. 关于拖欠的征地补偿费。

（1）按协议征地及补偿情况：一期征地7 094.04亩，其中陆地6 344.4亩，滩涂750亩，按每亩2万元计算，D村委应得征地补偿费14 188.08万元；二期征地1 968.99亩，补偿费为每亩1万元，D村委应得征地补偿费1 968.989 4万元。E国土

---

[1] 案例来源：载"中国网络律师网"，http：//www.148com.com/flws/HTML/43831_2.html，访问时间：2008年5月20日。

分局合计应付征地补偿费 16 157.069 4 万元，扣除征地管理费 484.712 028 万元，实际应付 15 672.357 318 万元，已付 11 685.465 25 万元，尚欠 3 986.892 068 万元。

(2) 拖欠征地费的具体项目。①一期征地 750 亩滩涂，E 国土分局须给付土地补偿费 1 500 万元。对于 750 亩滩涂海胆养殖场问题，C 镇政府认为土地所有权属于国家，将用地单位按每亩 2 万元支付给 D 村委的土地补偿费 1 500 万元全部扣留。但水域、滩涂既有归全民所有的，也有归集体所有的，而绝非全部属全民所有。关于 D 村滩涂所有权问题，镇、村双方一直存在争议。在开办养殖场过程中，D 村投入了大量的人力、物力，海胆养殖场已初具规模，年产值达几百万元，成为 D 村的支柱产业。但是××集团征地以后，其中的 750 亩被征用，剩余的 750 亩也因××厂建设、污染以及××厂管理等原因而无法经营，农民损失惨重，故对被征用的 750 亩滩涂，必须给予赔偿。②在 D 村二期征地中，C 镇政府截留 900 万元征地补偿费。③C 镇政府代收的 483.828 9 万元林地使用费、林木补偿费没有任何法律依据。依照《F 省林地管理办法》第 22 条、第 23 条的规定，林地使用费和林木补偿费的交费主体就是用地方即××集团。而林地、林木补偿费和安置补助费除应返还个人部分以外，应由 D 村集体所有。林业主管部门除可以收取森林植被恢复费以外，不能收取其他费用。④农电公司补偿费 150 万元。C 镇政府不是征地机关，无权干涉征地补偿费的发放以及以代收代付为借口克扣属于村集体或农民所有的征地补偿款项。至于被征地单位对第三方的补偿及税、费的缴付问题，应由用地单位及被征地单位自己解决，C 镇政府无权干涉。⑤C 镇政府代扣、代缴的耕地占用税和土地补偿农业税 205.734 816 万元。根据法律规定，占用耕地从事非农业建设的单位和个人是耕地占用税的纳税主体，但是 E 国土分局却将××集团需交纳的税费强加给 D 村委。⑥C 镇政府以收取地价款为由，扣取 735.885 2 万元。由于 D××站的建设，D 村民举村搬迁。1998 年 4 月，E 国土分局下发了《关于批准 C 镇 D 村"×项目"征地拆迁村民私宅统建的通知》，同意 D 村委"在×项目征地拆迁安置地 C 镇 E 村地段 18 365.4 平方米的土地做私宅统建用地"，"按照农村村民私宅报建的有关规定和拆一赔一的原则给各户办理房地产产权登记手续"。由此可见，该 18 365.4 平方米的 D 村委村民安置用地，是以拆一赔一的原则进行的，而国土局的文件里根本没提到 D 村委需要交纳相应地价以及地价的交费标准。C 镇政府利用手中"代付"征地补偿费的权力，直接在应付给 D 村委的征地补偿费中扣除 735.885 2 万元归己所有。

2. 从最初签订征地协议开始，E 国土分局、C 镇政府及 A 市国土局、A 市政府、B 区政府一直向 D 村委隐瞒了在征地过程中向××集团收取每亩 1 万元转让金的事实。无论是"征地补偿费"还是"转让金"，皆因 D××站工程征用农村集体土地而发生。用地单位按每亩支付的 3 万元，其实质就是补偿费。因此，向××集团收取的每亩 1 万元的转让金 6 344.04 万元应返还给 D 村委。

3. 征地主体以及征地补偿费的给付主体均应为 E 国土分局，D 村委应当直接与 A 市规划国土局 E 国土分局结算征地补偿费。由于在征地过程中 E 国土分局违反法定程序，将征地主体以及征地补偿费的付款主体变相变更为 C 镇政府，导致了截留、克扣农民征地补偿费的情况。就征地补偿费的性质而言，本案应为合同纠纷，征地机关及相关责任人不能严格履行合同、逾期支付征地补偿费，已构成违约，依法应承担违约责任。E 国土分局应承担全部逾期付款责任并返还被挪用的补偿费。

4. 征地管理费应由用地单位支付，E 国土分局在这次征地中没做任何实质性工作，不应收取征地管理费。E 国土分局收取的征地管理费应退回给 D 村委。

D 村委据此请求：①判令 E 国土分局给付拖欠的征地补偿费 3 986.892 068 万元，支付因逾期给付征地补偿费而发生的利息 980 万元和违约金 1 480 万元，以上违约金暂计至 2001 年 8 月 15 日；②判令 E 国土分局返还被挪用的征地补偿款 6 344.04 万元、利息 1 628 万元，利息暂计至 2001 年 8 月 15 日；③判令 C 镇政府对 E 国土分局的上述全部债务承担连带清偿责任；④E 国土分局返还征地管理费 439.790 2 万元及利息；⑤由 E 国土分局承担本案的全部诉讼费用。

被告 E 国土分局答辩称：

1. 依照《F 省征地管理规定》第 9 条的规定，市、县国土部门根据征地工作的需要，可委托乡、镇人民政府承办征地工作的具体业务，但征地协议必须由国土部门与被征地单位签订。E 国土分局委托 C 镇政府具体实施征地补偿业务是符合法律规定的。

2. D 村委提出的诉讼请求与事实和法律不符：①诉称的征地面积有误。D 村委称一期的征地面积为 7 094.4 亩，其中陆地 6 344.4 亩、滩涂 750 亩，与事实不符，事实是一期征地面积为 6 344.4 亩，不包括滩涂，滩涂不在征地范围之内。因为滩涂依法属国有，不存在征用问题。故一期征地 D 村委应得的征地补偿费为 6 344.4 亩 × 20 000 元/亩 – 征地管理费 380.664 0 万元 = 12 308.136 万元。二期征地 1 968.99 亩，每亩 1 万元，扣除 3% 的征地管理费，D 村委应得征地补偿费为 1 909.920 3 万元。对于以上两期征地，D 村委应得征地补偿费合计为 14 218.056 3 万元。②本案的滩涂不应给予土地补偿。D 村委对所争执的滩涂的权属问题，一直无法提供任何证据证明滩涂所有权归属 D 村委所有，因此以上滩涂的所有权属于国家是毫无疑问的。虽然 D 村委使用滩涂进行生产、经营活动，但这不能改变滩涂的所有权权属。滩涂的所有权本身属于国家，因此也就不存在征地补偿的问题，D 村委所诉 1 500 万元的滩涂征地补偿费用，没有法律依据，请求依法予以驳回。③D 村委要求返还被挪用的征地补偿款 6 344.4 万元及利息，其要求不属实而且不合法。首先，D 村委的诉求与基本事实不符。这 6 344.4 万元是 E 国土分局依法向用地单位收取的土地开发费和土地出让金的一部分，不属于征地补偿费用的范畴。用地单位以每亩 3 万元的价格支付的款项，不是征地补偿款，而是国有土地出让所应缴纳的地价款，包括土地开发费、土地出让金及市政配套费等三项，这笔 6 344.4 万元的款项正是我局收取的地价款的一部分，E 国土分局按 A 市政府的明确要求将这笔款项用于 C 镇政府发展 C 镇的经济建设并无不妥，D 村委无权索取不属于征地补偿款范围内的款项。

其次，D村委混淆了两个基本的法律定义和两个不同的法律关系。国家征收土地所应给予集体组织的补偿款，不能与国家出让土地对用地单位所收取的地价款划等号。正因为如此，E国土分局在与被征地一方所签的征地补偿协议中明确规定了征地补偿的具体标准和数额，在双方达成的征地补偿协议中，也根本不存在D村委所称的6 344.4万元的征地补偿费的问题。

3. 本案的征地补偿标准是在几方当事人充分协商的基础上确定的，充分体现了D村委的补偿要求，不存在显失公平的情形。依法达成的征地补偿协议具有法律效力，各当事人应严格遵守协议规定。

4. E国土分局已按征地协议要求履行义务，且已依法履行职责，根本不存在再向D村委交付征地补偿费、利息及违约金的问题。①根据征地协议规定，E国土分局向C镇政府支付征地补偿款，D村委直接向C镇政府领取征地补偿款。该领款方式是经过D村委同意的，D村委应当遵守协议的约定。②E国土分局已向C镇政府支付了协议约定的全部补偿款，不存在违约的事实。至于C镇政府截留征地补偿款，是C镇政府的违约行为，D村委既已答应直接向C镇政府领取征地补偿款，则应诉请要求C镇政府履行合同义务。③E国土分局在征地补偿协议中已履行应承担的法定职责。D村委多次反映了C镇政府存在截留、克扣征地补偿款的问题，E国土分局多次与C镇政府、D村委进行协商，要求C镇政府妥善解决D村委提出的问题，并且还向B区人民政府反映情况，要求其监督处理。E国土分局已经依照法律的规定和合同的约定，履行了相应的法定职责。

5. 我局按协议总额的3%收取征地管理费是在三方签订的《征地补偿协议》中约定的，D村委请求我局返还，没有依据。因此请求人民法院驳回D村委对E国土分局的诉讼请求。

被告C镇政府答辩称：

1. D村委关于第一期征地中750亩滩涂，E国土分局须给付土地补偿费1 500万元的诉请与法律相悖。依法凡是不能证明为集体所有的土地都是国有土地，D村委在无证据证明其对750亩滩涂享有所有权的情况下是无权主张1 500万元征地补偿费的。

2. D村委称C镇政府截留了第二期征地补偿费900万元不符合合同的约定和当时的事实。由于第二期征地中的1 968.98亩全部是荒山，未涉及住户搬迁以及占用耕地等问题，便不存在给D村委补偿安置费的问题，也无须缴纳农业税和土补农业税。所以，第二期征地应向D村委补偿的费用实际只有三项，包括土地补偿费、青苗林木果树补偿费、附着物拆迁补偿费。其中依据土地补偿费的标准是，A市B区人民政府办公室1996年7号文件批复的标准，执行标准是山地4 000元/亩，按此标准计算，国家应付给D村委的土地补偿费应为1 968.98亩×4 000元/亩=787.592 0万元。另外，青苗林木果树补偿、附着物拆迁补偿两个项目的补偿费用则是由D村委参照政府规定的标准自行计算出来的，两项的累计金额为298.181 5万元。上述两项补偿费用合计为 787. 592 0 万元 + 298. 181 5 万元 = 1 085. 773 5 万元。而 C 镇政府已实际支付给 D 村委 1 068. 989 4 万元，尚差 167 841 元未付。另外，C 镇政府还另行代其缴纳了征地管理费 59. 069 682 万元。若征地管理费也由 D 村委缴纳，则两数相抵，C 镇政府还多付了 59. 069 682 万元 – 16. 784 1 万元 = 42. 285 582 万元。A 市政府 1995 年 65 号文件明确要求，二期征地费用中除应付给 D 村委的各项补偿费用之外，应留有余额交 C 镇政府用以经济发展、公路建设等。在二期征地过程中，E 国土分局、C 镇政府、D 村委共同签订了由 C 镇政府作为包干人的征地协议，由 E 国土分局将出让二期征地所收取的全部费用，按 1 万元/亩计，全部划拨给 C 镇政府，在 C 镇政府完成包干义务后，剩余资金由 C 镇政府自行支配用以经济发展。对于以上事实，D 村委是非常清楚并完全同意的。综上所述，一、二期征地过程中对于征地费用的分配、使用均遵循了 A 市政府 1995 年 65 号文件的要求，即一部分用以支付给被征地方 D 村委，一部分交 C 镇政府用以发展 C 镇经济。

3. E 国土分局委托 C 镇政府以包干的方式征用土地的做法是完全合法的。因为由 C 镇政府包干这一事项首先得到了 D 村委的同意并在征地协议中作了约定，其次，《F 省征地管理规定》第 9 条规定，市、县国土部门根据征地工作需要，可委托乡、镇人民政府承办征地工作的具体业务。

4. C 镇政府代收的 483. 828 9 万元是林木补偿费和森林植被恢复费，具有合法依据。在第一期征用土地协议中，每亩 2 万元就包含森林植被恢复费。而依据《F 省林地管理办法》第 23 条的规定，森林植被恢复费不应付给 D 村委，而应向林业主管机关交纳。根据《F 省林地管理办法》第 21 条第 4 项之规定，森林植被恢复费按当年社会更新每亩 100 ~ 150 元补偿。一期征地共有林地约 5 376 亩，则应收取的森林植被恢复费应为 5 376 亩 × 150 元/亩 = 80. 64 万元。根据 A 市 B 区绿委 1996 年第 12 号文件，凡占用林地种果、畜牧的单位和个人，必须向当地 C 镇政府、林地所属单位，缴交林地费每亩 50 ~ 100 元，林木补偿费每株 5 ~ 10 元；向区绿委缴交育林费每亩 80 元，植被恢复费每亩 150 元，并办理有关林地占用手续，领取《林地使用许可证》。按此规定，同时考虑到减轻 D 村委负担，C 镇政府按照上述规定减半收取林木补偿费，应收取林木补偿费 430. 070 16 万元，加上上述森林植被恢复费，合计应收取 510. 710 16 万元，而实际只收了 483. 828 9 万元，还少收了 26. 881 26 万元。

5. C 镇政府向农电公司补偿 150 万高压供电设施费合理合法。在第一期征地协议中已明确将道路、电话线路、农田水利基础设施、桥梁、涵洞与供电设施分别列出，然后根据"谁投资就补偿给谁"的原则，由于农电公司有实际投入，故其应获得相应的补偿。根据第一期征用土地协议的规定，供电设施的补偿应在 2 万元每亩的补偿费中列支。C 镇政府作为国土局的征地受托人，负有对多个权利主体的利益的协调、照顾、平衡及保护的义务。C 镇政府为了减少纠纷的产生，直接将 150 万元付给农电公司属合理合法。

6. C 镇政府代扣、代缴的耕地占用税和土地补偿农业税 205. 734 816 万元是执行第一期征地协议的规定。根据一期的《D××站征地协议》的约定，耕地占用税和土地补偿农业税均应在每亩 2 万元的征地补偿费中列支。

7. C 镇政府扣收地价款 735.885 2 万元于法有据。为安置 D 村委村民，C 镇政府按"拆一赔一"的原则并按村民自己的要求向村民提供了 C 镇地理位置最优越的 E 村地段的 18 365.4 平方米的熟地。而由生地变为熟地，C 镇政府投入了大量人力、物力，先行垫资完成了"三通一平"的开发和相关基础设施的配置。另外 C 镇政府在向 E 村征用该地时，还向 E 村支付了巨额的补偿费，而且该地块还在逐年升值。因此，C 镇政府所收取的 735.885 2 万元是对该幅地的投入的补偿，而且 735.885 2 万元还低于 C 镇政府在该幅地的实际投入，在一期征地协议中就包括了这笔费用，即协议中的新安置地和新建房屋的配套设施费用。

8. D 村委关于 1 480 万元违约金的诉讼请求既无事实根据，又无合同依据。首先，C 镇政府严格履行了征地补偿协议，并无违约行为发生。其次，违约金是以合同约定为依据的，D 村委与被告从未在相关协议中约定违约金条款。综上所述，两期征地协议是当事人在自愿基础上签订的，内容合法，C 镇政府已按协议规定履行了义务，请求驳回 D 村委的诉讼请求。

被告××集团辩称：集体土地征收与国有土地出让是两个不同的法律关系。前者是国家因建设需要将集体所有土地征为国有，并给予适当补偿的法律关系，后者是国家根据用地单位的申请将国有土地的使用权有偿出让的法律关系。D 村委与 E 国土分局、C 镇政府签订了一期、二期《D××站征地协议》，属集体土地征收法律关系；而××集团与 A 市规划国土局签订的《土地使用权出让合同书》《土地使用权出让协议书》，属国有土地出让法律关系。××集团已按出让合同缴纳了出让金和开发费，完全履行了合同义务。D 村委错误地混淆了集体土地征收与国有土地出让的区别，将不属于集体土地征收法律关系的××集团作为被告是错误的。至于滩涂部分是否应予补偿，征地协议关于耕地占用税、土地补偿农业税的规定，及 C 镇政府代扣代缴是否合理完全是 D 村委与 E 国土分局、C 镇政府在征地协议履行范围内发生的争议，与××集团无关。××集团与 E 国土分局、C 镇政府也不存在任何连带责任关系，要求××集团对 750 亩滩涂的征地款 1 500 万元承担连带责任并支付征地有关农业税 205.734 816 万元是毫无根据的。且其公司不是征地协议当事人，更不是政府部门，不存在 D 村委所称的其公司将税费强加给 D 村委的事实。据此，请求驳回 D 村委对××集团的诉讼请求。

法院经审理认为：D××站是国家重点建设项目，E 国土分局向 D 村征收土地用于 D××站的建设，已获得了 A 市人民政府批准。1997 年 12 月 10 日和 1998 年 8 月 25 日 E 国土分局、C 镇政府与 D 村委所签订的一、二期共 11 份《D××站征地协议书》约定由 E 国土分局委托 C 镇政府向 D 村委征地，这是双方当事人的真实意思表示，没有违反法律规定，上述协议是有效协议，对各方当事人具有法律拘束力，各方当事人应按上述协议履行。1997 年 12 月 10 日，E 国土分局、C 镇政府与 D 村委签订的一期共 9 份《D××站征地协议书》，约定征地补偿费按每亩 2 万元计算，含征地管理费，由 D 村委包干。而征地补偿费包括土地补偿费、耕地占用税、安置补助费，含新安置地、征地拆迁费用，新建房屋及配套设施费用，搬迁费用，劳动力就业费用，土地补偿农业税，青苗补偿费，果树、林木、风景树、房屋、禾塘、巷道、草屋、铁皮屋、厕所、猪牛栏、化粪池及附着物补偿费；经济项目，含鲍鱼场、果场、虾场、虾苗场、度假村、海胆场等；森林植被恢复费、农业保护用地补偿费、电话线路、周转安置费等补偿费用。因此，D 村委按协议必须承担征地管理费（12 688.8 万元×3% = 380.664 万元），耕地占用税、土地补偿农业税 205.734 816 万元，同时还应承担安置补偿费（含新安置地、征地拆迁费用、新建房屋及配套设施费用、搬迁费用、劳动力就业费用）。此外，C 镇政府投资开发了 E 小区，C 镇政府在 E 小区内的 D 花园划出了 18 365.4 平方米用以安置 D 村村民。根据本院委托 A 市同致房地产交易评估有限公司对 E 小区的合理开发成本进行的评估，E 小区减除道路、绿化、公共设施建设用地面积后的剩余面积每平方米的合理开发成本为 191 元。D 村委应负担安置费 3 507 791.4 元（18 365.4 平方米×191 元/平方米）。

　　D 村委起诉认为征地管理费是由用地单位支付，E 国土分局在这次征地中没做任何实质性工作，不应收取征地管理费，占用耕地从事非农业建设的单位和个人是耕地占用税、土地补偿农业税的纳税主体，E 国土分局却将××集团需交纳的税费强加给 D 村委没有依据。法院认为，按协议的约定，征地管理费、耕地占用税、土地补偿农业税是在征地补偿每亩 2 万元的条件下由 D 村委包干的，E 国土分局收取征地管理费，C 镇政府代扣耕地占用税、土地补偿农业税合理合法。D 村的上述主张不符合三方签订征地协议的约定，其主张不应由其缴交征地管理费、耕地占用税、土地补偿农业税缺乏事实和法律依据，法院不予支持。D 村委起诉认为 18 365.4 平方米的 D 村民安置用地，是以"拆一赔一"的原则进行的，国土局的文件没提到要 D 村委交纳地价以及地价的交费标准，而 C 镇政府直接扣除 735.885 2 万元没有依据。法院认为，三方签订的征地协议中约定征地补偿费每亩 2 万元由 D 村委包干，征地补偿费包括安置补助费，含新安置地、征地拆迁费用、新建房屋及配套设施费用、搬迁费用，新安置地的费用已包括在每亩 2 万元的征地补偿包干款中，因此，新安置地的费用应由 D 村委负担。D 村委起诉主张不应由其负担不符合征地协议的约定，缺乏事实和法律依据，法院不予支持。对于安置地的价格问题，由于 C 镇政府将 D 村民安置在 E 小区时双方当时没有约定安置地的价格，而 D 村民是为了国家的重点工程××站的建设而搬迁，因此，安置地的价格应以 C 镇政府合理的开发成本计算为宜，而不应以市场价格进行计算，C 镇政府以市场价格计算收取 D 村委安置地款 735.885 3 万元的抗辩理由不足，法院不予支持。

　　关于 C 镇政府代农电公司收取 150 万元的问题。法院认为，三方的征地协议虽约定 D 村委每亩 2 万元包干的征地补偿费包括了供电设施，但如何补偿、补偿多少等应由 D 村委与农电公司协商解决，在 D 村委与农电公司协议之前，C 镇政府即扣下征地补偿款 150 万元给农电公司依据不足，C 镇政府应将该款退还给 D 村委。D 村委该起诉主张有理，法院予以支持。

关于 C 镇政府扣取植被恢复费 53.758 77 万元和林木补偿费 430.070 16 万元的问题。法院认为，三方签订的征地协议中约定征地补偿费每亩 2 万元由 D 村委包干，征地补偿费包括森林植被恢复费，因此，森林植被恢复费 53.757 7 万元应由 D 村委负担，C 镇政府代扣该项费用得当，D 村委该起诉主张不符合征地协议的约定，法院不予支持。《F 省林地管理办法》第 22 条规定："征用、占用林地，林地、林木补偿费用和安置补助费，除被征用林地上属于个人的林木和附着物的补偿费付给本人以外，应当交由原林地、林木所有权或使用单位，用于造林、发展林业生产和安置补助。任何单位或个人不得侵占或挪作他用。"据此规定，征地林木补偿费，应支付给 D 村委，C 镇政府根据 A 市 B 区人民政府办公室 1996 年第 36 号文件《批转区绿委关于严禁擅自开山毁林的请示的通知》从征地款中扣下 430.070 16 万元林木补偿费，与《F 省林地管理办法》第 22 条的规定不符。D 村委该起诉主张有理，法院予以支持。上述一期 9 份《D××站征地协议》征地面积共计 845.893 915 万平方米，合 6 344.4 亩，计款 12 688.8 万元。C 镇政府除应扣除征地管理费 380.664 万元，新安置地款 350.779 14 万元，耕地占用税、土地补偿农业税 205.734 816 万元，森林植被恢复费 53.757 7 万元，共 990.935 656 万元外，其余款项应支付给 D 村委。C 镇政府支付了 10 732.687 084 万元给 D 村委，现尚欠 D 村委 965.177 26 万元。因征地主体是 E 国土分局，E 国土分局应将该款支付给 D 村委，并支付银行贷款利息。由于××集团于 1995 年至 1998 年 10 月间已全部付清给 E 国土分局的土地出让金和土地开发费（含征地补偿费），E 国土分局也于 1996 年至 1997 年 9 月间付清了一期征地补偿款给 C 镇政府，而 C 镇政府却未依约于收到 E 国土分局款项 5 天内将征地补偿款付清给 D 村委，故利息应从 1997 年 12 月 18 日起计算。因 E 国土分局是委托 C 镇政府征地，而 E 国土分局已将全部征地补偿款拨给了 C 镇政府，故 C 镇政府应对 E 国土分局的还款承担连带清偿责任。由于 E 国土分局、C 镇政府与 D 村委签订的征用土地协议书中没有约定违约责任，且法院已判决由 E 国土分局将所欠款项及利息支付给 D 村委，故 D 村委起诉请求 E 国土分局支付违约金缺乏依据，法院予以驳回。

关于 1998 年 8 月 25 日 E 国土分局、C 镇政府与 D 村委签订的 2 份二期《D××站征地协议》问题。该征地协议约定征地补偿费按每亩 1 万元由 C 镇政府包干，征地补偿费包括土地补偿费、青苗林木果树补偿、附着物拆迁补偿、安置费、农业税、土补农业税等费用。本期征地共计 1 968.9 亩，计款 1 968.9 万元，E 国土分局按有关规定收取征地管理费，按本协议总额 1 968.9 万元的 3%，合计 59.067 万元。由于事先对 D 村委应得多少补偿款并未约定，事后 C 镇政府与 D 村委又未达成协议，现双方对补偿标准又存有争议，根据《中华人民共和国土地管理法实施条例》第 25 条第 3 款的规定，对补偿标准有争议的，由县级以上地方人民政府协调，协调不成的，由批准征用土地的人民政府裁决。征地补偿、安置争议不影响征用土地方案的实施。据此，法院对该期征地的补偿问题不予处理，由双方当事人向 B 区人民政府申请协调，如协调不成，则向 A 市人民政府申请裁决。

关于 750 亩滩涂问题。E 国土分局、C 镇政府与 D 村委签订的一期征地 9 份协议共征地 6 344.4 亩，并没有包括该 750 亩滩涂，D 村委虽在该滩涂上建有海胆养殖场等，但上述 9 份征地协议均约定每亩 2 万元由 D 村委包干，包干的项目包括了经济项目（含鲍鱼场、果场、虾场、虾苗场、度假村、海胆场等），且 D 村委也没有提供其享有该 750 亩滩涂所有权的证据，因此该 750 亩滩涂属国家所有。据此，D 村委主张××集团征用该 750 亩滩涂的补偿款归其所有没有法律依据，法院不予支持。

关于 6 344.04 万元土地出让金问题。××集团以每亩 3 万元的价格支付一期土地款给 E 国土分局，E 国土分局则以每亩 2 万元的价格向 D 村委征地，E 国土分局每亩收取 1 万元，即 6 344.04 万元，属于国家应收取的土地出让金，E 国土分局按照 A 市政府的明确意见，将这笔款给 C 镇政府，作为发展 C 镇经济之用。该笔款并非征地补偿费，与 D 村无关。因此，D 村起诉主张该笔款应归其所有，没有法律依据，法院不予支持。

综上所述，依照《中华人民共和国民法通则》第 57 条、第 63 条第 2 款、第 88 条第 1 款、第 112 条第 1 款和《中华人民共和国土地管理法实施条例》第 25 条第 3 款的规定，法院判决如下：

1. E 国土分局应于本判决发生法律效力之日起 15 日内支付尚欠的征地补偿款 965.177 26 万元及其利息（从 1997 年 12 月 18 日始按银行同期同类贷款利率计算至本判决确定还款之日止）给 D 村委。逾期还款，按《中华人民共和国民事诉讼法》第 232 条的规定执行。C 镇政府对 E 国土分局的上述欠款承担连带清偿责任。

2. 驳回原告 D 村委的其他诉讼请求。

本案受理费 763 233 元，由 D 村委负担 534 263 元，E 国土分局、C 镇政府负担 228 970 元。评估费 43 845 元，由 C 镇政府负担。

【思考题】

1. 如何理解土地征收的定义？
2. 我国土地补偿费用包括哪些？土地补偿的标准是什么？

国有土地使用权出让法律制度

内容提要　本章立足于我国土地使用制度改革的实践，对国有土地使用权出让法律制度作了比较全面的介绍。首先阐述了国有土地使用权出让的含义、特点，分析了土地使用权出让与转让的关系，然后讨论了国有土地使用权出让合同双方当事人的权利与义务。关于集体经营性建设用地入市的方式、程序以及出让土地使用权合同的相关内容，按《土地管理法》第63条的规定，参照国有土地使用权出让的相关规定办理。

学习重点　国有土地使用权出让的定义；土地使用权出让与转让的关系；土地使用权出让合同的特点；土地使用权出让合同双方当事人的权利与义务。

■第一节　国有土地使用权出让法律制度概述

一、国有土地使用权出让的定义

国有土地使用权出让，是指国家将国有土地使用权在一定年限内出让给土地使用者，由土地使用者向国家支付土地使用权出让金的行为。这是我国土地使用制度改革中产生的一种用地方式，理解此定义应把握以下几点：

1. 土地使用权出让是土地使用权转移的一种特殊形式。我国《宪法》和《土地管理法》把土地使用权发生转移的行为统称为"转让"，如《宪法》第10条第4款规定："任何组织或者个人不得侵占、买卖或者以其他形式非法转让土地。土地的使用权可以依照法律的规定转让。"《土地管理法》第2条第3款规定："任何单位和个人不得侵占、买卖或者以其他形式非法转让土地。土地使用权可以依法转让。"1990年5月19日实施、2020年11月29日修订的《中华人民共和国城镇国有土地使用权出让和转让暂行条例》（以下简称《出让和转让条例》）与《宪法》和《土地管理法》不同，其首次从立法上对土地使用权出让行为与土地使用权转让行为予以规定。这说明我国从法律上确认并开始规范土地使用权市场。土地使用权出让市场与土地使用权转让市场既有相同之处，又有质的区别。相同之处表现为二者都是土地使用权交易市场。区别在于出让法律关系的主体有特别规定，出让方必须是市、县人民政府土地管理部门，它是国家垄断土地一级市场在法律上的反映，而对转让法律关系的主体则没有特殊规定，它是在土地二级市场中所发生的法律行为和法律关系。因此，土地使用权出让是土地使用权转移的一种特殊形式。

2. 出让的标的是国有土地使用权。土地使用权有狭义与广义之分。狭义的土地使用权是指依照法律规定对土地加以利用的权利，它是土地所有权的四项权能之一。广义的土地使用权是指土地使用权人对该幅土地所享有的占有、使用、收益和依法处分的权利，它表现为一种独立的财产权。本章是从广义上论述土地使用权的。我国对土地使用权的出让问题在《房地产法》中有明确规定，该法第8条规定，土地使用权出让，是指国家将国有土地使用权在一定年限内出让给土地使用者，由土地使用者向国家支付土地使用权出让金的行为。这条规定清楚地表明了出让的标的是指国有土地使用权。

3. 土地使用权出让行为是让渡土地使用权的行为，不影响或改变国家的土地所有权。在土地使用权出让法律关系中，一方当事人是土地的所有者，即国家，称之为出让方；另一方当事人是土地使用者，称之为受让方。土地使用权出让后，国家仍然是土地的所有者，土地使用者通过支付一定数额的出让金，只是获得了对该幅土地在一定年限内的使用权，而非取得所有权。可见，出让行为并不影响或改变国家的土地所有权。

二、土地使用权出让的法律特征

1. 财产性。财产性是指出让的土地使用权是一种财产。在土地使用权出让法律关系中，土地使用权完全被当做一种财产在国家与土地使用人之间流转，实行有偿使用，而不是像过去那样把土地当做一种自然资源，进行无偿使用；在流转方式上，《出让和转让条例》明确规定，土地使用权出让，采取财产转让所必需的合同方式，而不是采用行政划拨方式。

2. 平等性。平等性是指出让主体的法律地位平等。在土地使用权出让法律关系中，国家以土地所有者的身份参与出让活动，它与土地使用者之间的法律地位是平等的。双方当事人贯彻的是"平等、自愿、有偿"的原则。对于土地使用权出让的这一特点，法学理论界有不同的认识。有人认为土地使用权出让法律关系主体的法律地位不平等，理由是出让的主体一方为土地管理部门，另一方是土地使用者，《出让和转让条例》第17条规定，土地管理部门有"警告、罚款直至无偿收回土地使用权的处罚"权。笔者认为，土地管理部门[1]在土地使用权出让过程中，具有双重身

[1] 2018年国务院机构改革组建了自然资源部，取消了国土资源部。2019年8月26日修改的《房地产法》中仍然使用的是土地管理部门；同日，修改的《土地管理法》中使用的是自然资源主管部门。本教材在不同的论述中，因适用的法律不同，既使用了"土地管理部门"，也使用了"自然资源主管部门"。

份，一方面是以土地所有者代表的身份，作为出让人从事民事活动，参与民事法律关系；另一方面，作为政府的职能部门，以管理者的身份出现，从事管理活动，参与行政管理法律关系。在某一具体的法律行为中它只能以其中的某一种身份出现，而不能以两种身份同时出现。《出让和转让条例》第 17 条的上述规定是相对土地管理部门的行政管理职权而言的，而不是相对于土地使用权出让人享有的一种民事权利而言。

3. 期限性。期限性是指土地使用权的出让是有年限限制的。《出让和转让条例》第 12 条按不同用途，对土地使用权的最高年限作了规定，即居住用地 70 年，工业、教育、科技、文化、卫生、体育、综合或其他用地 50 年，商业、旅游、娱乐用地 40 年。这些最高年限，是一次出让签约的最高年限。年限届满，土地使用者可以申请续期，经过批准可以延期使用；未申请续期或虽经申请但没有被批准者，土地使用权收归国家。

4. 出让人的单一性和受让人的广泛性。在土地使用权出让法律关系中，出让方是市、县人民政府土地管理部门，其他任何单位或个人均不能作为土地使用权出让方主体。与出让方相对应的另一方即受让人，范围非常广泛。根据《出让和转让条例》第 3 条规定，中华人民共和国境内外的公司、企业、其他组织和个人，除法律另有规定外，均可以作为受让人。

三、土地使用权出让与转让的关系

（一）出让与转让的联系

土地使用权出让作为土地使用权转移的一种形式，与土地使用权转让行为相同，都是一方将其拥有的土地使用权依法有偿、有期限地让渡于另一方当事人；土地使用权出让与转让行为均不影响国家对出让、转让的土地享有所有权。这两点体现了二者的共性，同时，土地使用权转让是以土地使用权出让为前提条件的，而土地使用权转让又可以促进土地使用权出让市场的发展和繁荣。因此，只有实行土地使用权出让制度，才能使受让人有可能将其通过出让方式获得的国有土地使用权进行依法转让。

（二）出让与转让的区别

1. 行为的性质不同。土地使用权出让是创设财产权的行为，而土地使用权转让则是转移财产权的行为。在土地使用权出让之前，土地所有权中所包括的占有、使用、收益的权能未与所有权主体相分离。通过出让行为，把土地使用权分离出来，成为一种独立的财产权，并让与土地使用者。在土地使用权出让行为发生时，土地使用权作为一种独立的财产权在法律上并不存在，在出让行为成立之后该权利才得以产生，因此说土地使用权出让是创设财产权的行为。而土地使用权转让则是作为独立财产权的土地使用权在公民或法人之间进行转移，因而该行为是转移财产权的行为。

2. 法律关系的主体不同。土地使用权出让法律关系的主体一方是土地所有者，另一方是土地使用者；而土地使用权转让法律关系中的双方当事人均为土地使用者。

3. 出让金与转让费的构成及反映的关系不同。从土地使用权出让金和转让费产生的经济学理论基础来分析，土地使用权出让金除了土地所有者事先投资外，主要是地租。而地租是土地所有权特有的经济表现，是土地所有权借以实现的经济形式，它不是劳动（包括经营）的产物。土地使用权转让费除包括出让金和土地使用者的投资及其孳息以外，还包括经营利润。

■第二节 土地使用权出让的程序和方式

一、土地使用权出让的程序

土地使用权出让的程序是指土地使用权出让应经过哪些阶段或步骤。《房地产法》第 12 条规定："土地使用权出让，由市、县人民政府有计划、有步骤地进行。出让的每幅地块、用途、年限和其他条件，由市、县人民政府土地管理部门会同城市规划、建设、房产管理部门共同拟定方案，按照国务院规定，报经有批准权的人民政府批准后，由市、县人民政府土地管理部门实施。"根据上述规定，土地使用权出让的程序为：

（一）拟定出让方案

市、县人民政府土地管理部门应会同城市规划和建设、房产管理部门共同拟定出让方案，包括地块位置、面积、用途、年限、出让金底价及土地使用条件等，编制《土地使用权出让合同》（草约）和《土地使用条件》，如出让土地属于旧城改造土地，须拟定拆迁安置方案。若采用招标、拍卖方式出让，须起草相关的《公告》《须知》等。

（二）审批

出让方案拟定之后，土地管理部门应根据《房地产法》第 12 条规定，即"……按照国务院规定，报经有批准权的人民政府批准后，……"实施出让。国务院曾于 2011 年 3 月 30 日发布了《关于出让国有土地使用权批准权限的通知》（国发〔1989〕49 号[1]）。按照该通知的规定，土地使用权出让审批权限如下：

1. 出让耕地 1 000 亩以上，其他土地 2 000 亩以上的，由国务院批准。

2. 出让耕地 3 亩以下，其他土地 10 亩以下的，由县级人民政府批准。

3. 省辖市、自治州人民政府对出让土地使用权的批准权限，由省、自治区人大常委会决定。直辖市的区和县人民政府对出让土地使用权的批准权限，由直辖市人民政府决定。

人民政府对出让土地使用权的批准，不仅仅是对出让土地面积的批准，而且是

---

〔1〕 该通知已于 2016 年由国务院宣布失效（见国发〔2016〕38 号）。但此后，国务院再没有发布新规定。实践中各地仍参照旧的规定办理审批手续。

对整个出让方案的批准。因此土地管理部门向人民政府报批时，除正式的报告外，还应附：《出让国有土地使用权呈报表》；出让地块的地理位置图和规划设计；《土地使用权出让合同》（草约）、《土地使用条件》；人民政府或有关部门的文件或意见等。若属于协议出让的，还须附经批准的《项目设计任务书》或《可行性研究报告》等。

（三）组织实施

出让方案经有批准权的人民政府批准后，由市、县人民政府土地管理部门组织实施。因出让的方式不同（协议、招标、拍卖），组织实施的方式也不一样，因此，应按具体的出让方式组织实施。

二、土地使用权出让的方式

关于土地使用权出让的方式问题，《出让与转让条例》和《房地产法》均作了规定，但略有不同。《出让与转让条例》第13条第1款规定："土地使用权出让可以采取下列方式：①协议；②招标；③拍卖。"《房地产法》第13条第1款规定："土地使用权出让，可以采取拍卖、招标或者双方协议的方式。"这说明随着我国土地使用制度不断深化，政府管理方式不断改革，特别是政务公开和管理工作透明度的提高，对供地方式作了调整，强调拍卖出让、招标出让，限制协议出让的范围。

（一）协议出让的定义、特点及出让程序

1. 协议出让的定义和特点。协议出让，是指土地使用权的有意受让人直接向土地所有者提出有偿使用土地的愿望，由土地所有者即出让方与有意受让人在没有第三人参与的条件下通过谈判、协商达成出让土地使用权一致意见的一种方式。

协议出让是一种没有引入竞争机制的土地使用权出让方式。其基本特点是在没有第三人参与竞争的条件下通过双方协商达到出让土地使用权的目的。一般适用于市政工程、公益事业、非盈利单位或项目用地，以及因实施产业政策，政府需要给予扶持、优惠的项目用地。

2. 协议出让的程序。《房地产法》仅规定了协议出让这种形式，但没有具体规定协议出让的程序。根据我国一些地方的规定和相关实践，协议出让的程序一般为：

（1）申请。土地使用权有意受让人根据生产经营需要或生活及办公需要，向土地所有者提出使用土地的申请，说明用地依据、面积、用途、出让金的来源及数额等。

（2）协商。出让人根据土地使用权有意受让人的申请，结合有关规定，与有意受让人就用地面积的大小、出让金的多少等具体问题进行谈判，直至最后取得一致意见。

（3）签约。出让人与土地使用权有意受让人将协商的结果，即达成的一致意见，用书面形式确定下来（签订出让合同）。

（4）登记。土地使用权有意受让人按照合同规定的出让金数额和支付方式交付完出让金以后，在土地管理部门办理土地使用权登记手续，并领取土地使用证。

第四章

（二）招标出让的定义、特点及出让程序

1. 招标出让的定义及特点。招标出让，是指在规定的期限内，由符合招标条件的单位或个人，以书面投标形式竞投某宗地块的土地使用权，由招标人择优确定土地使用者的出让方式。

招标出让引入了市场竞争机制，比较充分地体现了市场交易的原则。其基本特点有三：①从发布招标通告开始，经投标阶段，直到开标，标底和标价都是密封的。即招标人不说明自己的标底，投标人各自不公开投标标价。②中标者不一定是投标标价的最高者，中标者是经过全面、综合的评价后择优确定的。招标人在确定中标人时，不仅要考虑投标标价，也要参考投标规划设计方案、投标人的资质及业绩等。③投标人只有一次投标的机会。即投标人在领到投标书以后，只有一次投标的机会，不会有多次投标机会。

招标出让这种方式，适用于开发性用地或有较高技术性要求的建设用地。

2. 招标出让的程序。结合我国《招标投标法》和部分城市关于土地使用权招标投标的规定以及土地使用权招标出让的实践，笔者认为，招标出让的程序为：

（1）招标。招标通常先由招标人通过各种新闻媒介形式或其他形式（如通知）发出招标通告，公布招标出让土地使用权地块的位置、面积、用途、年限、投标者的资格及范围、报名地点、截止报名日期及其他事项。有意受让人提出投标申请，然后由招标人根据确定的投标人资格范围对有意受让人进行资格审查，并向合格者发送招标文件。

招标出让分为公开招标（面向社会招标）和定向招标（面向一定范围招标）两种方式，招标通告也相应分为招标广告和招标通知两种方式。公开招标即通过广播、电视、报纸、杂志等新闻媒介形式发布招标广告。土地使用权有意受让人均可申请投标，这种招标方式也称之为无限制竞争性招标。定向招标，则由招标人选择符合条件的单位或个人，并向其发出招标通知，邀请其参加投标，这种招标方式也称之为限制性竞争招标。

招标人要对投标者进行初步的资格审查，对资格合格者，要在规定的日期内寄发招标文件，同时通知经审查资格不合格的投标者，不再参与投标。招标文件包括：①投标须知；②土地使用规则；③土地使用权投标书样本；④土地使用权出让合同书；⑤中标证明通知书样本等。

（2）投标。土地使用权有意受让人在收到或领取招标文件以后，按招标人规定的时间、地点，向招标人交纳投标保证金。投标保证金和民事合同中的定金相同，中标以后，可以抵作出让金，也可以转为定金。

制作投标书是决定投标人能否中标的一个重要环节。投标人在对招标地块的位置、用途、面积等作出综合分析以后，要确定一个合理的标价。标价偏低，可能成为落标；标价过高，可能不切实际，也不会中标。

标书制作好后，投标人需在规定的期限内将密封的标书投入指定的标箱。标书一旦入箱，不得从中取出。若招标人在投标以后，需要修改标书，可以在招标截止日前另投修改后的标书，或作为原标书的补充，或作为新标书，宣布原标书无效。招标日期截止以后，标书将发生法律效力，主要表现在两个方面：①标书对投标人有法律约束力，投标人不得撤标或变更标书内容；②中标以后，投标人有与招标人签订合同的义务。

（3）开标、评标和中标。在招标出让土地使用权时，招标人要会同有关部门并聘请有关专家组成评标委员会。开标、评标和决标工作由评标委员会主持。

开标时，要公开标底及各个投标人的标价，对于标底以下标价的标书，宣布为落标，不参加评标。标底以上的标书为有效标书，参加评审。

评标时，评标委员会要对每个标书进行全面的综合评审，最后决定中标者。评标委员会签发决标书后，由招标人按标书注明的地址，给中标者发出中标证明通知书。

在开标、评标、中标过程中，应注意以下几个问题：①开标、评标、中标均应在公证机关的参与下进行，并由公证机关出具公证书；②招标人在开标后，发现投标人很少，缺少竞争性时，可以宣布招标失败，重新组织招标、投标工作；③中标以后，招标人应如数退还其他投标人所交纳的投标保证金。

（4）签约。中标者接到中标证明通知书后，在规定的日期内持中标证明通知书与招标人签订出让合同。

（5）登记。中标者交付合同规定的全部出让金后，到土地管理部门办理土地使用权登记手续并领取土地使用证。

（三）拍卖出让的定义、特点及出让程序

1. 拍卖出让的定义和特点。拍卖出让，是指土地使用权出让人在指定的时间、地点，利用公开场所，就所出让的土地使用权公开叫价竞投，按"价高者得"的原则，确定土地使用权受让人的一种方式。

拍卖出让与招标出让都是竞争性签约的方式，但拍卖出让的竞争性更激烈，其主要特点是：①拍卖出让公开进行。拍卖出让时，每个应买人公开竞争报价。这一点与招标出让有明显的区别，招标出让在开标以前，其标底和标价都是密封的。②拍卖出让贯彻"价高者得"的原则。拍卖出让时，应买人相互竞投，最后出价最高者即在竞争中取胜，签约后成为土地使用者。这一点也与招标出让有别，在招标出让中，招标人还要评价投标人的其他条件，最后中标者，不一定是标价最高人。③在拍卖出让中，应买人有多次报价的机会，而且每个应买人都可以随时根据他人提出的报价，提出更高的报价，报价机会（次数）的多少由应买人自己决定。拍卖出让的这一特点也不同于招标出让，在招标出让中，投标人只有一次投标的机会。

拍卖出让这种方式，适用于商业用地或娱乐用地。

2. 拍卖出让的程序。

（1）拍卖公告。土地使用权出让方，在拍卖活动开始前数日，要通过媒介传播或刊登拍卖公告。公告内容包括：①拍卖地块的位置、面积；②拍卖地块的用途；③拍卖地块的使用年限；④拍卖的规则；⑤拍卖叫价的方式，即由高向低叫价，或由低向高叫价；⑥拍卖保证金的数额和支付方式；⑦拍卖的地点和日期；⑧其他需要公告的内容。

（2）交验有关证件，领取入场证。土地使用权有意受让人即竞投者，要在拍卖开始前规定的时间内到拍卖人指定的地点交验有关证件。有的地方土地管理部门规定，参加土地使用权的竞投者必须在规定时间内，提交如下证件：①具有法人资格的证明书、法人代表证明书或其他法定证件；②当地银行出具的资信证明书；③当地外资管理局、侨联、台联、我国驻外的办事机构出具的境外竞投者的资信证明书。交验证件以后，竞投者还要交纳保证金，并领取入场证。法人代表不能亲自前来而委托他人代领或代办的，必须向市土地办提交由委托人签名或盖章的授权委托书。

（3）拍卖。在规定的地点和时间，由土地所有者代表或其委托人主持拍卖。拍卖时，首先由主持人介绍拍卖土地的位置、面积、用途、使用年限，公布底价以及每次应价的加价额。拍卖主持人介绍完上述情况及说明要求以后，开始应价。竞投人应价时，采取举手方式，手举的牌子应价数目经"第一次""第二次"确认后，没有人举牌应价时，主持人一锤敲下，该幅地块的土地使用权由最后举牌应价者取得。公证员宣读公证词。

（4）签约。经过激烈的竞投，应价高者与土地使用权出让人签订土地使用权出让合同。

（5）登记。土地使用权受让人交纳土地使用权出让金以后，到土地管理部门办理土地使用权登记手续，领取土地使用证。

■第三节　土地使用权出让合同

一、土地使用权出让合同的定义

土地使用权出让合同是指土地使用权出让人与土地使用权受让人之间就土地使用权出让有关事项所达成的明确相互间权利义务关系的协议。

理解土地使用权出让合同的含义，应注意以下两点：

1. 土地使用权出让合同是一种民事合同。根据《出让和转让条例》的规定，土地使用权出让合同是依照平等、自愿、有偿的原则，由出让方和土地使用者在充分协商的基础上共同签订的。当事人任何一方违背土地使用权出让合同规定的权利或义务，都要承担相应的法律责任。

2. 土地使用权出让合同标的的特殊性。土地使用权出让合同的标的是出让土地在一定期限内的使用权，而不是所有权，这与传统的土地买卖合同不同，也与一般的财产转移合同有别。土地买卖合同及一般的财产转移合同的法律后果都是出卖人因此丧失了土地或财产的所有权，而受让人因此取得该土地或财产的所有权。

二、土地使用权出让合同订立的原则和程序

（一）订立的原则

1. 遵守国家法律法规的原则。国家的法律法规是国家意志的体现，符合国家和人民的共同利益，是国家机关、企业、事业单位和公民一切活动的基本行为准则，任何单位和个人必须遵守。在签订土地使用权出让合同时，双方当事人必须应遵守《土地管理法》《房地产法》《出让和转让条例》的有关规定。确定土地使用期限、用途等内容时，不得与法律、法规相悖。

2. 符合土地利用总体规划和城市规划要求的原则。城市规划是一定时期内城市发展计划和各项建设的综合部署，是建设城市和管理城市的依据。土地使用权出让合同必须符合城市规划的要求，主要表现在两个方面：①土地使用者应当按照城市规划的要求开发、利用、经营土地；②土地使用者需要改变土地使用权出让合同规定的土地用途的，应当征得出让方同意并经土地管理部门和城市规划部门批准。

3. 坚持平等、自愿、有偿的原则。

（1）平等原则是指在签订土地使用权出让合同时，出让人与土地使用者双方的法律地位是平等的，各个土地使用人之间的法律地位也是平等的，不允许一方主体利用职权或优势，签订不平等合同或"衙门"合同。

（2）自愿原则是指在签订土地使用权出让合同时，当事人应当真实地表示自己的愿望和要求，不允许出现欺骗、胁迫、强迫命令的行为。

（3）有偿原则是指合同当事人之间应按价值规律和交换规则的要求作相应给付。我国土地使用制度改革的核心内容之一就是把无偿使用制度转变为有偿使用制度，因此，在签订土地使用权出让合同时，必须按照市场经济的客观要求坚持有偿原则。

（二）订立的程序

从理论上说，土地使用权出让合同是土地所有者即国家与土地使用者签订的合同，但在具体的工作中是由法律规定的政府有关部门代表国家与土地使用者签订合同。《出让和转让条例》第9、11条规定，土地使用权出让合同由市、县人民政府土地管理部门与土地使用者签订。

土地使用权出让之前，市、县人民政府土地管理部门应该做好土地使用权出让的准备工作。这些准备工作主要有：①土地如尚属农民集体所有，应首先把土地依法征为国家所有；②土地管理部门应会同城市规划部门、建设部门、房产部门等共同拟定有关土地使用权出让地块的用途、年限和其他条件的方案，并按照国务院规定的批准权限报请批准；③应将土地规划要求、市政公共设施要求、环境保护与园林绿化要求等，编制成具体方案，以便土地使用权人了解。

在土地使用权出让准备工作就绪以后，出让人根据国家的法律、法规规定，确定出让的方式，即协议出让、招标出让或拍卖出让。

三、土地使用权出让合同的主要条款

根据《民法典》第348条的规定，土地使用权出让合同的主要条款有以下内容：

1. 当事人的名称、住所；

2. 所出让土地的位置、四邻界至、面积等自然状况；

3. 建筑物、构筑物及附属设施占用的空间；

4. 土地使用规则。包括该块土地的用途、建筑密度和高度控制指标、工程管线规划、工程深度限制、环境保护与园林绿化、消防等。

5. 土地使用期限，即出让期限。关于土地使用期限的最高年限，《出让和转让条例》有明确的规定，土地使用权出让人在确定某块土地的出让期限时不得突破。《出让与转让条例》第12条规定："土地使用权出让最高年限按下列用途确定：①居住用地70年；②工业用地50年；③教育、科技、文化、卫生、体育用地50年；④商业、旅游、娱乐用地40年；⑤综合或者其他用地50年。"

6. 出让金的数额及给付方式。土地使用权出让金实际上是土地使用价值的货币表现，即土地使用权价格。一般来说，出让金除考虑地租、征地费（包括补偿费、安置补助费、耕地占用税等所有征地过程中应支付的各种费和税）、投资开发费以及投资开发应得的利益等因素外，还要考虑国家有关政策和市场供需情况。双方当事人在合同中应当明确出让金的数额以及给付方式。

7. 违约责任。违约责任是指出让合同的任何一方当事人不履行合同，或者不适当履行合同规定的义务而应承担的法律责任。《出让和转让条例》对此作了规定，该法第14条规定，土地使用者应当在签订土地使用权出让合同后60日内，支付全部土地使用权出让金。土地使用者逾期未支付全部出让金的，出让方有权解除合同，并可请求违约赔偿。第15条规定，出让方应当按照合同规定，提供出让的土地使用权；未按合同规定提供土地使用权的，土地使用者有权解除合同，并可请求违约赔偿。

8. 双方认为应约定的其他条款。

9. 解决争议的方法。

四、土地使用权出让合同双方当事人的权利和义务

（一）出让人的主要权利和义务

1. 出让人的主要权利。根据《房地产法》《出让和转让条例》等法律法规的规定，土地使用权出让人享有收取土地使用权出让金的权利、土地使用权期限届满收回土地使用权的权利及违约行为发生后的救济权。违约行为发生后的救济权具体包括：

（1）解除合同权。土地使用者在签订土地使用权出让合同后，未按期限支付全部土地使用权出让金的，出让方有权解除合同。

（2）违约赔偿请求权。出让方在土地使用者未按合同规定履行义务时，有权要求受让人承担违约责任。

（3）请求行政处罚权。出让方在土地使用者未按合同规定的期限和条件开发、利用土地时，有权请求土地管理部门对土地使用者给予行政处罚。

关于出让人这一权利，人们有不同的看法。有相当一部分人认为，《出让和转让条例》第 17 条第 2 款规定的"未按合同规定的期限和条件开发、利用土地的,市、县人民政府土地管理部门应当予以纠正,并根据情节可以给予警告、罚款直至无偿收回土地使用权的处罚",是出让人直接享有或行使的一种权利。[1]笔者认为这一权力是《出让和转让条例》对国家土地管理部门所规定的一种行政权力,而不是赋予土地使用权出让人的民事权利。出让人只是有权请求土地管理部门给予行政处罚。原因是:①这一条是对"市、县人民政府土地管理部门"规定的权力,而不是"出让方"。《出让和转让条例》第 11 条规定:"土地使用权出让合同应当按照平等、自愿、有偿的原则,由市、县人民政府土地管理部门(以下简称出让方)与土地使用者签订。"从第 11 条这一规定以后,当该条例内容涉及出让方的权利和义务时,均写明"出让方",如第 14、15、18 条等;涉及土地管理部门以国家行政机关身份出现时,仍然使用"土地管理部门",如《出让和转让条例》第 18 条规定:"土地使用者需要改变土地使用权出让合同规定的土地用途的,应当征得出让方同意并经土地管理部门和城市规划部门批准……"在这一条里同时规定了"出让方"与"土地管理部门"两个不同的主体,前者作为出让合同的一方当事人,是民事主体;后者为国家管理土地的职能部门,是行政管理主体。因此,在理解这一条时,应该把土地管理部门在土地使用权出让过程中的双重身份区别开来,并对不同身份所享有的不同权利(力)予以正确理解,不能相互混淆或相互代替。②《出让和转让条例》第 17 条规定的这几种行政处罚形式,是土地管理部门依法定职权和程序对土地使用人的违法行为给予的行政制裁。财产所有人以及民事合同关系的任何一方当事人都不享有这些权利。③若认为出让方享有这种权利,便违背了签订出让合同的原则。《出让与转让条例》第 11 条明确规定,出让合同应当按照平等、自愿、有偿的原则签订。因此,认为出让方享有行政处罚权的观点,不符合签订出让合同这一基本原则。[2]

《出让和转让条例》第 17 条第 2 款规定:"未按出让合同规定的期限和条件开发、利用土地的,市、县人民政府土地管理部门应当予以纠正,并根据情节可以给予警告、罚款直至无偿收回土地使用权的处罚。"《房地产法》第 26 条也作了类似规定。笔者认为《出让和转让条例》和《房地产法》关于"收回土地使用权"的规定,不符合市场经济发展的要求和我国土地使用制度改革的趋势。

"收回土地使用权",是我国法律规定的对 2 年内不使用土地的单位或个人的一种行政制裁方式。这种制裁方式最早见于 1982 年的《国家建设征用土地条例》。该条例第 21 条规定:"已征用 2 年还不使用的土地,除经原批准征地的机关同意延期

---

〔1〕 南路明、肖志岳:《中华人民共和国地产法律制度——土地制度改革及土地使用权出让转让》,中国法制出版社 1991 年版,第 59 页;郜凤涛主编:《国有土地使用权有偿转让概论》,中国国际广播出版社 1990 年版,第 34 页。

〔2〕 黄河:《中国土地法论》,陕西人民教育出版社 1992 年版,第 171～172 页。

使用的土地外，当地县、市人民政府有权收回……"《房地产法》第26条对这种不按期开发土地的行为作出的规定是："……超过出让合同约定的动工开发日期……满2年未动工开发的，可以无偿收回土地使用权；但是，因不可抗力或者政府、政府有关部门的行为或者动工开发必需的前期工作造成动工开发迟延的除外。"这一规定与前两个法律规定相比有所不同，表现在：①没有明确由谁收回；②没有规定收回程序；③多了"无偿"二字。笔者认为，《房地产法》的此项规定不妥。首先，收回土地使用权是在计划经济体制时期，国家对以划拨方式取得土地使用权的使用权人的一种制裁方式，市场经济条件下的法律制度不应套用。在市场经济条件下，土地使用者取得土地使用权的方式和原则已发生根本变化，即土地使用权是在平等、有偿、公平竞争的原则下取得的，而不是以行政划拨方式取得的。其次，未按出让合同规定动工开发的行为，属于违法行为，但从性质上来说，仍属民事违法（违约）。对这种违法行为的相关制裁，法律应首先规定民事责任形式，在民事制裁方式不能有效地制止这种行为时，才可以规定行政制裁，但行政制裁并不等于收回土地使用权。笔者认为，应当参照或吸收国外的一些做法，建立房地产强制转让制度。在房地产权利人不按出让合同规定进行房地产开发时，国家可以强制其按规定价格进行转让或者由国家强制收购。例如，日本法律规定，当某一土地被认定为空闲地（包括未利用）后，政府先向土地所有者（包括地上权者、租赁权者）发送通知，劝告其尽快利用或重新修改土地利用计划；如果当事者在接到劝告后，不服从劝告，地方政府就有权决定这幅土地应进行交易，并在欲购土地的地方公共团体中选择购买者，通知其同空闲地当事者进行交易协商，同时也将空闲地售出的决定通知给当事人。这种规定，既体现了政府对土地利用的管理，又反映国家对民事权利的尊重和保护。[1]

2. 出让人的主要义务。

（1）依照出让合同规定，交付土地使用权。土地使用权出让人必须按照合同规定的面积和标准交付土地使用权。由于交付的土地使用权属于不动产物权，出让人履行义务的方式不能采用《民法典》规定的动产交付方式，只有在土地使用者依法登记其土地使用权，并领得土地使用证后，才能认为其履行了交付土地使用权的义务。

（2）出让人应向土地使用者提供有关资料和文件。内容主要有土地的位置和周围环境；建筑容积率、密度、净空限制等各项规划要求；环境保护、园林绿化、卫生防疫、交通和消防等要求；土层的深度、地表下的管线设施等。

（3）保证土地使用权人取得的权利不被第三人追索的义务。土地使用权出让人在出让土地使用权时，应保证土地使用权人所取得的权利不被第三人追索。

〔1〕 黄河："有关房地产转让的若干法律问题"，载《住宅与房地产》1996年第1期。

（二）受让人的主要权利与义务

1. 受让人的主要权利。

（1）开发和利用土地的权利。

（2）依法转让和出租土地使用权及地上建筑物的权利。根据《出让和转让条例》第三章和第四章的规定，土地使用者在取得土地使用权后，经过自己投资和综合开发，有权按照法律规定的条件和程序进行转让和出租。

（3）设置抵押的权利。根据《出让和转让条例》第五章的规定，土地使用者有权把取得的土地使用权作为抵押标的，在其上设置抵押权。

（4）解除出让合同的权利。根据《出让和转让条例》第 15 条的规定，出让方不依照合同规定提供土地使用权的，土地使用者有权解除合同。

（5）要求违约赔偿的权利。土地使用者在出让方未按合同规定履行义务时，有权要求出让方支付违约赔偿金。

2. 受让人的主要义务。

（1）缴纳土地使用权出让金的义务。《出让和转让条例》第 14 条规定："土地使用者应当在签订土地使用权出让合同后 60 日内，支付全部土地使用权出让金。"第 16 条规定："土地使用者在支付全部土地使用权出让金后，应当依照规定办理登记，领取土地使用证，取得土地使用权。"从这些规定中可以看出，我国法律对土地使用权受让人应负的缴纳土地使用权出让金的义务规定得非常明确：①土地使用权出让金的具体金额由当事人根据市场议定；②土地使用权出让金可以一次性支付，也可以分期支付，但必须在合同订立之日起 60 日以内支付完毕；③土地使用权出让金支付完毕后，土地使用权人才能接受土地使用权交付，办理土地使用权登记手续，领取土地使用证。

（2）依照土地使用权出让合同的规定和城市规划的要求使用土地的义务。《出让和转让条例》第 17 条第 1 款规定："土地使用者应当按照土地使用权出让合同的规定和城市规划的要求，开发、利用、经营土地。"土地使用权出让合同中规定的土地的用途、必须投入的资金总额、建筑密度、高度以及地下深度等内容，不仅体现着土地出让人与土地使用者双方的物质利益，而且还兼有实现城市建设发展规划的意义，所以土地使用者必须按照出让合同的规定和城市规划的要求使用土地。

（3）土地使用者在变更土地用途时，必须征得出让方同意，并经有关部门批准。土地使用者在开发、利用土地时，因社会经济发展或市场需求发生变化需要改变土地用途时，应征得土地出让人的同意，并经过土地管理部门和城市规划部门的批准，与土地使用权出让人重新签订土地使用权出让合同，调整土地使用权出让金，办理变更登记手续。

（4）土地使用期限届满，土地使用者负有返还土地使用权的义务。《出让和转让条例》第 40 条规定："土地使用权期满，土地使用权及其地上建筑物、其他附着物所有权由国家无偿取得。土地使用者应当交还土地使用证，并依照规定办理注销登记。"《房地产法》第22条虽然对土地使用权使用年限届满，土地使用人及地上建筑物所有人如何申请续期作了规定，但同时规定了："土地使用权出让合同约定的使用年限届满，土地使用者未申请续期或者虽申请续期但依照前款规定未获批准的，土地使用权由国家无偿收回"。因此，合同期限届满，土地使用者未依法办理续期的，负有无偿返还土地使用权的义务。

五、土地使用权出让合同的变更和解除

土地使用权出让合同一经依法订立，就具有法律约束力，任何部门、单位和个人不得擅自变更或解除。但是在订立出让合同后，由于社会经济的发展、国内土地市场供求情况的变化以及国家社会公共利益的需要，原订的出让合同继续履行成为不可能或不必要时，法律允许当事人依法变更和解除出让合同。

出让合同的变更是指合同没有履行或没有完全履行的，由出让方和土地使用者依法对合同的内容进行修改、补充的法律行为。

出让合同的解除是指合同订立后，尚未履行或尚未完全履行的，因为订立合同时所依据的主客观情况发生了变化，使合同的履行成为不必要或者不可能，由出让方与土地使用者依照法律规定的条件和程序提前终止合同关系，从而使双方的权利与义务归于消灭的一种法律行为。

土地使用权出让合同的变更与解除主要有以下几种情况：

1. 社会公共利益的需要。《房地产法》第20条和《出让和转让条例》第42条规定，在特殊情况下，根据社会公共利益的需要，国家可以依照法律程序提前收回土地使用权，但国家应根据土地使用者使用的年限和开发、利用土地的实际情况给予相应的补偿。

2. 双方协商并经有关部门批准，可以变更合同。土地使用者需要变更土地用途时，须征得出让方同意，并经有关部门批准，方可变更合同的内容。

3. 由于一方违约，致使出让合同没有必要履行的。《出让与转让条例》第14条和第15条明确规定，出让人或土地使用者任何一方不履行合同规定的义务时，另一方有权解除合同。

■参阅案例

开发商未协助办理土地使用权证的责任承担[1]

【阅读要点提示】

房地产开发企业以出让方式取得国有土地使用权的，必须按土地使用权出让合同约定的用途、动工开发期限开发土地。经规划主管部门同意改变土地建设用途、开发建设商业用房并已交付买卖人占有的，应报经土地主管部门同意并报原批准用

---

[1] 载《人民司法·案例》2008年第8期。

地的人民政府批准。按商业性质用地标准向土地使用权出让方补缴土地出让金后，履行向买受人交付房屋占地范围内商业性质的国有土地使用权证书义务并承担迟延履行的违约责任。

上诉人（原审被告）：某明珠房地产开发有限公司（下称明珠公司）

被上诉人（原审原告）：张甲、张乙、张丙

2000 年 1 月，江苏省××市建设委员会、计划委员会发布《关于同意某某花园三期工程地块转换开发业主的批复》，同意明珠公司开发建设某某花园三期工程项目，并明确该地块拟建住宅 15 万平方米。该公司遂取得××市风华西街 152 号国有土地使用权并领取了国有土地使用证。权证载明：土地用途为住宅、终止日期 2070 年 5 月 23 日。2002 年 3 月 9 日，明珠公司又取得房屋性质为住宅、土地使用年限自 2001 年 5 月 24 日至 2070 年 5 月 23 日的商品房外销许可证。2001 年 10 月 29 日，张甲、张乙、张丙与明珠公司签订商品房买卖合同，向其购买风华西街 152 号门面房 108 号和 208 号。双方约定房屋使用功能为商业，房款合计 846 366 元。明珠公司应于次年 10 月 31 日前交付房屋。合同第 15 条还约定，房屋交付后 180 天内，双方准备完备资料，协助对方办理房屋产权交易过户及申领有关权证手续。如若违约，不协助方按每天 10 元的标准，向对方支付逾期期间的违约金。之后张甲、张乙、张丙按约支付了购房款，明珠公司于 2002 年 10 月 31 日将房屋交付给上述买受人。2003 年 9 月 8 日，经明珠公司申报，××市国土资源局完成风华西街 152 号土地的修测变更。变更后的土地用途仍为住宅。2005 年 3 月 29 日，房产管理机关向张甲等三位买受人核发房屋用途为非住宅的房屋所有权证。

2006 年 5 月，张甲、张乙、张丙诉至江苏省××市××区人民法院，以双方合同约定交易房屋的使用功能为商业为由，要求判令明珠公司自判决生效之日起 1 个月内协助办理完毕商业性质的国有土地使用权证，并按每天 10 元的标准支付自违约之日起至办理完毕土地使用权证时止的违约金及承担案件诉讼费。

明珠公司认为，其通过出让方式取得的国有土地使用权证写明，土地用途为住宅。商品房外销许可证注明土地使用年限 69 年，商品房买卖合同亦约定土地使用年限为 69 年。据此，其只有协助办理住宅性质的土地使用权证的合同和法定义务；且国土资源局已完成土地修测变更，从此时起，其已完成协助办理土地使用权证义务。土地使用权证核发机关是行政主管部门，故原告要求协助办理商业性质土地使用权证的请求无法履行。原告以要求办理商业性质土地使用权证为由，迟延申办土地证，应自行承担责任。请求驳回原告的诉讼请求。

江苏省××市××区人民法院经审理认为，当事人应当按照合同约定履行义务。本案原、被告在商品房买卖合同中明确约定，明珠公司出售的房屋使用功能为商业。根据《房地产法》中"房地产转让、抵押时，房屋的所有权和该房屋占用范围内的土地使用权同时转让、抵押"的规定，明珠公司应当在转让商业性质房屋的同时，转让该房屋占地范围内的商业性质的国有土地使用权。因此，明珠公司辩称没有办理商业性质的土地使用权证的合同义务和法定义务的意见，既违反双方合同约定，又违背国家法律规定，不能成立。

我国法律规定，以出让方式取得土地使用权进行房地产开发，必须按照土地使用权出让合同约定的用途、动工开发期限开发土地。建设单位需要改变土地建设用途的，应当经有关土地行政主管部门同意并报原批准用地的人民政府批准；在城市规划区内改变土地用途的，在批报前，应当先经有关城市规划主管部门同意。故明珠公司在经批准用途为住宅的国有土地上，改变建设用途，开发建设商业用房，违反了我国法律的有关规定。但由于房屋已交付，原告亦向房屋行政管理机关申领了房屋所有权证，因此，明珠公司应当依法补办相关手续并报请原批准用地的人民政府批准，在改变开发建设并出售给原告的房屋所占原建设用地范围内的土地建设用途后，向原告转让该房占地范围内的商业性质的国有土地使用权。由于明珠公司未能准备完备资料，协助办理房屋产权交易过户及申领权证手续，故原告依据商品房买卖合同第 15 条之约定，要求明珠公司支付自违约之日起办理完毕土地使用权证时止的违约金的请求，符合双方的合同约定，应予准许。依据《合同法》第 8 条、第 61 条、第 107 条、第 114 条，《房地产法》第 17 条、第 25 条、第 31 条、第 36 条、第 43 条、第 60 条第 3 款，《土地管理法》第 56 条及有关规定，该院判决：①明珠公司于判决生效之日起 30 日内，准备完备资料，协助原告张甲、张乙、张丙办理完毕房屋土地使用权过户及申领该房产占地范围内商业性质的土地使用权证的手续；②明珠公司于协助办理完毕土地使用权过户及申领房产占地范围内商业性质的土地使用权证手续的当日起 7 日内，按每天 10 元的标准，一次性向原告支付自 2003 年 4 月 30 日起至协助办理完毕上述手续时止的违约金。

明珠公司不服判决，提起上诉，要求撤销一审判决，依法改判。

江苏省××市中级人民法院经审理认为，上诉人与被上诉人签订的商品房买卖合同约定享受权利、承担义务。被上诉人向明珠公司履行付款等义务后，有权要求明珠公司按约办理符合合同约定的权证。双方签订的商品房买卖合同明确约定被上诉人购买的房屋使用功能为商业，其后上诉人向被上诉人交付了商业用途的房屋，被上诉人也缴纳了商业性质用房的契税并取得非住宅性质的房屋所有权证。因此，上诉人负有协助被上诉人办理商业用房土地使用权证的合同义务。《房地产法》规定，房地产转让，房屋所有权和该房占用范围内的土地使用权同时转让。据此，上诉人也负有为被上诉人办理与房屋使用性质一致的土地使用权证的法定义务。上诉人以土地使用年限为 69 年推定房屋为住宅用房，不具备办理商业性质土地使用权证的合同及法定义务而提出的上诉理由不能成立。同时，上诉人在取得土地使用权后，已经有关部门批准变更了部分土地使用性质，将建设项目用途变更为住宅、商业（三层裙房），上诉人应补办相关手续，未补交变更为商业性质用地的土地出让金。由于上诉人至今未办理上述手续，补交相应土地出让金，也未向被上诉人提供办理商业性质土地使用权证的相关资料，导致被上诉人不能办理相应的土地使用权证，故上诉人应按合同约定承担迟延协助办证的违约责任。一审法院认定事实清楚，适用法律正确，判决并无不当。明珠公司的上诉理由缺乏事实及法律依据，上诉请求不予支持。依照《民事诉讼法》第153条第1款第1项之规定，判决驳回上诉，维持原判。

【思考题】

　　1. 如何理解土地使用权出让行为？

　　2. 土地使用权出让与转让的关系是什么？

　　3. 土地使用权出让合同的受让人应履行哪些义务？

第五章

第五章

国有土地上房屋征收与补偿法律制度

内容提要 国有土地上房屋征收与补偿法律制度，是我国社会主义市场经济体制在不断发展和完善过程中创新性建立的一种法律制度，它对健全与完善我国相关法律规定具有引领及实践的意义。本章阐述了国有土地上房屋征收与补偿法的定义、征收与补偿的原则，介绍了征收与补偿的程序、被征收人的相关权利等。

学习重点 国有土地上房屋征收的含义、发动条件及程序；征收补偿的原则、内容及标准。

■第一节 国有土地上房屋征收与补偿法律制度概述

一、国有土地上房屋征收与补偿法的定义

（一）国有土地上房屋征收与补偿的定义

国有土地上房屋征收与补偿是指相关公法主体依法定条件和程序征收国有土地上的房屋，并依法定标准和内容对被征收房屋的所有权人进行合理补偿的公法行为。

理解这一定义需要重点把握以下几个方面的内容：首先，国有土地上房屋征收与补偿的发动和实施主体是公法主体，具体而言，是市、县级人民政府及其确定的房屋征收部门。其次，国有土地上房屋的征收与补偿本质上是一种公法主体强制取得私法主体财产权的公法行为，因此需要受到法律的多重限制，发动前提的公益性、严格的程序控制以及公平的补偿乃是诸多法律限制中最重要也是最核心的三部分内容。最后，国有土地上房屋征收的对象是在国有土地上依法建设的各类房屋。这里还需要具体明确两点：一是这些房屋所有权人应当依法享有房屋所占范围内的国有土地的使用权，享有建设用地使用权（包括经出让与划拨所获得的建设用地使用权）是最为普遍的情形；二是所谓房屋是指在外形上具备通常理解中房屋所应有的主体结构并能实际发挥特定功能（比如遮风挡雨、储备物品等）的建筑物及其必需的附属设施。具体判断某一建筑物及其附属设施是否构成本章所谓之"房屋"，需要依据前文提及的结构与功能标准进行个案的具体判断。

（二）国有土地上房屋征收与补偿法的定义

国有土地上房屋征收与补偿法是指调整相关公法主体因征收国有土地上的房屋，并对被征收房屋的所有权人进行补偿过程中所产生的社会关系的法律规范的总称。

早在1991年3月22日国务院就颁布了《城市房屋拆迁管理条例》，该条例是我国第一部有关城市房屋拆迁管理的行政法规，它的实施，标志着我国城市房屋拆迁工作进入了规范化、法制化的轨道。但随着我国社会主义市场经济体制的建立和不断完善、社会主义民主法制进程的推进以及以环境、生态建设作为城市建设基本理念的形成，该条例中许多规定（如补偿方式、补偿标准等）已经明显不适应客观实际，国务院适时对该条例进行了修订。2001年6月6日，国务院第40次常务会议通过了新的《城市房屋拆迁管理条例》，该条例于2001年6月13日公布，自2001年11月1日起施行。2011年1月21日，国务院公布实施了《国有土地上房屋征收与补偿条例》（以下简称《条例》），《城市房屋拆迁管理条例》被公告废止，在中国实施了20年的城市房屋拆迁法律制度退出了历史舞台。

二、国有土地上房屋征收与补偿的基本原则

（一）公共利益与私人利益相协调原则

对国有土地上的房屋发动征收，其前提条件与最终目的都是为了公共利益的实现，因此，在公共利益面前，私人利益应当作出退缩和让步，这是国有土地上房屋征收得以存立的正当性法理前提。然而，要求私人利益作出退缩与让步并不意味着相关私人利益在征收过程中将完全演变为任由公权"宰割"的"鱼肉"，相反，相关私人利益本身的基本权利性质使得它们产生约束甚至抗衡公权的法律效力，能充分填补因征收房屋所致各类损失补偿的设置及其对于拆迁的优先性（亦即先补偿、后拆迁）、虽具公益性但尚需考虑征收发动的必要性等，现行制度安排最为典型地体现了这种约束与抗衡力。

可见，国有土地上房屋的征收虽表现为公权对相关私人利益强制处置的外形，但其所蕴含的实质乃是公共利益与私人利益之间经协调之后的一种平衡状态，即为了公共利益所需，私人利益必须让步，但是相关公权决不会因此获得对私人权益的任意处置权，相关私人主体在作出让步的同时也享有对相应公权进行约束的权利。

（二）公平补偿原则

公平补偿原则是指相关公法主体在依法征收国有土地上房屋时，对被征收房屋的所有权人应当依法予以充分、及时的补偿。此原则主要体现在《条例》第2条，该条规定，为了公共利益的需要，征收国有土地上单位、个人的房屋，应当对被征收房屋所有权人（以下称被征收人）给予公平补偿。据此条可知，《条例》已经将给予公平补偿作为国有土地上房屋征收的必备构成要件，因此，任何不予补偿，或者补偿不公平的国有土地上房屋征收行为都因违法而无效。

（三）决策民主、程序正当、结果公开原则

根据《条例》第3条的规定，房屋征收与补偿应当遵循决策民主、程序正当、

第五章

结果公开的原则。此原则是对房屋征收行为的具体要求。决策民主赋予被征收人或者其他利益相关者充分参与征收决策的权利；程序正当则要求征收及其补偿的各种程序应当充分考虑被征收人或者利益相关者的话语权，相关强制性公权措施的采用应当受到以对被征收人或者利益相关者的权益造成最小损害为目的的相应程序的限制；结果公开则意味着征收及其补偿的各项决策及其依据应当最大限度地向被征收人或者利益相关者公开，以保障他们的知情权。

三、国有土地上房屋征收与补偿的公法参与主体

（一）房屋征收与补偿主体

《条例》第4条第1款规定，市、县级人民政府负责本行政区域的房屋征收与补偿工作。据此可见，国有土地上房屋征收与补偿的主体应当为市、县级人民政府。

（二）房屋征收与补偿的实施主体

根据《条例》第4条第2款的规定，房屋征收与补偿的具体组织实施由市、县级人民政府确定的房屋征收部门负责。

（三）房屋征收与补偿的委托主体

根据《条例》第5条的规定，房屋征收部门可以委托房屋征收实施单位，承担房屋征收与补偿的具体工作，房屋征收实施单位不得以营利为目的。房屋征收部门负责对房屋征收实施单位在委托范围内实施的房屋征收与补偿行为进行监督，并对其行为后果承担法律责任。

（四）房屋征收与补偿的监督、指导与监察主体

根据《条例》第6条及第7条的规定，上级人民政府应当加强对下级人民政府房屋征收与补偿工作的监督。国务院住房城乡建设主管部门和省、自治区、直辖市人民政府住房城乡建设主管部门应当会同同级财政、国土资源、发展改革等有关部门，加强对房屋征收与补偿实施工作的指导。监察机关应当加强对参与房屋征收与补偿工作的政府和有关部门或者单位及其工作人员的监察。

■第二节　国有土地上房屋征收决定的作出与执行

一、征收决定作出的前提条件

（一）公益性

为了保障国家安全、促进国民经济及社会发展等公共利益的实现，市、县级人民政府有权依法征收国有土地上的房屋。而关于如何确定公共利益，《条例》第8条以"列举＋概括"的方式列明了公共利益存在的具体事项领域：

1. 国防和外交的需要。

2. 由政府组织实施的能源、交通、水利等基础设施建设的需要。

3. 由政府组织实施的科技、教育、文化、卫生、体育、环境和资源保护、防灾减灾、文物保护、社会福利、市政公用等公共事业的需要。

4. 由政府组织实施的保障性安居工程建设的需要。

5. 由政府依照城乡规划法有关规定组织实施的对危房集中、基础设施落后等地段进行旧城区改建的需要。

6. 法律、行政法规规定的其他公共利益的需要。

需加以思考的是，是否只要出现上述 1~5 项的具体情形，即可认定存在公共利益并可作出征收决定？笔者认为并非如此。上述规定仅是列明了公共利益可能存在的事项领域，亦即在这些列明的事项中，公共利益存在的频率及可能性是较高的，最终确定公共利益的存在与否还需进行个案的具体辨析。

（二）必要性

《条例》第 8 条第 1 款规定，为了保障国家安全、促进国民经济和社会发展等公共利益的需要，有下列情形之一，确需征收房屋的，由市、县级人民政府作出房屋征收决定。其中"确需"二字明确了征地决定作出的必要性前提。所谓必要性是指征地决定的作出必须要考虑到某一征收对象对于实现特定公共利益的必不可少性，若非必不可少，即使存在特定公共利益，也不能作出征收决定。这一要件被创设的目的在于保证征收行为与其公益目的之间的切合性，最终目的则在于最大限度地避免公权行为对私人利益造成不必要的损害。

（三）合规划性

根据《条例》第 9 条的规定，确需征收房屋的各项建设活动，应当符合国民经济和社会发展规划、土地利用总体规划、城乡规划和专项规划。保障性安居工程建设、旧城区改建，应当纳入市、县级国民经济和社会发展年度计划。

二、征收决定作出前的特别要求

为了保证征收的顺利开展，预防群体性事件等社会不稳定因素的产生，《条例》在征收决定作出前特别设置了两项要求：一是社会稳定风险的评估，二是征收补偿费用的足额到位、专户存储、专款专用。

第一项要求是《条例》为了应对社会现实的创新性制度设置，但其对社会稳定风险评估的机制、体制、运作、法律效力等具体内容均未作规定，从而影响了这一新型制度社会实效性的发挥。笔者认为：在充实这一制度的内容时，应当将重点置于社会稳定风险评估的标准设置及评估结果对征收决定作出所产生的的法律影响力上。

三、征收决定的作出

（一）市、县级人民政府的公告、宣传与解释义务

根据《条例》的规定，市、县级人民政府作出房屋征收决定后应当及时公告，并应当做好房屋征收与补偿的宣传、解释工作。

（二）征收决定作出的法律后果

1. 被征收人的法律救济权。市、县级人民政府作出房屋征收决定后，被征收人不服的，有权依法申请行政复议或提起行政诉讼。

2. 相关不当行为的禁止。《条例》第 15 条规定，房屋征收部门应当对房屋征收范围内房屋的权属、区位、用途、建筑面积等情况组织调查登记，被征收人应当予以配合。调查结果应当在房屋征收范围内向被征收人公布。

《条例》第 16 条第 1 款规定，房屋征收范围确定后，不得在房屋征收范围内实施新建、扩建、改建房屋和改变房屋用途等不当增加补偿费用的行为；违反规定实施的，不予补偿。

四、征收决定的强制执行

（一）强制执行的情形

依照《条例》第 28 条的规定，出现下列情形，市县人民政府可以申请强制执行：被征收人在法定期限内不申请行政复议或者不提起行政诉讼，在补偿决定（具体可见下节）规定的期限内又不搬迁的。

（二）强制执行的主体

《条例》第 28 条规定，出现上述情形时，由作出房屋征收决定的市、县级人民政府依法申请人民法院强制执行。强制执行申请书应当附具补偿金额和专户存储账号、产权调换房屋和周转用房的地点和面积等材料。

为了规范执行行为，最高人民法院于 2012 年 3 月 26 日公布了《最高人民法院关于办理申请人民法院强制执行国有土地上房屋征收补偿决定案件若干问题的规定》，共 11 条，自 2012 年 4 月 10 日起实施。该司法解释对申请人民法院强制执行征收补偿决定案件的管辖法院、应提交的材料、受理期限、不予执行及其复议、具体执行主体等问题均作了详细规定。

■第三节　国有土地上房屋征收的补偿

一、补偿范围与补偿标准

（一）补偿范围

根据《条例》的相关规定，征收国有土地上房屋依法应当予以补偿的范围外延较广，我们将之归纳概括为三类：

1. 因实物灭失而产生的各种直接与间接性补偿，具体包含三项：①被征收房屋价值的补偿；②因征收房屋造成的搬迁、临时安置的补偿；③因征收房屋造成的停产停业损失的补偿。

2. 补助与奖励。《条例》第 17 条第 2 款仅规定，市、县级人民政府应当制定补助和奖励办法，对被征收人给予补助和奖励。至于补助与奖励适用的情形与目的何在，《条例》并未明确，却将之委由市、县级人民政府自由裁量。笔者认为，《条例》应将补助的适用限于因实物灭失而产生的各种直接与间接性补偿发放后仍有明显不足的情形，将奖励适用于积极配合公益性征收的情形。

3. 住房保障的优先给予，即征收个人住宅时，被征收人符合住房保障条件的，作出房屋征收决定的市、县级人民政府应当优先给予住房保障。此种优先给予的具体适用办法由省级人民政府制定。

（二）补偿标准

1. 被征收房屋的补偿标准。为了充分保护被征收房屋所有权人的利益，《条例》规定，被征收房屋的补偿标准为：不得低于房屋征收决定公告之日被征收房屋类似房地产的市场价格；并规定被征收房屋的价值，由具有相应资质的房地产价格评估机构按照房屋征收评估办法评估确定。对评估确定的被征收房屋价值有异议的，可以向房地产价格评估机构申请复核评估。对复核结果有异议的，可以向房地产价格评估专家委员会申请鉴定。

房地产价格评估机构由房屋征收部门与被征收人协商选定；协商不成的，通过多数决定、随机选定等方式确定，房地产价格评估机构应当独立、客观、公正地开展房屋征收评估工作，任何单位和个人不得干预。

为了规范评估行为，住房和城乡建设部于2011年6月3日印发了《国有土地上房屋征收评估办法》，对房屋征收评估行为作了详细规定。

2. 停产停业损失的补偿标准。因征收房屋造成停产停业损失的，应当给予补偿，补偿标准根据房屋被征收前的效益、停产停业期限等因素确定。由于全国各地的经济发展水平不同，经营出入差距较大，停产停业损失数额也不尽相同，因此，停产停业损失的具体补偿标准按照《条例》的规定，由省、自治区、直辖市人民政府因地制宜地加以确定。

3. 搬迁与临时安置的补偿标准。对于因征收房屋造成的搬迁、临时安置的补偿标准，《条例》并未明确，也未见明确的授权性规定。笔者认为，应当按照搬迁与安置的实际支出予以补偿。

二、被征收人的补偿方式选择权

根据《条例》的规定，被征收人的补偿方式有两种：一是货币补偿，二是房屋产权调换。而且《条例》第21条明确赋予了被征收人选择权，即被征收人可以选择货币补偿，也可以选择房屋产权调换。

《条例》还对房屋产权调换中市、县级人民政府及其房屋征收部门所负的三点义务作了明确规定：

（一）满足调换要求并结算差价的义务

被征收人选择房屋产权调换的，市、县级人民政府应当提供用于产权调换的房屋，并与被征收人计算、结清被征收房屋价值与用于产权调换房屋价值的差价。

（二）提供改建地段或者就近地段房屋的义务

因旧城区改建征收个人住宅，被征收人选择在改建地段进行房屋产权调换的，作出房屋征收决定的市、县级人民政府应当提供改建地段或者就近地段的房屋。

（三）支付临时安置费或者提供周转用房的义务

产权调换房屋交付前，房屋征收部门应当向被征收人支付临时安置费或者提供周转用房。

三、征收补偿协议与征收补偿决定

（一）征收补偿协议

1. 签订主体。根据《条例》第25条的规定，签订征收补偿协议的主体是房屋征收部门与被征收人。

2. 协议内容。征收补偿协议的具体内容包括：补偿方式、补偿金额和支付期限、用于产权调换房屋的地点和面积、搬迁费、临时安置费或者周转用房、停产停业损失、搬迁期限、过渡方式和过渡期限等事项。

3. 协议的法律约束力。补偿协议订立后，双方当事人应当自觉履行，一方当事人不履行补偿协议约定的义务的，另一方当事人可以依法提起诉讼。

（二）征收补偿决定

1. 发动的条件。根据《条例》的规定，启动征收补偿决定程序的条件为：房屋征收部门与被征收人在征收补偿方案确定的签约期限内达不成补偿协议，或者被征收房屋所有权人不明确，无法达成补偿协议的。

2. 征收补偿决定的作出程序。当上述条件具备时，由房屋征收部门报请作出房屋征收决定的市、县级人民政府，按照征收补偿方案作出补偿决定，并在房屋征收范围内予以公告。

3. 征收补偿决定的内容。征收补偿决定的具体内容应包括补偿方式、补偿金额和支付期限、用于产权调换房屋的地点和面积、搬迁费、临时安置费或者周转用房、停产停业损失、搬迁期限、过渡方式和过渡期限等事项。

4. 被征收人的法律救济权。《条例》第26条第3款明确赋予了被征收人不服征收补偿决定时，享有依法提起行政复议或者行政诉讼的程序性权利。

■参阅资料

关于《国有土地上房屋征收与补偿条例（第二次公开征求意见稿)》的说明

【阅读要点提示】

《房屋征收与补偿条例》的出台，在我国因公共利益需要强制取得公民或法人的财产权立法上具有里程碑的意义，它不仅明确了征收主体，理顺了征收与补偿法律关系，而且在征收程序、补偿标准等方面有创新性制度设计，妥善处理了公共利益与私人利益的关系，切实维护了被征收人的合法权益。对《民法典》的出台以及《土地管理法》、《房地产法》有关条文的修改和完善具有引领和实践意义。因而，我们在此并未选摘相关学习案例。为了帮助读者深入了解《条例》的出台背景以及主体内容的设计初衷，我们在此处特意选用了国务院法制办于2010年12月15日所公布的《关于〈国有土地上房屋征收与补偿条例（第二次公开征求意见稿)〉》的说

第五章

明。读者应当重点领悟现行国有土地上房屋征收与补偿制度替换原城市房屋拆迁条例的必要性、官方对于公共利益的务实性解读、公平补偿原则在现行制度中的重大意义等内容。

2010 年 1 月 29 日，我们将《国有土地上房屋征收与补偿条例（征求意见稿)》（以下简称征求意见稿）向社会公开征求意见。对此，社会高度关注、讨论热烈。截至 3 月 3 日，共收到意见和建议 65 601 条。大多数意见认为，制定《国有土地上房屋征收与补偿条例》，规范国有土地上房屋征收与补偿活动，维护公共利益，保障被征收人的合法权益，非常必要。同时，社会各界围绕着征收补偿、公共利益界定、征收程序以及强制搬迁等问题也提出了许多意见和建议。遵照国务院领导的批示精神，我们与发展改革委、国土资源部和住房城乡建设部等单位共同成立了工作组，对反馈的意见和建议逐条进行了整理、分析，选取 40 多个典型城市就建设用地来源、房屋拆迁和土地征收等情况进行了专项调查统计，到北京、上海、天津、广东、辽宁等地方进行了实地调研，同东、中、西部的大、中、小城市政府和有关部门负责同志以及被拆迁人多次座谈，并请经济、法律、规划、土地、评估等方面的专家对有关问题多次进行论证。工作组综合各方面意见，对征求意见稿作了进一步修改，并多次征求了全国人大常委会法制工作机构和中央国家机关的意见，形成了《国有土地上房屋征收与补偿条例（第二次公开征求意见稿)》（以下简称二次征求意见稿）。

这个条例关系全局，非常重要。从 2007 年我们开始着手起草、研究条例草案以来，除有关部门研究讨论会议以外，召开了 43 次的各类座谈会、论证会，1 070 多人次参加讨论。通过征求意见或书面调查，收到书面意见 7 500 多份。其中，1 月 29 日公开征求意见后召开的座谈会、论证会就有 27 次，760 多人次参与。为了进一步修改好这个条例，方便公众对二次征求意见稿的了解，进一步提出修改意见和建议，现将有关修改情况说明如下：

一、修改的指导思想

当前，我国正处在改革发展的关键阶段，也处在工业化、城镇化的重要时期，如何更好地从我国实际情况出发，既有利于稳步推进工业化、城镇化进程，又在这一进程中切实维护好被征收人的合法权益，是我们修改条例的出发点和目的。条例关系到现代化建设的全局，核心是要统筹兼顾公共利益和被征收人利益，既要使公共利益需要得以实现，又要使被征收人的利益得到切实保护。政府为了公共利益需要征收房屋，不能使被征收人利益受到损失，应当充分做好群众工作，取得群众的理解和支持。

二、关于补偿

房屋征收的补偿是群众最为关注的问题，社会各界对此共提出 13 332 条意见，主要集中在以下几个方面：一是主张补偿标准应当是房地产市场价格，能够保证被征收人可以在市场上购买到区位、面积、环境等条件相似的住房。二是建议房地产市场评估应当考虑多种因素，如产权性质、装修、停产停业损失、交通成本、物业费、采暖费、停车费的增加等；也有意见提出，应对补偿上限作出规定，防止过度补偿；对评估价格有异议的，应当有明确的异议解决机制。三是主张评估机构应当由被征收人选择确定，评估机构应是独立机构，与当地政府无利害关系，任何人不得干预评估。四是建议明确非住宅房屋停产停业损失的补偿标准。五是建议对违法建筑要区分情况，不能"一刀切"。六是建议对回迁作出更加明确的规定。七是主张补偿协议应公布，防止暗箱操作，也有意见反对公布，主张保护被征收人隐私权。

征求意见稿规定："货币补偿的金额，根据被征收房屋的区位、用途、建筑结构、新旧程度、建筑面积等因素，以房地产市场评估价格确定。"本意是要按照市场价格进行评估确定货币补偿金额，但这种表述引起了歧义。结合社会各界所提意见，二次征求意见稿明确规定："对被征收房屋价值的补偿金额，不得低于房屋征收决定公告之日被征收房屋类似房地产的市场价格。被征收房屋的价值，由具有相应资质的房地产价格评估机构，按照房屋征收评估办法评估确定。""对评估确定的价值有异议的，可以向房地产价格评估机构申请复核评估。对复核结果有异议的，可以向房地产价格评估专家委员会申请鉴定。""房屋征收评估办法，由国务院住房城乡建设主管部门制定，制定过程中，应当向社会公开征求意见。"还规定房地产价格评估机构由被征收人选定，被征收人选定评估机构的具体办法由市、县级人民政府规定。

二次征求意见稿规定，征收个人住宅，被征收人符合住房保障条件的，政府应当优先给予住房保障。就是说，政府对符合住房保障条件的被征收人除给予补偿外，还应优先安排被征收人享受住房保障，使其不再等待轮候保障房。此外，二次征求意见稿还对"回迁"作了进一步明确，规定因旧城区改建征收个人住宅，被征收人选择在改建地段进行房屋产权调换的，政府应当提供改建地段或者就近地段的房屋。

征求意见稿规定，对停产停业损失给予适当补偿。为了切实保障被征收人合法权益，增强条例可操作性，二次征求意见稿将"适当补偿"修改为根据房屋被征收前的效益、停产停业期限等因素确定停产停业损失的补偿，具体办法由市、县级人民政府规定。

违法建筑原则上不予补偿，特别是公告征收范围之后新建、扩建、改建房屋，是被征收人投机取巧、侵占公共利益的非法行为，给予补偿，于法于理不合，对纳税人和其他守法的被征收人不公平。但有些由于历史原因形成房屋手续不全的，应当先由有关部门进行认定、处理。因此，二次征求意见稿规定，政府在作出房屋征收决定前，应当组织有关部门依照法律、法规对征收范围内未经依法登记的建筑予以认定、处理。处理后确认为违法建筑的，不予补偿。

总之，二次征求意见稿有关对被征收房屋价值的补偿和对搬迁、临时安置和停产停业损失予以补偿以及政府优先给予住房保障等措施的规定，可以保证被征收人所得补偿在市场上能买到区位、面积类似的住房，保障被征收人的生活水平不降低，不使为公共利益作出贡献的被征收人比自愿在市场上进行房屋交易的人吃亏。在补偿问题上，政府应当进行深入细致的群众工作，尽量通过与被征收人协商的方式解决，实在协商不成的，再作出补偿决定，补偿决定确定的补偿标准和内容应当与签订补偿协议的补偿标准和内容一致。

三、关于征收范围

征收范围的确定即公共利益的界定一直是社会各界关注的热点，对此共提出9 161条意见，主要集中在以下几个方面：一是主张对公共利益的界定不宜过宽。如国家重点扶持并纳入规划的教育、科技、文化、卫生、体育等公共事业的最终用途可能具有商业性质，凡是具有营利性的项目都不应属于公共利益。二是主张公共利益应当是所有公众都能共享的权益，应该完全由国家财政投资建设，因此，收费的公路、教育、医疗、市场化运作的经济适用住房建设等都不应属于公共利益。三是认为征求意见稿对公共利益的七项规定还不够全面，实施城市总体规划，为城市发展和建设进行的重大工程，由政府组织或者主导的住宅小区、经济工业园区、商业街区等城市建设，都属于公共利益。四是危旧房改造不好界定，应当对危房和旧房进行区分，也有意见提出危旧房改造中存在商业开发，不属于公共利益。

按照宪法、物权法、土地管理法和城市房地产管理法的规定，征收城市房屋和农村土地房屋，应当基于"公共利益"需要，但对"公共利益"的范围，没有具体规定。我们在对条例和《土地管理法（修订草案）》进行统筹研究的基础上经与各方面反复论证认为，公共利益的内涵与外延，在不同国家和地区的不同发展阶段，是不同的。公共利益的界定，必须考虑我国的国情。在我国经济社会发展的现阶段，工业化、城镇化是经济社会发展、国家现代化的必然趋势，符合最广大人民群众的根本利益，是公共利益的重要方面；遏制房价过快上涨势头、稳定房价，满足人民群众的基本住房需求，也是公共利益的重要方面。在社会主义市场经济条件下，建立公共服务供给的社会和市场参与机制是必然趋势，不能以是否采用市场化的运作模式作为界定公共利益的标准。不能因医院、学校、供水、供电、供气、污水和垃圾处理、铁路、公交等收费就否认这些项目的公共利益属性。保障性安居工程建设和旧城区改建，与广大城镇居民生活、工作密切相关，这些项目的实施既改善了城镇居民居住、工作条件，又改善了城市环境，提升了城市功能，也属于公共利益的一个方面。实现科学发展、节约合理利用土地、严格保护耕地，要通过国民经济和社会发展规划、土地利用总体规划、城乡规划和专项规划，加以调控。只要对被征收人按照房地产市场价格给予公平补偿，公共利益和被征收人的利益就不会对立，而是可以统一的。

基于上述考虑，二次征求意见稿规定建设项目都应当符合国民经济和社会发展规划、土地利用总体规划、城乡规划和专项规划，并明确因政府组织实施的能源、交通、水利以及教科文卫体、资源环保、防灾减灾、社会福利、市政公用等公共事业以及国家机关办公用房建设需要可以实行房屋征收。保障性安居工程建设和旧城区改建应当纳入市、县级国民经济和社会发展年度计划，经市、县级人民代表大会审议通过。

四、关于征收程序

征收程序是规范政府征收行为、维护被征收人合法权益的重要保障，社会各界对此共提出 11 054 条意见，主要集中在以下几个方面：一是主张政府在论证时应当将补偿方案作为论证内容，并将补偿标准、安置补偿意向、估价单位等予以公告，征求被征收人意见。二是认为发生重大争议，由上一级人民政府裁决的机制，在制度设计上不公平，建议引入人大决策或者司法机制。三是危旧房改造征求意见程序应更加明确，如旧房的标准、对危房和旧房应区别对待，90% 的比例是按户数还是按产权面积计算。有意见提出，全体被征收人同意才可以改造；也有意见提出，90% 的比例太高，建议改为多数或者 2/3、4/5 同意。

程序性规定，是为了规范政府的征收活动，切实保证在征收、补偿活动过程中统筹兼顾好公共利益和被征收群众利益。二次征求意见稿规定，房屋征收部门拟定房屋征收范围、征收补偿方案，报市、县级人民政府决定。市、县级人民政府作出房屋征收决定前，应当按照有关规定进行风险评估，组织有关部门和专家论证，并将房屋征收范围、征收补偿方案予以公布征求意见。房屋征收部门应当根据被征收人意见，对房屋征收范围、征收补偿方案进行修改，并报市、县级人民政府决定。市、县级人民政府作出涉及被征收人数量较多的房屋征收决定，须经政府常务会议讨论决定。政府应当将房屋征收决定及时公告。将征求意见稿有关危旧房改造需经 90% 被征收人同意和补偿方案需征得 2/3 以上被征收人的同意、补偿协议签约率达到 2/3 以上的方可生效的规定，修改为保障性安居工程建设和旧城区改建应当纳入市、县级国民经济和社会发展年度计划，经市、县级人民代表大会审议通过。

为了保证程序公开、公正和补偿到位，二次征求意见稿还规定，房屋征收部门应当将被征收房屋的调查结果和分户补偿情况在房屋征收范围内向全体被征收人公布。达不成补偿协议，或者被征收房屋所有权人不明确的，由房屋征收部门报请政府作出补偿决定。申请人民法院强制执行前，房屋征收部门应当按照补偿决定，对被征收人先予货币补偿或者提供产权调换房屋、周转用房。

为了给被征收人提供充分的行政救济和司法救济途径，二次征求意见稿同时规定，被征收人对征收决定和补偿决定不服的，可以依法申请行政复议或者提起行政诉讼。补偿协议订立后，一方当事人不履行补偿协议规定的义务的，另一方当事人可以依法向人民法院提起诉讼。

为了加强对房屋征收与补偿行为的监督，二次征求意见稿还明确，上级政府应当加强对下级政府工作的监督，国务院和省、自治区、直辖市人民政府住房城乡建设主管部门应当会同同级财政、国土资源等有关部门加强指导。监察机关应当加强对政府和有关部门或者机构及其工作人员的监察。审计机关应当加强对征收补偿费用的管理和使用情况的监督，并公布审计结果。

五、关于房屋征收实施机构

房屋征收实施机构是受房屋征收部门委托承担房屋征收与补偿具体工作的机构，公开征求意见中涉及房屋征收实施机构的意见共 2 454 条，主要集中在以下几个方面：一是认为房屋征收部门可以委托其他单位从事征收补偿与搬迁的具体工作，但是受委托单位应当是"具有管理公共事务职能的组织"，不能是营利性组织，并且对受委托单位应当进行严格的监管和限制。二是认为受委托单位不能是开发商、建设单位以及一切与该项目有利益关系的单位。三是认为房屋征收部门不能委托其他单位从事征收补偿与搬迁的具体工作。

按照现行规定，建设单位是拆迁人，可以自行拆迁，也可以委托拆迁单位实施拆迁，由于拆迁速度和建设单位、拆迁单位的经济利益相关，容易造成拆迁人与被拆迁人矛盾激化。这是由当时的历史条件所决定的。二次征求意见稿在征求意见稿规定政府是征收补偿主体、取消建设单位拆迁的基础上，进一步明确，房屋征收部门可以委托房屋征收实施机构，承担房屋征收与补偿的具体工作。房屋征收实施机构不得以营利为目的。房屋征收部门对房屋征收实施机构实施房屋征收与补偿的行为应当负责监督，并对该行为的后果承担法律责任。禁止建设单位参与搬迁活动，任何单位和个人都不得采取暴力、胁迫以及中断供水、供热、供气、供电和道路通行等非法方式迫使被征收人搬迁。

六、关于强制搬迁

征收过程中的强制搬迁是社会各界普遍关注的热点问题，共提出 3 950 条意见，主要集中在以下两个方面：一是认为政府作为房屋征收主体，是当事人一方，不应有行政强拆权，政府只能依法申请法院强制拆迁；或者即使政府强制拆迁，也必须依法申请法院裁决后方可强制拆迁，建议取消行政强制拆迁制度。二是认为为了提高征收工作的效率，保证建设活动的顺利进行，有必要保留行政强制拆迁，但应当对行政强制拆迁的条件和程序作出严格限定。

按照现行条例的规定，政府既可以责成有关部门强制拆迁，也可以申请法院强制拆迁。据住房城乡建设部统计，近几年来，行政强制拆迁的比例平均为 0.2% 左右，强制拆迁过程中出现的恶性事件虽然是极少数，但必须高度重视，切实采取有效措施，杜绝此类事件发生。根据全国人大常委会办公厅于 2009 年 8 月 28 日向社会公开征求意见的《行政强制法（草案）（三次审议稿）》第 13 条的规定，行政强制执行由法律设定，排除了行政法规设定强制执行的可能性。据此，二次征求意见稿规定由政府申请法院强制执行，取消了行政强制拆迁。这样规定，有利于加强对基层政府征收补偿活动的制约，有利于减少在房屋征收与补偿中的矛盾。

此外，还有意见认为，条例应当包括对集体土地上的房屋征收活动。我们经研究认为，条例和土地管理法在公共利益的界定和对被征收人给予公平补偿，保证其利益不受损害并有所改善，不使为公共利益作出贡献的被征收人比自愿在市场上进行房屋交易的人吃亏等原则上应当是一致的；我们在研究中也是统筹考虑的。但是

第五章

按照现行的法律制度，国有土地上的房屋征收和集体土地征收分别是由条例和土地管理法调整的，我们将会同有关部门继续抓紧土地管理法的修改工作。

我们还根据各方意见，对法律责任进一步作了明确、细化。对市、县级人民政府、房屋征收部门及其工作人员违反本条例规定的行为，责令改正，通报批评；造成损失的，依法承担赔偿责任；对直接负责的主管人员和其他直接责任人员，依法给予警告、记过、记大过、降级、撤职直至开除的处分；构成犯罪的，依法追究刑事责任。

【思考题】

1. 如何理解国有土地上房屋征收与补偿的含义？
2. 如何理解公平补偿原则？
3. 试述征收补偿决定由法院强制执行的法理基础？

第五章

第六章

房地产开发法律制度

内容提要　本章比较详细地介绍了我国房地产开发法律制度的具体内容，阐述了房地产开发法的定义、房地产开发的原则以及房地产开发企业的市场准入制度，并从规划与计划管理、房地产开发项目管理两个方面讨论了政府如何对房地产开发进行宏观管理。

学习重点　房地产开发法的定义；房地产开发的原则、特点和类别；房地产开发企业的市场准入制度；政府对房地产开发的宏观管理。

■第一节　房地产开发法律制度概述

一、房地产开发法的定义

（一）房地产开发的定义

房地产开发一词有广义和狭义之分。广义的房地产开发是指在土地上进行的基础设施、房屋建设的行为；狭义的房地产开发是指在城市规划区内国有土地上进行的基础设施和房屋建设的行为。我国《房地产法》中所规定的房地产开发行为是指狭义上的房地产开发行为。《房地产法》第9条规定，城市规划区内集体所有的土地，经依法征收转为国有土地后，方可有偿出让，进行房地产开发，但法律另有规定的除外。为什么我国要这样规定呢？首先，从土地所有制来看，我国存在着两种土地所有制，一种是全民所有制，另一种是集体所有制。在这两种土地所有制的基础上，我国有四种土地所有权形式，即国家所有、乡（镇）农民集体所有、村农民集体和村内两个以上的农业集体经济组织的农民集体所有。而这些土地所有权主体拥有土地的位置又不一样。《土地管理法》第9条规定："城市市区的土地属于国家所有。农村和城市郊区的土地，除由法律规定属于国家所有的以外，属于农民集体所有；宅基地和自留地、自留山，属于农民集体所有。"房地产开发项目基本上位于城市及城市郊区。其次，从我国的国情来看，我国是一个农业大国，人口多，耕地少。为了保护耕地，保护我们的生命线，发展农业生产，确保国家粮食安全，国家禁止随意把农业用地改为非农业用地，进行房地产开发。在此应明确一点，并不是

第六章

城市规划区内集体所有的各类土地都应经依法征收转为国有土地后，才能开发。农民集体所有的经营性建设用地符合法律规定的，经审批后，农村集体经济组织也可以以出让、出租、投资入股等方式进入市场进行开发建设。所以，《房地产法》第9条规定了"法律另有规定的除外"。这一规定考虑了集体经营用地入市问题，兼顾了《房地产法》与《土地管理法》的衔接。基于上述原因，本教材把房地产开发的含义表述为：房地产开发是指在依法取得国有土地使用权的土地上进行基础设施和房屋建设的行为。

（二）房地产开发的类型

1. 按房地产开发的目的，可以分为以经营为目的的房地产开发和以自用为目的的房地产开发。以经营为目的的房地产开发是指房地产开发公司投资开发房地产，并通过房地产市场的转让，追求经营利润的开发行为。以自用为目的的房地产开发是指房地产开发者为了满足自己生产、经营或消费需要的开发行为。

2. 按房地产开发的内容，可以分为基础设施建设和房屋建设。基础设施建设是指给水、排水、污水处理设施建设，供电、通信设施建设，煤气或天然气、热力建设以及道路、桥涵、园林绿化、环境卫生等建设活动。房屋建设是指住宅建设，工业、商业、交通、仓库用房、文体科教用房等各类房屋建设。房屋建设是在基础设施建设的基础上所进行的一种再开发行为，有的开发项目是基础设施建设与房屋建设相继进行，合二为一。

3. 按房地产开发的范围，可以分为新城区的开发和旧城区的拆迁改造。新城区开发主要指城市的新建或扩张，目的是为城市的各项建设事业顺利进行提供基础性条件。旧城区的拆迁改造是指对旧城区的基础设施、建筑物进行重新布局、改造或建设，目的是发挥城市的整体功能，以适应现代化城市生产和生活的需要。

此外，按开发规模大小，还可以分为单项开发、小区开发和成片开发。

二、房地产开发法的定义

房地产开发法是指调整相关公法主体与房地产企业之间、房地产企业相互之间在房地产开发过程中所发生的社会关系的法律规范的总称。

在房地产开发过程中，涉及的主体比较多，有政府相关管理部门，如规划、土地管理、房地产管理、市政、消防、工商等，也有供电、供水、通讯等部门，还有参与开发的房地产开发企业、消防安装企业等。因此，房地产开发关系也是内容复杂、范围广泛的一类社会关系。房地产开发关系可以归纳为两大类：管理性的房地产开发关系与平等性的房地产开发关系。

1. 管理性的房地产开发关系，是指人民政府有关房地产管理部门依照法律规定赋予的职权，在房地产开发过程中相互之间以及其与房地产开发企业之间形成的社会关系，如规划管理部门与土地管理部门之间的关系、房地产开发企业与规划管理等部门发生的关系。

2. 平等性的房地产开发关系，是指在房地产开发过程中平等主体之间形成的社会关系，如房地产开发企业与建筑企业、房地产开发企业与消防安装、供热等企业之间的关系。

由于房地产开发关系比较复杂，国家规范房地产开发关系的法律规范也比较多，如《城市规划法》《土地管理法》《房地产法》《建筑法》《城市房地产开发经营管理条例》等。这些法律法规是各类房地产开发主体在房地产开发过程中应遵循的准则。它对于规范房地产开发行为，加强对房地产开发活动的监督管理，促进房地产开发有序发展发挥着重要作用。

三、房地产开发的原则

（一）符合城市规划的原则

城市规划是一定时期内城市发展计划和各项建设的综合部署，是人民政府建设城市和管理城市的依据，也是房地产开发的依据。我国《房地产法》第 25 条规定："房地产开发必须严格执行城市规划……"贯彻这一原则应做到以下几点：①土地使用权出让的总体方案应符合城市规划，土地使用性质必须根据城市规划确定，出让的土地必须有规划控制指标。②土地使用者按城市规划的要求开发利用土地时，必须持国家批准建设项目的有关文件，向城市规划主管部门申请建设用地规划许可证，同时应按城市规划的要求合理确定各项技术经济指标，做好项目的规划设计工作。开发项目的规划设计方案须经城市规划主管部门审定。③在开发建设项目的过程中，应严格执行规划设计方案，未经许可，不得任意修改规划设计图。同时应严格遵守出让合同的各项约定，若需改变土地用途，应当征得出让方同意并经土地管理部门和城市规划主管部门审批。④城市规划区内的建设工程，建设单位应当在竣工验收后 6 个月内向城市规划主管部门报送有关竣工资料。城市规划主管部门应参加城市规划区内重要建设工程的竣工验收。

（二）坚持经济效益、社会效益、环境效益相统一的原则

1. 经济效益是指房地产开发企业通过房地产开发经营活动，获得较好的经济利益。它表现为房地产企业的开发经营总值同开发经营成本之间的比较关系。经济效益是房地产企业进行生产和再生产的前提条件，没有经济效益，房地产企业就没有生产和扩大再生产的能力。因此城市基础设施的更新、改造和完善，城市居民居住条件的改善和提高，很大程度上依赖于房地产开发的经济效益。同时，在社会主义市场经济体制下，房地产开发企业本身就是以营利为目的的经济实体，追求经济效益是其从事开发经营活动的动机和目的。但房地产开发企业在进行房地产开发时不能只追求微观经济效益，而不顾宏观经济效益。一般情况下，宏观经济效益与微观经济效益是一致的，但有时两者也会产生矛盾。在两者产生矛盾时，微观经济效益必须服从于宏观经济效益。因此，房地产开发企业在追求经济效益时，既要注重微观经济效益，也要讲究宏观经济效益。

2. 社会效益是指房地产开发企业的开发经营活动为社会所作的贡献，如满足社会成员的住房需求，改善居住条件，承担社会责任等。房地产开发不仅要追求经济

效益，而且要注重社会效益。只有两者并举，房地产开发才能得到社会各方面的肯定和支持，房地产业才能健康有序发展。

3. 环境效益是指房地产开发对城市自然环境和社会环境所产生的影响。房地产开发不仅是一种社会经济活动，而且是改善城市形象和居民生活环境的重要途径。因此，房地产开发不仅要注重经济、社会效益，还要把环境效益置于重要地位。

坚持经济效益、社会效益和环境效益相统一的原则，要求各房地产主体做到以下几点：①政府及其房地产主管部门和房地产投资者，应自觉贯彻执行房地产法规定的"全面规划、合理布局、综合开发、配套建设"的指导思想，遵守城市规划和各项技术规范。②政府有关部门应引导房地产投资者树立全局观念，克服片面追求经济效益的思想，在社会效益、环境效益与经济效益相矛盾时，应服务于全社会的整体利益。③各级人民政府及其职能部门应保护房地产投资者的经济利益，不能向房地产投资者乱收费、乱摊派费用，侵害其合法权益。

（三）鼓励和扶持建设居民住宅的原则

鼓励和扶持建设居民住宅是指各级人民政府通过各种优惠政策，鼓励和扶持房地产投资者开发建设居民住宅，以改善居民的居住条件。住宅是城市居民基本的生活空间，兴建住宅是社会保障体系的一个重要方面。因此，我国《房地产法》第4条规定："国家根据社会、经济发展水平，扶持发展居民住宅建设，逐步改善居民的居住条件。"第29条规定："国家采取税收等方面的优惠措施鼓励和扶持房地产开发企业开发建设居民住宅。"

为了鼓励和扶持房地产开发公司建设居民住宅，我国实行了许多优惠办法和措施，主要有以下几项：①在税收上，根据《土地增值税暂行条例》第8条的规定，对于建设普通标准住宅的，增值额未超过扣除项目金额20%的，免征土地增值税；②在用地方式上，对于居民居住的福利用地、危旧房改造用地、经济适用住房用地可以按照有关规定采取划拨方式取得；③在贷款方式上，国家允许房地产开发企业以依法取得的土地使用权抵押贷款，对购房者实行按揭贷款，以解决房地产开发过程中的资金问题。

■第二节 房地产开发企业市场准入制度

一、房地产开发企业的设立

房地产开发企业，是指以营利为目的从事房地产开发和经营的企业。

房地产企业的设立，是指房地产企业投资者依法创设符合条件的组织并使之取得企业法律资格的一系列法律行为的总称。房地产企业只有依法设立，才能合法地进入房地产市场从事开发经营活动。我国对房地产企业的设立管理在不同时期采用了不同的设立原则。在1994年《房地产法》颁布以前，我国实行的是许可设立原则，即设立房地产开发企业，应先由建设主管部门进行资质审查并确定资质等级，然后再到工商行政主管部门办理注册登记。按照原建设部、原国家工商行政管理局1992年7月27日发布的《关于房地产开发企业管理的通知》的规定，设立房地产开发专营公司，持资质等级证书及有关批准文件向工商行政管理机关申请办理登记注册；同时，对房地产项目公司和兼营公司的设立也作了规定，即经项目所在地建设主管部门对投标资格审查合格并通过招标形式取得房地产开发项目的企业，可以申请从事单项房地产开发经营。工商行政管理机关根据有关规定，核准企业从事房地产开发经营的范围，经营范围应注明开发经营项目和经营期限。项目公司的经营对象只限于批准的项目，项目开发、经营完毕后，应向工商行政管理机关办理核减经营范围的变更登记。确需延长经营期限的，应按有关规定向工商行政管理机关办理相应的变更登记。另一种情形是兼营公司，按照房地产开发企业的有关规定，在原国家工商行政管理局登记注册自有资金2亿元以上的非生产型综合公司、信托投资公司和自有资金1亿元以上的工程建设公司，可以在经营范围内增加从事房地产开发经营的内容，由原国家工商行政管理局核准其经营范围；自有资金2亿元以上的地方性信托投资公司和自有资金5 000万元以上的具有一级资质的建筑公司，可以从事房地产开发经营，由公司原登记发照的工商行政管理机关核准其经营范围。1994年《房地产法》施行后，我国对房地产企业的设立一般采用的是准则设立原则，即企业设立不需要报有关行政主管机关的批准，只要符合法律规定的批准条件，经向企业登记机关登记即可成立。对于外商投资设立房地产企业，应按有关法律法规规定办理审批注册登记手续。

　　二、房地产开发企业设立的条件

　　按照《房地产法》第30条和《城市房地产开发经营管理条例》（以下简称《开发管理条例》）（国务院1998年制定发布，2020年12月11日修订）第5条的规定，设立房地产开发公司应当具备以下条件：

　　1. 有自己的名称和组织机构。房地产开发企业作为法人，必须有符合公司法人登记的名称。企业的名称是企业区别于其他法律主体的标志和符号，按照《公司法》的有关规定，法人只能使用一个名称，在登记主管机关辖区内不得与已登记注册同行业企业名称相同或者近似。企业名称所包含的内容和文字必须符合国家规定。房地产有限责任公司、房地产股份有限公司的名称中必须分别含有"有限责任"和"股份有限"的字样。另外，房地产有限责任公司和房地产股份有限公司，应设股东会、董事或董事会、监事会等组织机构。

　　2. 有固定的经营场所。固定的经营场所是指企业的住所，是法律上确认的企业的主要经营场所，即企业主要办事机构所在地。因此，房地产开发公司必须有适应房地产开发经营需要的固定的办公用房。

　　3. 有符合国务院规定的注册资本。注册资本是指房地产开发经营企业必须具备与其企业形式及经营范围相适应的法定资金数额。它反映的是房地产开发公司的经济实力和承担民事责任的能力。由于房地产开发具有投资量大、资金占用期长的特点，国家对房地产开发企业的注册资金的要求比一般流通企业要严格。同时，房地产开发企业的开发实力很大程度上取决于企业自有流动资金的数量，因此在规定房地产开发企业注册资本的同时，还必须规定其自有流动资金的比例。根据《开发管理条例》的规定，设立房地产开发企业应当有 100 万元以上的注册资本。

4. 有足够的专业技术人员。根据《开发管理条例》的规定，设立房地产开发企业应当有 4 名以上持有资格证书的房地产专业、建筑工程专业的专职技术人员，2 名以上持有资格证书的专职会计人员。

5. 法律、行政法规规定的其他条件。例如，按照《公司法》的规定，设立房地产有限责任公司或房地产股份有限公司的，股东或发起人必须符合法定人数；股东或发起人共同制定公司章程等。

三、房地产开发企业设立的程序

具备房地产开发企业设立条件者，应当向工商行政管理部门申请设立登记。工商行政管理部门对符合法定设立条件的，应当予以登记，发给营业执照；对不符合法定条件的，不予登记。

根据《开发管理条例》第 8 条的规定，房地产开发企业应当自领取营业执照之日起 30 日内，持下列文件到登记机关所在地的房地产开发主管部门备案：营业执照复印件；企业章程；专业技术人员的资格证书和聘用合同。

■第三节　政府对房地产开发的宏观管理法律规定

一、规划与计划管理的法律规定

规划与计划管理是指政府运用各种规划和计划，加强对房地产开发的宏观管理。《房地产法》第 10 条规定："土地使用权出让，必须符合土地利用总体规划、城市规划和年度建设用地计划。"第 25 条规定："房地产开发必须严格执行城市规划……"政府对房地产开发的规划管理主要包括以下内容：

（一）土地利用总体规划

1. 土地利用总体规划的定义及特点。土地利用总体规划，是指各级人民政府根据国民经济和社会发展的情况，对土地的开发、利用、整治和保护在时间和空间上所作的战略构思和设计方案，它是国民经济和社会发展计划体系的重要组成部分。土地利用总体规划作为国家管理土地的一种手段有以下特点：

（1）综合性。土地利用总体规划，是各级人民政府根据土地调查资料、国民经济和社会发展远景规划，为促进社会经济的发展、人民生活水平的提高、产业布局的合理化，经过综合平衡所编制出的合理利用、开发、保护土地的总体计划。它的主要内容是根据国民经济和社会发展的需要，从当地的自然和社会经济条件出发，对工业用地，交通用地，农、林、牧、渔业生产用地，自然生态保护区用地，城市和乡村发展需要各项建设用地以及上述用地的布局、结构、范围进行统筹妥善的安

第六章

排。在这个活动过程中，土地管理部门应会同有关部门，在调查研究、综合考察的基础上，经过多学科论证，并共同编制。

（2）长期性。土地利用总体规划是政府针对不同功能的地段，从整体上有机、合理地进行组合的一项综合计划。它是在经过自然资源调查的农业区划的基础上，根据国民经济发展规划和合理开发、利用、保护土地的要求制定的。而自然资源和农业区划往往涉及各地的自然条件、技术条件和农业生产特点等，土地利用总体规划一般在 10 年或 10 年以上。因此，人们也称之为战略性计划或远景规划。

（3）指导性。土地利用总体规划是对未来 10 年或 10 年以上时间的土地利用的预测、布置和安排。虽然其也经过论证，具有科学性，但不够详细、具体，且现实性差，它一般为中期或年度土地利用计划提供依据，即指导中期或年度土地利用计划的编制。它的实现要靠中期或年度土地利用计划的逐步落实。

2. 土地利用总体规划的内容。《土地管理法》及其实施条例仅对土地利用总体规划的内容作了原则性规定，国土资源部依据《土地管理法》的有关规定，先后于 2009 年 2 月 4 日、2017 年 5 月 8 日发布并实施了《土地利用总体规划编制审查办法》、《土地利用总体规划管理办法》[1]。参照国土资源部的相关规定，结合工作实践对土地利用规划的内容分述如下：

（1）土地利用总体规划的必备内容。土地利用总体规划应当包括下列内容：现行规划实施情况评估；规划背景与土地供需形势分析；土地利用战略；规划主要目标的确定，包括耕地保有量、基本农田保护面积、建设用地规模和土地整理复垦开发安排等；土地利用结构、布局和节约集约用地的优化方案；土地利用的差别化政策；规划实施的责任与保障措施规划图件和图则；规划说明等。

（2）省级土地利用总体规划的重点内容。省级土地利用总体规划，应当重点突出下列内容：国家级土地利用任务的落实情况；重大土地利用问题的解决方案；各区域土地利用的主要方向；对市（地）级土地利用的调控；土地利用重大专项安排；规划实施的机制创新。

（3）市级土地利用总体规划的重点内容。市级土地利用总体规划，应当重点突出下列内容：省级土地利用任务的落实；土地利用规模、结构与布局的安排；土地利用分区及分区管制规则；中心城区土地利用控制；对县级土地利用的调控；重点工程安排；规划实施的责任落实。所谓中心城区，包括城市主城区及其相关联的功能组团，其土地利用控制的重点是按照土地用途管制的要求，确定规划期内新增建设用地的规模与布局安排，划定中心城区建设用地的扩展边界。

（4）县级土地利用总体规划的重点内容。县级土地利用总体规划，应当重点突出下列内容：市级土地利用任务的落实；土地利用规模、结构和布局的具体安排；

---

〔1〕 2017 年 5 月 8 日，国土资源部宣布废止《土地利用总体规划编制审查办法》。2019 年 7 月 24 日，自然资源部宣布废止《土地利用总体规制管理办法》。

第六章

土地用途管制分区及其管制规则；城镇村用地扩展边界的划定；土地整理复垦开发重点区域的确定。

（5）乡（镇）土地利用总体规划的重点内容。乡（镇）土地利用总体规划，应当重点突出下列内容：基本农田地块的落实；县级规划中土地用途分区、布局与边界的落实；各地块土地用途的确定；镇和农村居民用地扩展边界的划定；土地整理复垦开发项目的安排。

3. 土地利用总体规划的编制与审批。参照原国土资源部制定《土地利用总体规划管理办法》的相关规定，土地利用总体规划的编制与审批主要应当包含以下制度内容：

（1）编制的原则及前期工作。编制土地利用总体规划，应当坚持政府组织、专家引领、部门合作、公众参与、科学决策的基本原则。在编制土地利用总体规划前，国土资源行政主管部门应当对现行规划的实施情况进行评估，开展基础调查、重大问题研究等前期工作。

（2）编制的程序。国土资源行政主管部门[1]应当在前期工作的基础上，以真实、准确、合法的土地调查基础数据为依据，组织编制土地利用总体规划大纲。土地利用总体规划大纲应当包括规划背景，指导思想和原则，土地利用战略定位和目标，土地利用规模、结构与布局总体安排，规划实施措施等内容。土地利用总体规划大纲经审查通过后，再由国土资源行政主管部门据其编制土地利用总体规划。

（3）国土资源行政主管部门的四项协调与组织义务：

第一，专题研究和论证的组织义务，即在土地利用总体规划的编制过程中，对涉及资源保护与可持续发展、区域和城乡协调、土地节约集约利用、土地利用结构布局优化、土地生态环境保护与建设等重大问题，国土资源行政主管部门应当组织相关方面的专家进行专题研究和论证。

第二，部门协调义务，即在土地利用总体规划的编制过程中，国土资源行政主管部门应当建立部门协调机制，征求各有关部门的意见。

第三，组织听证义务，即对直接涉及公民、法人和其他组织合法利益的规划内容，应当举行听证会，充分听取公众的意见。

第四，组织论证义务，即国土资源行政主管部门应当组织相关方面专家对土地利用总体规划进行论证，论证意见及采纳情况应当作为报送审查材料一并上报。

（4）土地利用总体规划大纲的审查。土地利用总体规划大纲由本级人民政府审查，审查同意后，逐级上报与审批机关同级的国土资源行政主管部门进行审查。国土资源行政主管部门应当对土地利用总体规划大纲的指导思想、战略定位、基础数

---

[1] 即现在的自然资源主管部门，因《土地利用总体规划管理办法》虽然宣布废止，但自然资源部没有制定新的部门规章，实践中各地仍参照过去的相关规定进行工作。因此本教材仍使用该办法规定的国土资源行政主管部门。

据、规划目标、土地利用结构与空间布局调整等内容进行审查。土地利用总体规划大纲未通过审查的，有关国土资源行政主管部门应当根据审查意见修改土地利用总体规划大纲，重新申报审查。

（5）土地利用总体规划的审查与报批。

第一，审查与报批的基本原则及所需的资料。土地利用总体规划按照下级规划服从上级规划的原则，自上而下审查报批。土地利用总体规划审查报批，应当提交规划文本及说明、规划图件、专题研究报告、规划成果数据库、征求意见及论证情况、土地利用总体规划大纲审查意见及修改落实情况、公众听证材料等资料。

第二，土地利用总体规划的审查期限。有关国土资源行政主管部门应当自收到人民政府转来的下级土地利用总体规划之日起 5 个工作日内，征求有关部门和单位意见，并自收到有关部门和单位的意见之日起 15 个工作日内，完成规划审查工作。对土地利用总体规划有较大分歧时，有关国土资源行政主管部门应当组织各方进行协调。因特殊情况，确需延长规划审查期限的，可以延长审查。

第三，土地利用总体规划的审查依据。国土资源行政主管部门应当依据现行法律法规。国家有关土地利用和管理的各项方针、政策。上级土地利用总体规划。土地利用相关规划及其他可以依据的基础调查资料等对土地利用总体规划进行审查。

第四，土地利用总体规划的审查重点。土地利用总体规划的审查重点内容包括：现行规划实施评价；规划编制原则与指导思想；战略定位与规划目标；土地利用结构、规模、布局和时序；土地利用主要指标分解情况；规划衔接协调论证情况和公众参与情况；规划实施保障措施。

第五，土地利用总体规划的报批。国土资源行政主管部门应当根据审查情况和相关部门意见，提出明确的审查结论，提请有批准权的人民政府审批。

（二）城市规划

城市规划是人民政府对城市的规划、容量、各项建设用地及各项基础设施的配置在时间上和空间上进行综合构思、布置的行为。它是城市建设的蓝图，也是指导房地产开发的依据。现行规制城市规划的专门法律是 2007 年 10 月 28 日由第十届全国人民代表大会常务委员会审议通过、自 2008 年 1 月 1 日起实施、2015 年 4 月 24 日第十二届全国人民代表大会常务委员会第十四次会议及 2019 年 4 月 23 日第十三届全国人民代表大会常务委员会第十次会议修改的《中华人民共和国城乡规划法》，其中有关城市规划的种类、编制、审批、实施等内容，本书将在第十四章"房地产市场管理制度"的第二节"房地产市场的计划调控"中进行详述。

（三）土地利用计划

1. 土地利用计划的定义。土地利用计划是指国家运用计划手段，对土地的开发、利用、整治和保护进行统筹安排，把土地的"开源"和"节流"纳入国家计划管理体系的一种土地利用管理制度。土地利用计划按时间序列分为长期计划、中期计划和年度计划。长期计划主要确定土地利用的基本方向和战略目标，各类土地需求量，用地规模的设想等。它是土地利用战略目标的远景设想，是制定中期计划的依据。中期计划是土地利用长期计划阶段性的实施计划，又是编制年度计划的依据。年度计划是土地利用中期计划的具体化，但不是中期计划的机械分段。土地利用计划和土地利用规划既有区别又有联系：①土地利用规划着重在土地的空间上组织土地利用，而土地利用计划则在时间上对土地利用的远景发展的战略目标进行定向、定量安排和布置，它对各部门的用地关系主要在量上进行协调，而不强调在土地空间上进行具体的落实和设计；②土地利用规划的基本任务是把中长期土地利用计划的目标和指标具体落实到土地的空间上，为土地利用计划确定的各项措施建立良好的条件。

长期以来，我国的土地利用管理工作出现了两个极端。一方面，非农业建设用地处于无计划失控状态，多征少用、早征迟用、征而不用甚至不经批准违法占地的现象非常严重。另一方面，农业生产用地在用地结构上实行指令性计划调节，由农业部门和林业部门下达指令性种植面积，农业生产单位在土地利用上无自主权。自经济体制改革以来，我国对这两个方面都进行了改革，一方面，对非农业建设用地实行指令性计划指标控制。从 1988 年开始，土地利用计划被纳入到国家计划管理体系，成为国民经济和社会事业发展计划的重要组成部分。另一方面，对农业生产用地，取消了指令性的种植面积计划，扩大农业集体经济组织的经营自主权，实行合同定购，并运用价格等经济杠杆进行调节。这些改革措施不仅使农业生产用地的内容结构更适应社会对农产品的需要，而且也使农村集体经济组织因地制宜地合理利用土地，提高土地的利用效率。

近年来，我国有些地方在土地利用方面又出现了两个严重的问题，一个是"非粮化"，另一个是占补平衡。"非粮化"问题主要是指农村集体经济组织、农业企业、农户减少了粮食生产的面积，转而从事林果业、挖塘养鱼、闲置荒芜等。对此问题，国务院办公厅 2020 年 11 月 4 日下发了《国务院办公厅关于防止耕地"非粮化"，稳定粮食生产的意见》，明确了责任制及监督管理办法。占补平衡问题，主要是地方人民政府及其管理部门在落实《土地管理法》第 30 条规定的"国家实行占用耕地补偿制度"过程中出现的问题。在城镇化建设过程中，一些地方摊大饼式地发展城市，把几千年来一直耕作的土壤质量较高的"良田"转为建设用地，而在边远山区或土地贫瘠的地方进行复垦或改良，形成了新的"基本农田"。这些新的"基本农田"与建设占用的良田在土壤质量上差距很大，不能相提并论。国家应通过完善有关立法对此行为进行规制。

2. 土地利用计划的特征。

（1）内容上的广泛性。土地利用计划与国民经济其他部门有着密切联系，从某种意义上说，国民经济其他部门的发展计划要受土地利用计划的影响。因为其他部门的发展，在一定程度上都需要使用土地，从而使土地利用计划直接或间接地影响着其他部门的发展规模和速度。所以，其他部门的建设计划要与土地利用计划相一致。

（2）时间上的连续性。土地利用活动是不间断进行的，因而土地利用计划也是连续不断的。一般来说，一个土地利用计划期的结束，就意味着新的计划期的开始。这无论对长期、中期还是短期土地利用计划来说都是一样的。有关土地利用计划法规所规定的不同计划期内各主体的权利和义务内容，以及制定、修改计划的法定程序，既是稳定的，又是连续不断的，所以土地利用计划具有时间上的连续性。

（3）程序法与实体法的统一性。法律一般分为实体法和程序法，但是不能把程序法仅理解为诉讼程序法，在法律体系中，实体法和程序法是并行不悖、互相依存、互为作用而又自成体系的。土地利用计划管理法律制度则打破了这种传统的划分，它把土地利用计划管理主体之间事实上的权利与义务，以及违反这些法律规定所应承担的法律责任都作了规定，从这个意义上说，它属于实体法。同时，它又规定了土地利用计划编制的程序，从这个意义上说，它又具有程序法的性质。所以土地利用计划法是实体法与程序法相结合的法律规范。

3. 制定土地利用计划的基本原则。

（1）遵循客观经济规律的原则。计划的实质是促进国民经济总体平衡的手段，其体现生产关系一定要适应生产力发展水平的规律，体现社会主义基本经济规律，同时在市场经济条件下，还体现价值规律的要求。土地利用计划如何体现这些规律的要求呢？我们认为土地利用计划应在以下几个方面体现客观规律：①在农业生产用地方面，要运用价值规律，通过市场调整用地结构。在因地制宜、合理用地的基本原则的指导下，提高土地利用率和经济效益。②土地利用要符合土地自然规律，不能强行搞"一刀切"政策，宜粮则粮、宜牧则牧、宜林则林，既不能退耕育林，也不能毁林种田。③在非农业建设用地方面，首先要符合社会主义基本经济规律的要求，必须按照"一要吃饭，二要建设"的方针，处理好"吃饭"与"建设"的关系。在保证十几亿人口吃饭的同时，依靠非农业建设用地计划指标，调控非农业建设用地规模，处理好各部门之间的建设用地关系。其次，还要符合价值规律，在国家计划的控制范围之内，通过市场竞争，充分实现土地的使用价值，建立一个计划调节和市场调节相结合的社会主义土地利用机制。

（2）综合平衡原则。综合平衡原则是国民经济和社会事业发展计划管理的核心，也是土地利用计划应遵循的一个基本准则。土地利用计划综合平衡，是协调国家与地方、乡（村）经济组织和农民个人在非农业建设用地方面、农业生产用地与非农业建设用地之间比例关系的重要手段。为了搞好土地利用计划的综合平衡，要求土地管理部门和计划主管部门在土地利用计划工作中，正确估计国情和国力，恰当地安排国民经济各部门、各行业之间的用地比例，做到量力而行、循序渐进、积极可靠、留有余地，达到节约用地、合理用地、科学用地的目的。

（3）统一性和灵活性相结合的原则。土地利用既不能实行单一指令性计划指标控制，也不能随其自然，任其自流。土地利用计划之所以实行这一原则，是由土地利用活动自身决定的。土地利用以其内容可以分为两大类，即农业生产用地和非农

第六章

业生产用地。对于农业生产用地，国家主要通过各种经济杠杆，充分发挥市场与价格的作用，实现农业生产用地的有效利用；对于非农业生产建设用地，国家则主要通过用地指标实行控制，达到保护现有耕地的目的。如果不从土地利用的实际出发，把各种土地利用活动都纳入计划轨道，并且靠行政命令加以实施，就会造成计划在指导思想上，出现主观同客观的分离、计划同实际相脱节的局面。因此，在土地利用计划工作过程中，必须实行统一性与灵活性相结合的原则。

4. 土地利用计划的编制和实施。

（1）土地利用计划的编制、审批和下达。土地利用计划是国民经济和社会事业发展计划的组成部分。它的编制程序与国民经济和社会事业发展计划的编制程序相同。根据《建设用地计划管理办法》的规定，指令性计划仍采取"自上而下，上下结合，以上为主"的原则，实行"两下一上"的编制程序，即由国家土地管理部门自上而下地颁发土地利用计划编制大纲（包括编制方针、步骤、控制数字等）；地方各级人民政府土地主管部门和计划主管部门按照编制大纲的要求，编制土地利用计划草案并逐级呈报，国家土地主管部门在各省土地利用计划草案的基础上编制全国土地利用计划，经国家计划管理部门进行综合平衡后，纳入国民经济和社会事业发展计划，报审批机关批准，最后把批准的正式计划下达到计划执行单位。

（2）土地利用计划的实施。土地利用计划的实施包括土地利用计划的执行、修改和监督检查。土地利用计划的执行是土地利用计划法律制度的一个重要内容。编制土地利用计划只是计划工作的开始，最重要的还是实施计划，把计划变成现实。通过计划的执行能够检验计划是否反映客观规律，符合客观实际。对于指令性用地计划，计划执行单位必须严格执行，不得突破。对于指导性用地计划，各有关单位也必须积极参照，切实按照实际需要利用土地。

土地利用计划正式下达以后，一般不作修改或调整，以保持计划的严肃性。只有遇到重大特殊情况，对现有用地计划不得不作调整或修改时，才能按原计划的审批程序进行修改，任何单位或个人不得擅自修改计划。

土地利用计划的监督和检查是保证计划顺利执行的有效手段。通过对计划执行情况的监督和检查，可以及时发现计划执行中的薄弱环节和重要问题，迅速采取措施予以解决，以促进计划的顺利执行。

二、房地产开发项目管理制度

房地产开发项目管理是指人民政府有关房地产开发管理部门对房地产开发项目从立项、设计到竣工验收的全程管理。《房地产法》第 27 条规定："房地产开发项目的设计、施工，必须符合国家的有关标准和规范。房地产开发项目竣工，经验收合格后，方可交付使用。"在实践中，房地产开发的项目管理主要应当包括以下内容：

（一）开发项目的立项管理

房地产开发公司应当根据城市规划、年度建设用地计划和市场需要情况，确定开发项目，并向房地产开发管理部门申请立项。

房地产开发项目确定后，必须向城市规划主管部门申请定点，由城市规划主管部门核发《建设用地规划许可证》。房地产开发企业在取得《建设用地规划许可证》后，根据规划设计要求，对开发项目组织勘察、规划、设计工作，房地产开发项目的规划设计方案，须依据城市规划管理的有关规定，履行报批手续。房地产开发企业应当向城市规划主管部门申请核发《建设工程规划许可证》，取得《建设工程规划许可证》后，方可申请开工。房地产开发项目的勘察、规划设计和建筑设计，应当由具有相应资格的单位承担。

1. 勘察设计单位资格的管理。从事工程勘察设计的单位，必须按照规定申请资格审查，经勘察设计主管部门审查合格并取得《工程勘察证书》或者《工程设计证书》后，方可承揽工程勘察设计任务。

工程勘察设计单位的资格审批，实行国家与地方两级审批制度。

2. 房地产开发项目的设计。房地产开发项目一般按初步设计和施工图设计两个阶段进行。对于技术上复杂而又缺乏设计经验的项目，可分为初步设计、技术设计和施工图设计三个阶段。

（1）初步设计文件，应根据批准的可行性研究报告、设计任务书和勘察设计基础资料进行编制。

（2）技术设计文件，应根据批准的初步设计文件进行编制。技术设计文件是编制施工图设计等文件的依据。

（3）施工图设计文件，应根据批准的初步设计文件（或技术设计文件）和主要设备订货情况进行编制，并据以指导施工。

（二）开发项目的施工管理

房地产开发企业应当按照有关规定，选择具有相应资格的施工单位，进行房地产开发项目的建设。在建设过程中，房地产开发企业必须按国家有关设计、施工的技术标准、规范和质量验收标准进行建设。

（三）开发项目的竣工验收

房地产开发项目竣工后，房地产开发企业应当向政府有关主管部门提出综合验收申请。综合验收包括以下内容：①规划要求是否落实；②配套建设的基础设施和公共服务设施是否建设完毕；③单项工程质量验收手续是否完备；④拆迁补偿安置方案是否落实；⑤物业管理是否落实；⑥其他。

综合验收不合格的，不准交付使用或出售。

■参阅案例

北京新中实经济发展有限责任公司、中实（集团）有限公司与华润置地（北京）股份有限公司房地产项目权益纠纷案[1]

【阅读要点提示】

在诉讼方案的设计上，厘清房地产项目转让法律关系与房地产项目权益（转让）法律关系至关重要。在一审法院基于审理查明的事实，认定原告诉请主张的"项目转让关系"不能成立并向原告行使释明权后，原告应变更诉讼请求，否则将自行承担诉讼风险。

上诉人（原审被告）：北京新中实经济发展有限责任公司（下称新中实公司）

上诉人（原审被告）：中实（集团）有限公司

被上诉人（原审原告）：华润置地（北京）股份有限公司（下称华润公司）

华润公司向一审法院起诉称，1992年6月25日，中实企业有限公司（中实（集团）有限公司前身，以下简称中实公司）与北京市西城华府建设开发公司（华润公司前身，以下简称华府公司）签订合作开发北京市西城区某某大街危改区房地产项目协议，协议约定华府公司负责项目"三通一平"及工程建设的各种手续，分得房屋售后利润的20%，中实公司负责资金安排，分得利润的80%。同年9月19日，双方签订补充协议，进一步明确分工，约定将华府公司利润扩大到25%。1993年2月8日，双方签订危改区公建工程补充合同，约定将补充协议中的利润分成改为一次性包死，由中实公司支付5 000万元并交付5 000平方米的房产；由华府公司出具委托书，全权委托中实公司开发项目。1994年10月，新中实公司承诺代为履行上述协议项下应由中实公司履行的全部义务。1995年12月26日，华府公司与新中实公司签订了双方分配股利和利润的补充协议，将原约定交付5 000平方米房屋改为支付现金。新中实公司于1996年8月9日及1997年1月27日分别支付了1 000万元利润和200万元逾期付款的利息后，未再付款。故华府公司要求新中实公司支付项目转让费9 000万元、违约金4 579万元（截止到2003年7月9日），并承担诉讼费用。新中实公司和中实公司辩称，华润公司提出支付项目转让费9 000万元及违约金的要求，缺乏事实及法律依据，不应得到保护和支持，请求依法驳回华润公司的诉讼请求。

一审法院经审理查明：1992年5月，经政府有关部门同意，华府公司对西城区某某大街破旧危房进行改造：总占地约8.3公顷、代征地6公顷、规划用地2.3公顷；小区危房改造按照北京市建设总体规划要求，以商业办公及相应配套设施建设为主，拆除危旧房面积52 042平方米，新建房屋面积15万平方米；总投资7.083 8

---

[1] 载《中华人民共和国最高人民法院公报》2006年第8期。

亿元，其中拆迁费 3.356 亿元、建设费 3.727 8 亿元，建设资金通过房改和房地产开发筹措，做到资金平衡并有节余。

1992 年 6 月 25 日，华府公司与中实公司签订合作开发北京市西城区某某大街危改项目协议书，协议约定合作开发危改区地上面积 4.79 万平方米，地下面积 1 万平方米，占地约 2 万平方米（含市政分摊部分）；总投资 3.030 9 亿元，单方造价 5 229 元/平方米，其中"三通一平"以前的总投资 1.755 8 亿元，预计工程建设投资 1.159 1 亿元，四源费、电贴等 1 160 万元；预计全部外售后回收资金 4.64 亿元（单方售价 8 000 元/平方米），总利润为 1.609 1 亿元。华府公司负责办理项目"三通一平"前的所有手续及拆迁安置工作，如立项、拨地、拆迁等；负责工程建设期内的各种手续；协助中实公司组织设计、施工监理、组织竣工验收；提供前期的工作计划、拆迁进度、使用资金计划等。中实公司根据计划安排资金，及时支付各类款项，按房屋售后利润的 20%（扣除前期费用）一次性付给华府公司；中实公司得 80% 利润，其中包括协助中实公司组织资金和销售的香港 ×× 有限公司应获得的 20% 的利润；双方组成联合办公室，对外以华府公司名义开发组织资金，对内为华府公司的一个业务部。同年 9 月，华府公司取得了北京市城市规划管理局颁发的项目建设用地规划许可证，确认某某大街危改项目用地面积约 7.3 公顷。

1992 年 9 月 19 日，华府公司与中实公司签订补充协议。协议约定，中实公司组织全部资金，双方按华府公司 25% 和中实公司 75% 利润进行分成；双方组成指挥部，华府公司负责立项、规划批文、报建、办理土地使用批文、开工证等手续和组织拆迁；中实公司负责资金、设计、施工、装修等事项；双方成立合资公司。本协议签订后，华府公司将中实公司红线图批文、土地证等全部正式、合法、有效批准文件的复印件提供给中实公司；待中实公司支付第一笔拆迁费 4 000 万元后，华府公司用该款所购房屋合同或土地证进行抵押；待合资公司成立后，由中实公司将资金转给合资公司，同时华府公司将全部批文正本提供给中实公司，以后转给合资公司；在搬迁费中扣除前期工作中中实公司支付的 1 180 万元前期费用。工程分为三期：一期 6 万平方米定名为富豪公寓，二期为该公寓东侧，三期为该公寓西侧。补充协议与 1992 年 6 月 25 日协议有抵触的，以补充协议为准；由中实公司支付定金 50 万元等。同年 12 月，北京市城市规划管理局下发审定设计方案通知书，确定危改小区占地面积 7.3 公顷，其中规划用地 4.17 公顷，规划建筑性质为商业办公、写字楼。

1993 年 2 月 8 日，华府公司与中实公司签订危改区公建工程补充合同，其中约定了新的利润分成：双方将 1992 年 9 月 19 日合作协议确定的 25% 和 75% 分成修改为华府公司分成利润一次性包死，在保证华府公司提供规划批准图上面积的情况下，中实公司向华府公司支付 5 000 万元及交付该项目中 5 000 平方米商业及办公用房，其余利润统归中实公司所有；华府公司除提供项目已获批准规划方案及各种批件、办理手续外，委托中实公司全权开发项目及对外销售；中实公司负责项目规划审定方案批准后的全部工程前期工作、项目红线内拆迁安置和平地及项目的建设、商品房销售经营；华府公司在上述合作条件下，同意中实公司对该项目进行具体操作和实施。在一期工程开工并销售 60%～80% 后，中实公司向华府公司支付 2 500 万元，二期工程竣工后再支付 2 500 万元；一期工程竣工后交付 5 000 平方米面积用房作为利润；对于土地使用权出让和土地使用费缴纳，在华府公司协助下由中实公司承担。双方 1992 年 9 月 19 日合作合同与补充协议有冲突的部分，以补充协议为准等。

1993 年 2 月，北京市经济体制改革办公室批准成立北京华府房地产股份有限公司（以下简称华府股份公司），该公司总资本为 2.5 亿元，其中法人股为 2.25 亿元，华府公司在其中占国有法人股 8 703 万元。1993 年 6 月，华府公司注销工商登记。2001 年 12 月，华府股份公司变更名称为华润公司。

1993 年 9 月 23 日，北京市城市规划管理局复函新中实公司，同意新中实公司提前施工，按设计方案先行土方工程。同年 10 月 20 日，华府股份公司与新中实公司共同向北京市西城区计划经济委员会提出立项更名申请称，双方共同承接的危改项目已经开始动迁，土地有偿出让手续正在办理，外销工作正全面展开。为便于新中实公司外销、内销和回迁手续的办理，申请在不改变新中实公司与华府股份公司原有合作条件和利润分成的前提下，准许以新中实公司名义办理计委立项更名手续。同年 11 月 6 日，北京市西城区计划经济委员会、北京市西城区建设管理委员会批复华府股份公司和新中实公司，同意项目立项单位变更为新中实公司，危改任务仍按原定规划计划和改造要求由上述两单位合作承担。同年 11 月 11 日，北京市城市规划管理局批文通知，同意批准华府公司开发的 7.3 公顷用地，变更为新中实公司使用。同年 11 月 27 日，新中实公司取得了北京市西城区阜成门大街现状路北侧的国有土地使用权证。

1994 年 10 月 20 日，新中实公司致函华府股份公司称，新中实公司是中实公司的全资子公司，中实公司与华府公司签署的合作开发协议，由新中实公司代中实公司履行。

1994 年 11 月 7 日，华府股份公司与中实公司签订 137 号补充协议。协议约定，双方原 1993 年 2 月 8 日合同书约定中实公司应于 1994 年底支付华府公司 5 000 万元，双方同意该 5 000 万元作为中实公司向华府股份公司的股东贷款，借款自 1994 年 12 月 31 日起，月息 12‰。当日，华府股份公司与中实公司签订的关于 137 号补充协议的内部协议约定，双方签订 137 号补充协议，只是中实公司配合华府股份公司对外融资需要而作出的，对中实公司没有任何法律约束力。对该内部补充协议，华润公司在庭审质证中表示不予认可。

1995 年 12 月 26 日，华府股份公司与新中实公司签订 184 号关于应分配股利房和利润的补充协议。协议约定，某某大街首期建筑已进行 60% 以上面积的销售工作，应向华府股份公司交付 2 500 万元利润，该 2 500 万元于 1995 年 12 月 31 日前实际支付给华府股份公司，同时华府股份公司将 2 500 万元借给新中实公司作为周转金，期限半年，于 1996 年 6 月 30 日归还，贷款协议双方另签；原约定交付 5 000 平方米用房，改为以现金方式于 1995 年 12 月 31 日前向华府股份公司支付，每平方米 1 万元，合计支付 5 000 万元。该 5 000 万元作为新中实公司贷款，期限 11 个月，于 1996 年 11 月 30 日前归还，贷款协议另行签订；二期工程竣工后应支付的 2 500 万元，仍按原协议执行。同时，新中实公司与华府股份公司就上述协议内容签订了两份借款合同，合同约定，新中实公司 2 500 万元借款，于 1996 年 7 月 31 日（7 个月借期）一次还本付息；5 000 万元于 1996 年 12 月 30 日（12 个月借期）一次还本付息，月息 12‰，逾期计复利，本金按月加收 10% 罚息。

1996 年 12 月 20 日，华府股份公司与新中实公司签订危改工程利润分配第二补充协议。协议约定，新中实公司同意提前支付华府股份公司利润，在新中实公司支付华府股份公司利润后，华府股份公司同意放弃全部项目权益。双方经协商对 6 月 25 日协议、2 月 8 日协议、12 月 26 日协议内容进行修改，修改内容为：将原合同中二期工程竣工后应支付给华府公司的 2 500 万元利润仍按原协议执行，改为 2 500 万元利润提前到 1996 年 12 月 31 日前支付给华府股份公司；除本协议修改内容外，原协议其他内容不变。在新中实公司完全支付利润后，华府股份公司放弃原协议中项目所有权益（提供的贷款除外），但仍承担协助完成项目未尽事宜的义务。同年 12 月 20 日和 12 月 28 日，华府股份公司与新中实公司分别签订借款合同，合同约定，新中实公司向华府股份公司分别借款 2 500 万元和 6 500 万元，并分别于 1997 年 12 月 28 日和 1997 年 6 月 30 日偿还本息。

1997 年 3 月 13 日，新中实公司向华府股份公司出具确认书，主要内容为：根据 1995 年 12 月签署的合同，新中实公司应在 1997 年 1 月向华府股份公司支付 777 万元利息，由于资金紧张，不能按期如数支付，新中实公司于 1997 年 1 月支付了 200 万元，尚欠 577 万元，新中实公司承诺上述欠款于 1997 年 6 月 30 日前支付。

2001 年 3 月 20 日，华府股份公司与新中实公司对某某项目应付款及利息签订协议。协议约定，新中实公司 2001 年 3 月 30 日前支付 50 万元；在新中实公司与中行北京分行、建行西四支行间的诉讼了结前，华府股份公司不向新中实公司提出还款要求；项目二期竣工时，新中实公司支付全部尾款；新中实公司同意将国宾饭店 1 万平方米办公楼抵押给华府股份公司。根据双方签订的上述合作协议、补充协议的约定和双方的共同申请，新中实公司陆续取得了该项目的土地使用权证和建设手续，并变更房地产项目立项人为新中实公司，对危改项目进行了开发建设。一期工程包括道路改造及公寓、酒店，项目建设在 1994 年开工，现该部分项目已基本完成，新中实公司称由于项目投入资金较大，且全部工程还没有完成，向银行还贷尚在进行，没有对项目进行结算，还未取得利润收益，至今二期工程尚未开工建设。期间，在华府股份公司的催促下，新中实公司在 1996 年和 1997 年共计支付给华府股份公司 1 000 万元，对于双方约定的其他应付款（借款），新中实公司未向华府股份公司支付。

一审法院经审理认为：房地产的开发经营和转让应当依法进行。华润公司与中实公司为合作开发危改项目于 1992 年 6 月和 9 月签订了合作开发协议及补充协议，两份协议均以华润公司负责立项并提供相应的建设用地手续，中实公司负责建设资金及建设施工，双方按照约定的比例分配利润等为主要内容，协议体现了双方真实意思，不违背法律。由此，可确认上述两份协议具有合作开发房地产项目的性质，属有效合同。在此基础上，双方于 1993 年 2 月 8 日签订补充协议，对 1992 年 9 月签订的协议中华润公司利润分成部分进行修改，变为将华润公司的利润分成一次性包死，但双方合作开发的性质并无改变。双方签订的该份协议仍是以合作开发为基础的，具有合作的性质，双方在向政府申报立项的文件中明确，不改变原有合作条件和利润分成，准许以新中实公司的名义办理立项更名手续。政府在批准变更立项单位为新中实公司的同时，要求危改任务仍由华润公司和新中实公司合作承担。故应确认为在不改变合作关系的前提下，双方同意将项目交新中实公司开发建设，新中实公司因此取得了项目的开发建设手续，成为项目所有人也实际进行了开发建设。根据上述查明的事实和证据，新中实公司取得危改项目开发建设权完全是基于双方的合作关系，而非华润公司项目权的转让。华润公司主张项目转让缺乏依据，不予确认。

1993 年 2 月 8 日，双方签订补充协议，约定将华润公司在合作项目中享有的利润分成一次性包死，由中实公司给付华润公司，应视为华润公司对双方合作项目中自己应获权益的转让。新中实公司和中实公司多次通过不同形式将华润公司应取得的收益向华润公司付款予以确认并承诺给付，但至今未向华润公司全部兑现，违背了诚信原则。故对华润公司要求新中实公司给付转让款 9 000 万元的诉讼请求，予以支持。因中实公司是双方合作协议及补充协议的签约主体，其将合同权利义务转由其所属的新中实公司享有和履行，属企业内部行为，华润公司并无异议，现项目虽由新中实公司取得但不能免除中实公司的合同责任。因此，中实公司应与新中实公司共同对华润公司承担给付责任。

考虑到双方对房地产项目进行合作开发，运作程序不够规范，对所获利益的形式和条件进行多次改变，对造成现在的纠纷均有一定责任，根据本案实际情况，本院认为对新中实公司和中实公司未付款的行为不宜按违约处理。故对华润公司要求支付违约金的请求，不予支持。综上，依照《中华人民共和国民法通则》第 88 条第 1 款、第 106 条第 1 款的规定，判决如下：①新中实公司和中实公司于判决生效后 30 日内给付华润公司 9 000 万元；②驳回华润公司的其他诉讼请求。案件受理费 688 960 元，由华润公司负担 238 960 元，由新中实公司和中实公司负担 45 万元。

新中实公司和中实公司不服一审判决，提起上诉，请求撤销一审判决，驳回华润公司的全部诉讼请求，由华润公司承担诉讼费用。主要理由如下：①华润公司主张双方为项目转让关系，一审法院根据已查明的事实，认为双方之间没有项目转让关系而是合作开发关系，在华润公司经释明坚持不变更诉讼请求的情况下，应驳回其诉讼请求。一审法院在对合作开发未予审理的情形下，擅自将项目转让纠纷变更为合作开发并径行判决由新中实公司承担付款责任，属未诉而判，违反了《民事诉讼法》中不告不理的基本原则，剥夺了新中实公司和中实公司的抗辩权利。②中实公司没有实际履行合同，华润公司亦没有向中实公司提出任何权利主张，新中实公司替代中实公司属合同主体变更，因此，中实公司不应列为原审被告，亦不应承担共同付款责任。③华润公司提供的其前身为华府公司的证明材料不能证明其合法的原审原告主体身份。④本案已超过诉讼时效。⑤华润公司的行为属倒卖行为，双方于 1993 年 2 月 28 日签订的补充协议违反了国务院关于房地产公司不得转手倒卖、不得转让商品房建设计划的行政法规的强制性规定，应认定为无效。所谓项目转让款亦属非法利润，不应支持。

华润公司答辩称，一审判决认定事实清楚，适用法律正确，应予维持。华润公司起诉时确定的案由为房地产项目转让纠纷，一审法院通过对证据的审查，将本案案由进一步确定为房地产项目权益（转让）纠纷，并无不当。法院在结案时有权也应当依据法庭查明的当事人之间实际存在的法律关系确定案由。

二审法院查明以下事实：一审庭审结束后，一审法院经审理认为华润公司诉请主张的"房地产项目转让关系"不成立，遂向华润公司行使释明权，告知其变更诉讼请求。华润公司坚持不予变更。

二审法院查明的其他事实与一审法院查明的事实基本相同。

二审法院认为，一审期间，华润公司在起诉状、庭审陈述及所附证据材料中，均明确表示其主张项目转让款的依据为双方之间存在房地产项目转让的法律关系。一审法院基于审理查明的事实认为，华润公司诉请主张的"项目转让关系"不能成立，遂于庭审结束后至一审判决前，多次向华润公司行使释明权，告知其变更诉讼请求，否则自行承担诉讼风险，但华润公司拒绝对诉讼请求予以变更。

根据最高人民法院《关于民事诉讼证据的若干规定》的相关规定，一审诉讼过程中，当事人主张的法律关系的性质或民事行为的效力与一审法院根据案件事实作出的认定不一致的，一审法院应当告知当事人可以变更诉讼请求。本案中，经一审法院告知后，华润公司仍未变更诉讼请求，由于华润公司主张的法律关系性质与一审法院根据案件事实认定的不一致，一审法院不应作出实体判决，而应驳回华润公司的起诉。一审法院在华润公司经释明仍未变更诉讼请求的情形下，径行对华润公司未予主张的法律关系予以裁判，既代替了华润公司行使起诉权利，又剥夺了新中实公司和中实公司的抗辩权利，违反了人民法院审理民事案件的法定程序。

综上，一审判决违反法定程序，应予纠正。根据《中华人民共和国民事诉讼法》第 108 条第 1 项、第 3 项，最高人民法院《关于适用〈中华人民共和国民事诉讼法〉若干问题的意见》第 186 条及最高人民法院《关于民事诉讼证据的若干规定》第 35 条之规定，裁定如下：

1. 撤销北京市高级人民法院（2004）××高民初字第 715 号民事判决。

第
六
章

2. 驳回华润置地（北京）股份有限公司的起诉。

【思考题】

1. 如何理解房地产开发的定义？
2. 简述房地产开发的原则。
3. 房地产开发企业设立的条件是什么？
4. 我国《房地产法》对房地产开发项目的管理都作了哪些规定？

第
六
章

第七章

房地产转让法律制度

内容提要　房地产转让法律制度是房地产法的重要内容之一。本章比较详细地介绍了我国房地产转让法律制度，阐明了房地产转让的定义、房地产转让的类别、房地产转让的条件，论述了房地产转让合同、商品房预售等法律制度，讨论了房地产转让中涉及的一些具体法律问题。

学习重点　房地产转让的定义；房地产转让的原则；房地产转让的条件；房地产转让合同法律制度。

■第一节　房地产转让法律制度概述

一、房地产转让的定义

房地产转让是指房地产权利人通过买卖、赠与或其他合法方式将其房地产转移给他人的行为。这一定义包含以下几方面含义：

1. 房地产转让的主体是房地产权利人。房地产权利人主要是指房屋所有人和土地使用权人，以房地产转让作为权利处分的一种民事法律行为，只有权利人才有资格按照自己的意愿从事这种行为。

2. 房地产转让的法律后果是房屋所有权和土地使用权的转让。这是房地产转让区别于房地产抵押和租赁的显著特征。房地产转让是转让方与受让方之间进行的一种财产所有权及土地使用权转让行为；而房地产抵押只有在债务人不履行到期债务或者发生约定的实现抵押权的情形，抵押权人实现抵押权时，才能导致所有权的转移，并且新的房地产所有人不一定就是抵押权人；房屋租赁只是房屋使用权转让行为，既不改变房屋的所有权，也不转让土地使用权。

3. 房地产转让的实现方式有买卖、赠与或者其他合法方式。这里所说的"其他合法方式"，根据原建设部 1995 年 8 月 7 日发布、2001 年 8 月 15 日修改的《城市房地产转让管理规定》第 3 条的规定，主要包括下列行为：①以房地产作价入股、与他人成立企业法人，房地产权属发生变更的；②一方提供土地使用权，另一方或者多方提供资金，合资、合作开发经营房地产，而使房地产权属发生变更的；③因企

第七章

业被收购、兼并或合并，房地产权属随之转移的；④以房地产抵债的；⑤法律、法规规定的其他情形。

4. 房地产转让的种类包括已经建成的房地产的转让和尚未建成的符合房地产转让条件的在建房屋的转让。

二、房地产转让的原则

房地产转让是平等主体之间进行的财产权利的让渡行为，因而是一种典型的民事法律行为。在这种法律行为所形成的法律关系中，当事人的权利和义务除了受有关房地产转让的专门法律调整外，还受民法一般规定的调整。转让客体的特殊性决定了房地产转让除应遵循平等、自愿、等价有偿、诚实信用等民法的基本原则外，还应遵循以下原则：

（一）出让方地位不变原则

出让方地位不变原则，即土地所有权主体不变的原则。国有土地使用权出让后，使用权和地上建筑物可以进行多次转让，但不论使用权转让多少次，国家仍然是土地的所有权人和土地使用权的出让人。因此，在房地产转让法律关系中，即使土地使用权人发生了变化，国家作为土地所有者，它与使用者的权利、义务关系也不会改变，它作为出让方的地位并不因此而受影响，这一原则在我国香港特别行政区的法律制度中被称为"认地不认人"原则。

（二）房地产一致原则

房地产一致原则，即房地产转让时土地使用权与地上建筑物所有权相一致的原则。世界上大多数国家的法律规定土地所有权与地上建筑物所有权的关系一般适用主物与从物的原理，实行产权一致的原则，即取得土地所有权也同时取得地上建筑物的所有权，如德国、法国民法典就有类似规定。实行土地所有权与房屋所有权主体同一性原则，可以防止因主物和从物的分割而形成的财产价值的人为减少。根据我国法律规定，土地所有权属于国家，土地所有权主体与房屋所有权主体一般不一致，但是土地使用权可以确定给法人、自然人或其他社会组织。因此，我国实行的是土地使用权与房屋的所有权产权一致原则。根据《房地产法》第 32 条和《出让和转让条例》第 23、24 条的规定，这一原则包括两个方面的内容：①土地使用权转让时，地上建筑物、其他附着物的所有权随之转让；②地上建筑物、其他附着物的所有人转让地上建筑物、其他附着物的所有权时，其使用范围内的土地使用权随之转让。但当地上建筑物、其他附着物作为动产转让时，可以不转让土地使用权，而只转让建筑物或其他附着物。

（三）效益不可损原则

效益不可损原则，即保护财产的价值和经济效益的原则，指无论是土地使用权转让，还是地上建筑物、其他附着物转让，都不得减损土地及其地上建筑物的价值和经济效益。这是在房地产转让时，尤其是在分割转让时所必须遵守的一个原则。

三、房地产转让的条件

（一）以出让方式取得土地使用权的房地产转让条件

根据《房地产法》第39条的规定，以出让方式取得土地使用权的，转让房地产时，应当符合下列条件：

1. 按照出让合同约定已经支付全部土地使用权出让金，并取得土地使用权证书。

2. 按照出让合同约定进行投资开发，属于房屋建设工程的，完成开发投资总额的25%以上；属于成片开发土地的，形成工业用地或其他建设用地条件。

转让房地产时房屋已经建成的，还应当持有房屋所有权证书。

（二）以划拨方式取得土地使用权的房地产转让条件

行政划拨土地使用权，是指土地使用者通过除土地使用权出让以外的其他各种方式依法取得的国有土地使用权。为了加强对行政划拨土地使用权转让、出租、抵押的管理，原国家土地管理局于1992年3月8日发布实施了《划拨土地使用权管理暂行办法》[1]。该办法第8条规定："土地使用权转让的方式包括出售、交换和赠与等。出售是指转让人以土地使用权作为交易条件，取得一定收益的行为。交换是指土地使用者之间互相转移土地使用权的行为。赠与是指转让人将土地使用权无偿转移给受让人的行为。"根据《划拨土地使用权管理暂行办法》第12~16条的规定，以行政划拨方式取得土地使用权的房地产转让程序为：

1. 申请。以划拨方式取得土地使用权的，欲转让土地使用权或房地产时，必须持国有土地使用权证以及地上建筑物和其他附着物产权证明等合法证件，向土地所在地市、县人民政府土地管理部门提出书面申请。

关于转让划拨土地使用权由谁办理出让手续的问题，我国现行的法律、法规、规章之间的规定不同。

《房地产法》第40条规定的是"由受让方办理"，而《出让和转让条例》第45条、《划拨土地使用权管理暂行办法》第12条规定的却是由持有国有土地使用证的土地使用者办理。前者，即"受让方"指的是转让方的相对人；而后者，指在转让时已持有国有土地使用证的土地使用者，指的却是转让方。划拨土地使用权的转让，该由转让方还是由受让方办理出让手续？在实践中应执行哪项规定？按照一般法理，法律的效力高于行政法规和部门规章的效力，理应执行《房地产法》的相关规定。但笔者认为《房地产法》第40条的规定值得研究：

（1）该条规定与法理相悖。办理了出让手续的土地使用权具有物权性质，依法可以转让。而按此条规定，就得先有转让，然后再由受让人办理出让手续。它意味

---

[1] 该办法已于2019年7月24日由自然资源部宣布失效。该办法在我国施行了近30年时间，解决了大量的划拨土地使用权流转问题。为了便于读者理解该办法，并据此妥善处理划拨土地使用权流转过程中出现的问题，本教材在修改时，仍保留了这部分内容。

第七章

着法律认可划拨土地使用权在没有办理出让手续的情况下进行转让。

（2）该条规定自相矛盾。该条规定划拨土地使用权的转让，应"报有批准权的人民政府审批"（未经批准不得转让）。那么，由谁向政府申报？根据该条规定，这个申报人只能是划拨土地的使用者（即转让方）。受让人不具备向政府提出申请的资格，也就不会发生向政府申请的事实，他又怎么可能按政府批文去办理出让手续？

（3）该条规定不利于房地产税收管理。如果按该条规定，由受让方办理出让手续，缴纳出让金，那么转让中的土地增值额如何计算？土地增值税怎么缴纳？

基于以上理由，我们认为划拨土地使用权的转让，应先由以划拨方式取得土地使用权的单位或个人（即转让人）办理出让手续，再由转让人与受让人依照有关法律、法规和出让合同的规定签订转让合同，办理房地产转让手续。至于出让金最终由谁负担的问题，可在转让合同中另作约定。

2. 审批。市、县人民政府土地管理部门在接到转让申请书之日起 15 日内进行审查、批准，并将结果予以回复。符合下列条件者，市、县人民政府土地管理部门应予批准：①土地使用者为公司、企业、其他经济组织和个人；②持有国有土地使用证；③具有合法的地上建筑物、其他附着物产权证明。在此需要厘清审查主体和审批主体。按照《划拨土地使用权管理暂行办法》的规定，审查、审批主体都是市、县人民政府土地管理部门。笔者认为这种规定不妥，土地管理部门作为人民政府的职能部门只能是审查主体，审批主体应为人民政府。

3. 签订土地使用权出让合同。转让申请被批准以后，土地管理部门代表土地所有者（即出让人）与申请人签订土地使用权出让合同。

土地使用权出让合同签订后 60 日内，划拨土地使用权人，向所在地市、县人民政府交付土地使用权出让金，到市、县人民政府土地管理部门办理土地使用权出让登记手续。

4. 签订转让合同。土地使用权出让登记手续办理完毕以后，土地使用权人或房地产所有者可以与受让人签订转让合同。

5. 办理转让登记手续。土地使用权出让登记手续办理后 15 日内，转让合同的双方当事人应到所在地市、县人民政府土地管理部门办理转让登记手续。办理转让登记手续，应提交下列证明文件、材料：①国有土地使用证；②土地使用权出让合同；③土地使用权转让合同；④市、县人民政府土地管理部门认为有必要提交的其他证明文件、材料。

需要办理房产转让登记手续的，还应到房产管理部门办理权属变更登记手续。

上述是以行政划拨方式取得土地使用权的房地产转让的一般程序。有的以行政划拨方式取得土地使用权的房地产转让不按这一程序进行。《房地产法》第 40 条第 2 款规定："以划拨方式取得土地使用权的，转让房地产报批时，有批准权的人民政府按照国务院规定决定可以不办理土地使用权出让手续的，转让方应当按照国务院规定将转让房地产所获收益中的土地收益上缴国家或者作其他处理。"这里所说的

"不办理土地使用权出让手续"的情形主要是指国家暂时无法或不需要把该土地转变为以出让方式供应的地块，或者根据城市规划不宜出让而近期又不禁止转让的地块。具体包括以下几种情形：①经城市规划行政主管部门批准，转让的土地用于国家机关、军事、城市基础设施等公益事业，国家重点扶持的能源、交通、水利等项目；②私有住宅转让后仍用于居住的；③按照国务院住房制度改革有关规定出售公有住宅的；④同一宗土地上部分房屋转让而土地使用权不可分割转让的；⑤转让的房地产暂时难以确定土地使用权出让用途、年限和其他条件的；⑥根据城市规划土地使用权不宜出让的；⑦县级以上人民政府规定暂时无法或不需要采取土地使用权出让方式的其他情形。

（三）房地产转让的限制性规定

为了加强对房地产市场的管理，维护房地产市场的正常秩序，保障房地产权利人的合法权益，我国《房地产法》第38条对房地产转让作了限制性规定，下列房地产，不得转让：

1. 以出让方式取得的土地使用权，不符合《房地产法》第39条规定的转让条件的。

2. 司法机关和行政机关依法裁定、决定查封或者以其他形式限制房地产权利的。

3. 依法收回土地使用权的。

4. 共有房地产，未经其他共有人书面同意的。

5. 权属有争议的。

6. 未依法登记领取权属证书的。

7. 法律、行政法规规定禁止转让的其他情形。

四、房地产转让的程序

按照《城市房地产转让管理规定》第7条的规定，房地产转让的程序为：

1. 房地产转让当事人签订书面转让合同。

2. 房地产转让当事人在转让合同签订后90日内持房地产权属证书、当事人的合法证明、转让合同等有关文件向房地产所在地的房地产管理部门提出申请，并申报成交价格。

3. 房地产管理部门对提供的有关文件进行审查，并在7日内作出是否受理的书面答复，7日内未作书面答复的，视为同意受理。

4. 房地产管理部门核实申报的成交价格，并根据需要对转让的房地产进行现场查勘和评估。

5. 房地产转让当事人按照规定缴纳有关税费。

6. 房地产管理部门办理房屋权属登记手续，核发房地产权属证书。

第七章

■第二节　房地产转让合同法律制度

一、房地产转让合同的定义

房地产转让合同是指房地产转让人与受让人之间订立的转让房地产的协议。它是双方当事人在平等、自愿基础上实施的一种民事法律行为，遵循的是民法的基本原则。因此合同双方当事人的法律地位、权利义务、责任承担等均应适用民法的一般规定。

二、房地产转让合同与土地使用权出让合同的关系

1. 房地产转让合同以土地使用权出让合同的存在为有效的前提条件。房地产转让合同中的转让人对土地并无所有权而只享有使用权，转让人的使用权是基于其与土地所有人订立的土地使用权出让合同而产生的。土地使用权出让合同是转让人享有使用权的依据，也是确定转让人使用权利范围的标准。如果土地使用权出让合同不存在或无效，转让人转让土地使用权的行为就是不符合法律法规规定，房地产转让合同就不产生法律效力。

2. 土地使用权出让合同中规定的受让人的权利义务、土地使用规则、其他建设条件等条款仍然适用于房地产转让合同，且必须成为转让合同的一部分内容。《房地产法》第 42 条规定："房地产转让时，土地使用权出让合同载明的权利、义务随之转移。"即不论转让合同中的受让人是谁，也不论经过多少次转让，土地使用权人都要承担出让合同规定的受让人的义务。随着转让合同的订立与生效，土地使用权出让合同规定的建设条件、土地用途和规划要求随之转移并且应严格执行，如需改变，应向出让人提出申请，经政府有关部门审查、批准后，重新签订土地使用权出让合同。

3. 房地产转让合同约定的土地使用权使用年限受土地使用权出让合同约定的年限的限制。我国《房地产法》第 43 条规定："以出让方式取得土地使用权的，转让房地产后，其土地使用权的使用年限为原土地使用权出让合同约定的使用年限减去原土地使用者已经使用年限后的剩余年限。"这说明房地产转让合同约定的土地使用权的使用年限以原土地使用权出让合同约定的期限为限。

三、房地产转让合同的主要条款

房地产转让合同的主要条款，是指房地产转让合同必须具备的条款，包括以下几项：

1. 双方当事人的姓名或者名称、住所。

2. 房地产权属证书名称和编号。

3. 房地产坐落位置、面积、四至界限。

4. 土地宗地号、土地使用权取得的方式及年限。

5. 房地产的用途或使用性质。

6. 成交价格及支付方式。

7. 房地产交付使用的时间。

8. 违约责任。

9. 双方约定的其他事项。

四、房地产转让合同订立的程序

房地产权利人在具备了规定的转让条件后，可以根据自己的意愿转让房地产，但需经过一定的程序。我国《出让和转让条例》第 25 条仅对土地使用权和地上建筑物、其他附着物的所有权分割转让作了应当经市、县人民政府房地产管理部门批准的规定，但没有对一般房地产的转让程序作出规定。从各地的地方性规定来看，转让房地产一般应经过以下阶段：协商、签约、公证和登记。

1. 协商。房地产转让人与受让人协商，达成转让协议。一般情况下，只要符合规定的转让条件，当事人即可自行决定转让。除转让人分割转让的情形外，不必在转让之前征得政府有关部门的同意，但如果转让合同不符合出让合同及国家法律规定，土地管理部门有权进行干预。

2. 签约。签约即双方当事人正式签订书面转让合同，转让人通过拍卖、招标或协议确定新的受让人后，与受让人订立转让合同。《房地产法》第 41 条规定，房地产转让应签订书面转让合同。《房地产法》将签订转让合同作为必经程序是因为房地产转让不仅涉及转让双方当事人的权利、义务，而且还涉及土地使用权出让合同当事人的权利义务。因此，房地产转让必须用书面合同的形式予以明确。

3. 公证。公证是国家公证机关根据当事人的申请，对法律行为或具有法律意义的文书的真实性与合法性进行证明的非诉讼活动，房地产转让合同的公证就是公证机关证明转让合同的真实性与合法性的非诉讼活动。我国法律、行政法规虽然没有作出房地产转让合同要进行公证的规定，但有些地方性法规把公证确定为房地产转让的必经程序。笔者认为，公证程序在签订房地产转让合同的过程中是一个选择性程序，是否公证由合同双方当事人确定。

4. 登记。房地产转让登记是法律确定的一项物权制度，是指经权利人申请，房地产主管部门将有关房地产权属及其变动事项记载于不动产登记簿的事实行为。土地及地上附着物属于不动产，其转移必须履行登记手续，这为各国立法所普遍接受，我国《民法典》也明确规定了不动产物权变动实行登记制度。《房地产法》第 36、61 条规定，房地产转让必须办理过户登记手续。《出让和转让条例》第 25 条第 1 款规定："土地使用权和地上建筑物、其他附着物所有权转让，应当依照规定办理过户登记。"

五、房地产转让合同履行、变更和解除

由于房地产转让合同不同于一般的财产转让合同，转让方在转让自己所有的房产时，把出让合同也转让给了受让人。因此，房地产转让合同的履行、变更和解除具有自己的特点。

第七章

1. 房地产转让合同履行的特点是转让合同的受让人在受让房地产的同时，也接受了出让合同。因此，受让人不仅要履行转让合同约定的各项义务，而且还要履行出让合同中约定的各项义务，如不能改变土地的用途等。这是一般财产转让合同所不具备的特征。

2. 房地产转让合同的变更和解除的特点是除了在转让合同约定的变更和解除合同的事由出现后可以变更或解除合同外，在出让合同中约定的变更和解除合同的事由出现后，也可以变更或解除转让合同。根据《出让和转让条例》第39条、《房地产法》第20～22条的规定，变更和解除转让合同的事由有以下几种情形：

（1）土地灭失。土地灭失导致受让人实际上不再享有土地使用权。土地灭失不同于一般物的灭失，主要指由于非人力因素（如地震、山崩等）造成原土地性质或面貌的彻底改变，从而使土地完全失去原有的使用价值。土地为土地使用权之客体，客体灭失，土地使用权自然就不存在。

（2）国家强制收回土地使用权。由于土地使用权受让人违反法律法规而被国家强制收回土地使用权，这是对受让人的一种处罚。《出让和转让条例》第17条第2款规定："未按合同规定的期限和条件开发、利用土地的，市、县人民政府土地管理部门应当予以纠正，并根据情节可以给予警告、罚款直至无偿收回土地使用权的处罚。"

（3）国家提前收回土地使用权。土地使用权期限届满前，国家因公共利益的需要而提前收回土地使用权。所谓公共利益的需要，是指在签订土地使用权出让、转让合同时无法预见的、为社会成员利益和城市发展所必需的规划和建设。提前收回土地使用权应符合法定条件，并产生以下法律效力：①对土地使用者依法给予补偿。根据《民法典》的有关规定，补偿的范围包括地上房屋及其他不动产，补偿的标准应当适用不动产征收的补偿标准。②退还相应的出让金。《民法典》第358条规定："建设用地使用权期间届满前，因公共利益需要提前收回该土地的，应当依照本法第243条的规定对该土地上的房屋及其他不动产给予补偿，并退还相应的出让金。"该条规定只适用于出让方式取得土地使用权者。

（4）土地使用权期限届满。从法理上讲，转让法律关系因转让合同规定的土地使用权期限届满而终止是转让法律关系消灭的最主要的原因。但《民法典》第359条规定："住宅建设用地使用权期间届满的，自动续期……非住宅建设用地使用权期限届满后的续期，依据法律规定办理。"由此可见，除非土地使用权人主动放弃国有土地使用权，否则，用于住宅建设的土地使用权不会因为转让合同约定的权利期限届满而终止，原土地使用权人依法享有自动续期的权利。用于非住宅建设用地使用权期限届满后如何续期，《房地产法》第22条规定，土地使用权期限届满，土地使用者需继续使用土地的，应当至迟于届满前1年申请续期，除根据社会公共利益需要收回该土地的以外，应当予以批准。经批准续期的，重新签订土地使用权出让合同，依照规定支付土地使用权出让金。

从以上规定分析，在现行的房地产法律制度中，因土地使用权期限届满而使权利终止的情形有两种，即用于住宅的土地使用权期限届满时权利人自愿放弃续期权，以及用于非住宅的土地使用权期限届满时权利人未依法申请续期或申请未被批准。

根据《民法典》第359条、第360条的规定，国有土地使用权因其期限届满而终止后的法律效力主要包括两方面：①建设用地使用权消灭的，出让方负有办理注销登记的法定义务；②建设用地使用权期限届满后的续期，依照法律规定办理。该土地上的房屋及其他不动产的归属，有约定的从其约定，没有约定或约定不明的，依据法律、行政法规的规定办理。对此问题，《房地产法》未作规定，具有行政法规性质的《出让和转让条例》第40条规定应当由国家无偿收回。理论界对此也有两种观点：一种是主张国家无偿收回，另一种是反对国家无偿收回。

1. 主张国家无偿收回的理由有：①土地属于国家所有，国家在土地使用权期满后无偿收回，是行使国家土地所有权的一种表现。②国家确定土地使用权期限时，已考虑到地上的建筑物、其他附着物的折旧期，土地使用权的使用期与地上建筑物、其他附着物的折旧期是一致的，土地使用者的投资可在使用期内通过折旧收回。③国家出让土地使用权是在自愿、平等的基础上通过土地管理部门和受让人签订土地出让合同实现的。土地使用权期限届满，受让方将地上建筑物和其他附着物无偿交给国家是履行合同规定的义务，并不是国家强制收取。④国家在出让土地使用权时收取的土地使用费（出让金）是在考虑受让方的实际收入水平的基础上确定的。这些费用起点较低，土地使用权的实际价值要远远高于土地使用权出让金，受让人在规定的年限内在土地上建造建筑物并进行使用或转让、出租房地产也可以获得较好的收益。当土地使用权期满时，受让人不仅早已收回了已付的出让金，而且早已预先获得了土地上建筑物及其他附着物的价值。受让人将地上建筑物及其他附着物交给国家，只不过是对国家的一种补偿。

2. 反对国家无偿收回的理由有：①土地使用权期限届满后，国家无偿收回土地使用权是行使国家对土地的所有权。但土地所有权（包括土地使用权）与地上建筑物所有权是两种完全不同的财产权。土地所有权并不包括土地所有人对地上建筑物的所有权。②承认国家在确定土地使用期限时考虑了折旧期，使用人也可以通过折旧收回已支付的出让金，但折旧期满建筑物残值仍存在。残值只能归原所有人，国家收取建筑物的残值没有法律依据。③从表面上看，签订合同时，受让人是自愿的，但对使用期届满建筑物的归属问题是没有协商余地的。可以说受让人同意由国家无偿取得建筑物的条款是出于无奈，并不是出于自愿。④土地使用权出让金是土地使用权价格的表现。《房地产法》和《出让和转让条例》都规定了土地使用权出让的三种方式，即协议、招标、拍卖，并倾向于采用招标、拍卖方式，从而把土地使用权推向市场，由市场调节出让价格。既然是由市场确定的价格，就不存在出让方在出让时考虑受让方收入水平的高低而确定较低价格的问题。受让方是否在期限届满时早已收回其所支付的出让金和建筑物价值，是受让方经营的问题，不应成为受让方把建筑物无偿交给国家的理由。⑤《出让和转让条例》第41条规定，土地使用权期满，土地使用者可以申请续期。续期申请被批准的，地上建筑物的所有人享有对建筑物显然仍享有所有权，这不仅是法律法规对受让人建筑物所有权的肯定，也是对其价值和使用价值的认可。所以，国家无偿取得建筑物所有权既不合理，也不合法。

对上述两种观点，笔者赞同第二种观点，除上述理由外，还有如下理由：

1. 尽管土地使用权与建筑物所有权具有统一性，即在一般情况下，土地使用权人同时就是建筑物所有人，但土地使用权与建筑物所有权毕竟是两种财产权，这两种财产权在许多情况下又表现为分离状态，如建筑物作为动产转移、土地使用权设定抵押后新增建筑物等。国家在出让土地使用权时，出让合同的标的只是土地使用权，土地使用权期限届满后，应该只限于土地使用权收回，不应及于土地上的建筑物和其他附着物。

2. 国家无偿收回地上建筑物和其他附着物，明显违背了公平原则。这表现在两个方面：①《出让和转让条例》第47条第3款规定："无偿收回划拨土地使用权时，对其地上建筑物、其他附着物，市、县人民政府应当根据实际情况给予适当补偿。"划拨土地使用权是无偿取得的，国家收回无偿取得土地使用权时，对地上建筑物予以补偿，而收回有偿取得的土地使用权时，对地上建筑物却不作补偿，显然是很不公平的。②《房地产法》第22条第1款规定："土地使用权出让合同约定的使用年限届满，土地使用者需要继续使用土地的，应当至迟于届满前1年申请续期，除根据社会公共利益需要收回该幅土地的，应当予以批准。经批准准予续期的，应当重新签订土地使用权出让合同，依照规定支付土地使用权出让金。"根据此规定，除社会公共利益需要之外，原土地使用人在重新签订合同，按照规定支付了土地出让金后，不仅继续取得了土地使用权，而且对其地上建筑物仍享有所有权。不申请续期或续期不被批准的，土地使用权被收回的同时丧失了对地上建筑物的所有权，这种认识显然是不公平的。

关于土地使用权期限届满时，其上建筑物应如何处理的问题，法学界有人认为，土地使用权期限届满，在收回土地使用权时应对其上建筑物和其他附着物给予适当的补偿，但如何补偿，学界在认识上还有分歧。笔者认为应根据不同情况予以区别对待。

根据《房地产法》第22条的规定，对用于非住宅的土地使用人不需继续使用土地的，如果国家不是因社会公共利益需要的原因必须收回土地使用权，可由原土地使用人转让建筑物和其他附着物，由受让人与国家另订土地使用权出让合同。这既维护了土地使用权出让人的合法权益，又保障了土地使用人地上建筑物的权益不因土地使用权期限届满而减损。对于国家根据社会公共利益需要不批准土地使用权续期申请的，又应分两种情况进行处理：①国家收回土地使用权后，若拟把该幅土地划拨给国家机关或其他单位使用，原建筑物可以保留继续使用的，国家应以时价购

第七章

买；②国家收回土地使用权时，要在该土地上进行其他建设，原建筑物将被拆除，国家应给予补偿，其补偿的标准应该适用不动产征收的通用补偿标准。

六、商品房买卖合同的若干法律规制

商品房买卖合同作为房地产转让合同最重要的一种，除了适用《民法典》合同编的一般规定外，对其进行法律规制的主要内容体现在最高人民法院于2003年3月24日公布、2020年12月23日修正的《最高人民法院关于审理商品房买卖合同纠纷案件适用法律若干问题的解释》（以下简称《解释》）中。《解释》对商品房买卖合同的成立、内容、类型和特殊的违约责任等均作了详细而颇具可操作性的规定。

（一）商品房销售广告视为要约的法律规制

《解释》第3条规定："商品房的销售广告和宣传资料为要约邀请，但是出卖人就商品房开发规划范围内的房屋及相关设施所作的说明和允诺具体确定，并对商品房买卖合同的订立以及房屋价格的确定有重大影响的，构成要约。该说明和允诺即使未载入商品房买卖合同，亦应当为合同内容，当事人违反的，应当承担违约责任。"该条规定中的几个关键定义应作如下理解：

1. "商品房销售广告"具体包括媒体广告、售楼书及各种宣传材料，施工现场的广告牌，样板房展示等。

2. "说明和允诺"是指房地产开发商利用广告形式在宣传和介绍商品房的同时，作出的对购买商品房特定事项的说明或对房屋质量的申明、陈述，在实践中主要包括向购房人提供某些购房优惠或附赠的说明，对商品房美观性和质量的陈述，对商品房使用功能质量的陈述，对商品房环境质量的陈述等。

3. "相关设施"包括商品房的基础设施和相关配套设施，前者是指供暖、供电、供水、供气、小区景观、小区道路、停车场等基础设施；后者是指商品房规划范围内外的商业、服务业、医疗及教育等配套设施。

如果在以各种形式出现的商品房销售广告中对上述各项内容的说明和允诺是具体、确定的，并对商品房买卖合同的订立以及房屋价格的确定有重大影响，则构成商品房买卖合同的法定内容。不论其是否载入正式的商品房买卖合同文本，皆对商品房出卖人产生法律约束力，若出卖人违反，则应承担违约责任。

在法律实践中，对于商品房销售广告所涉及的内容是否具体、明确，以及该具体明确的内容是否会对商品房买卖合同的订立和房屋价格的确定有重大影响，则须由买受人举证证明，法院对这些事项具有一定的自由裁量权。

（二）商品房买卖预约和本约认定的法律规制

《解释》第5条规定："商品房的认购、订购、预订等协议具备《商品房销售管理办法》第16条规定的商品房买卖合同的主要内容，并且出卖人已经按照约定收受购房款的，该协议应当认定为商品房买卖合同。"在交易实践中，该条中的"商品房认购、订购、预订等协议"是指商品房买卖合同双方当事人在订立正式商品房买卖合同之前所签订的文书，该协议是对双方交易房屋有关事宜的初步认定，内容一

第七章

般包括双方当事人的基本情况，房屋的基本情况（位置、面积、单价等），订立正式商品房买卖合同的时限等。在交易实践中，这些文书一般在开发商已经办妥开发项目立项、规划、报建审批手续，但尚未取得商品房预售许可证时签订。这类文书在民法上的性质应为商品房买卖预约。根据民法理论，商品房预约签订的目的在于订立商品房买卖本约（即正式的商品房买卖合同）。根据预约，预约权利人得请求预约义务人订立本约。

根据该条规定，性质上原本应为预约的"认购、订购、预订等协议"同时具备以下两项内容时，即应认定为本约：①协议具备《商品房销售管理办法》第16条规定的商品房买卖合同的主要内容，即协议的内容已经超越了对双方交易房屋有关情况初步认定的范围，并已具备了正式商品房买卖合同法定的必备内容；②出卖人已经按照约定收受购房款，这里的"约定"是指上述已经具备了正式商品房买卖合同法定内容的预约，按照预约约定收受的购房款既可以是全部或大部分购房款，也可以是部分购房款。《解释》在这里对收受购房款的数额并无要求，全以当事人在协议中的约定为准。

一旦将认购、订购、预定等协议认定为商品房买卖本约，其协议内容即成为商品房买卖正式合同的内容，对双方当事人产生正式的商品房买卖合同所应产生的法律约束力，而非依商品房买卖预约所产生的订立本约的法律约束力。

（三）对恶意违约行为的法律规制

在商品房交易过程中，有时会出现商品房出卖人实施特定的恶意违约行为，导致商品房买卖合同目的不能实现的，应当向买受人承担相应的法律责任。恶意违约行为可以分为以下两类行为：

1. 商品房买卖合同订立后，出卖人在未告知买受人的情况下又将该房屋抵押给第三人，导致商品房买卖合同目的不能实现的，即所谓"先卖后抵"行为。在"先卖后抵"行为中，商品房买卖合同中的买受人仅享有请求出卖人按约定转移房屋所有权的请求权（债权），而抵押生效后抵押权人享有担保物权。根据物权优于债权的法理，若房屋所担保的债权到期未得清偿，抵押权人有权将抵押的房屋变卖、拍卖或折价以清偿其债权。此时，商品房买卖合同的目的就无法实现，出卖人的恶意是明显的。对此种恶意违约行为，买受人可以主张解除合同并要求商品房出卖人返还已付购房款及其利息，赔偿损失（包括直接损失和间接损失）等。

2. 商品房买卖合同订立后，出卖人与第三人恶意串通另行订立商品房买卖合同并将房屋交付使用，导致商品房买卖合同目的不能实现的，买受人可以根据《解释》第7条的规定请求确认出卖人与第三人订立的商品房买卖合同无效，并要求出卖人承担相应的法律责任。

第七章

■第三节 房地产转让中的有关法律问题

一、商品房预售及再转让

商品房预售，又称"卖楼花"，是指房地产开发经营企业将正在建设中的房屋预先出售给承购人，由承购人支付定金或房价款的行为。它是房地产转让的一种最主要的方式。这种转让方式不仅对房地产开发企业广筹资金具有重要作用，而且对活跃房地产市场，促进居民住房条件的改善，也有着积极的意义。

商品房预售虽然在房地产转让中具有重要的作用和积极的意义，但如果管理不善，容易出现投机行为，损害消费者的正当权益。因此，我国《房地产法》对商品房预售的条件及管理作了具体规定。

（一）商品房预售的条件

1. 已交付全部土地使用权出让金，取得土地使用权证书。

2. 持有建设工程规划许可证。

3. 按提供预售的商品房计算，投入开发建设的资金达到工程建设全部投资的25%以上，并已经确定施工进度和竣工交付日期。

4. 取得房屋预售许可证。

（二）商品房预售管理规定

1. 商品房预售实行许可制度。根据《房地产法》第45条、《城市商品房预售管理办法》第6条的规定，房地产开发经营企业进行商品房预售，应当向县级以上人民政府房地产管理部门办理预售登记，取得《商品房预售许可证》。未取得者，不得进行商品房预售活动。对于未取得《商品房预售许可证》的出卖人与买受人订立的商品房预售合同的效力问题，最高人民法院于2003年3月24日发布、2020年12月29日修正的《解释》第2条规定，出卖人未取得商品房预售许可证明，与买受人订立的商品房预售合同，应当认定为无效，但是在起诉前取得商品房预售许可证明的，可以认定有效。

根据《城市商品房预售管理办法》第7条的规定，房地产开发经营企业申请办理《商品房预售许可证》应当提交下列证件及资料：①商品房预售申请许可表；②开发企业的《营业执照》和资质证书；③土地使用权证、建设工程规划许可证、施工许可证；④投入开发建设的资金已达工程建设总投资的比例符合规定条件的证明；⑤工程施工合同及关于施工进度的说明；⑥商品房预售方案，预售方案应当说明预售商品房的位置、面积、竣工交付日期等内容，并应当附预售商品房分层平面图。

2. 商品房预售合同实行登记备案制度。根据《房地产法》第45条、《城市商品房预售管理办法》第10条的规定，商品房预售时，预售人应与承购人签订商品房预售合同。商品房预售人应当在签约之日起30日内持商品房预售合同向县级以上人民政府房地产管理部门和土地管理部门办理登记备案手续。

　　关于登记备案制度对商品房预售合同效力的影响，最高人民法院《解释》第6条第1款规定："当事人以商品房预售合同未按照法律、行政法规规定办理登记备案手续为由，请求确认合同无效的，不予支持。"在民法理论上，商品房预售合同登记备案的实质为不动产的预告登记，一经预告登记，预购人的请求权便取得了对抗第三人的效力。预售人未经预购人同意，将商品房出售给第三人的行为，不发生物权变动效力。预购人一旦主张其请求权，第三人则不能取得商品房的所有权，但其可以以违约为由向预售人主张损害赔偿请求权。因此，可以说商品房预告登记取得的是对抗第三人的法律效力，登记与否与商品房预售合同的效力无关，只要合同双方当事人意思表示真实、预售人依法取得了预售资质，则合同有效，这便是本条司法解释的法理基础。这在《民法典》第221条中也有明确体现，该条规定，当事人签订买卖房屋协议或者其他不动产物权协议，为保障将来实现物权，按照约定可以向不动产登记机构申请预告登记。预告登记后，未经预告登记的权利人同意，处分该不动产的，不发生物权效力。

　　同时为了尊重当事人的意思自治，《解释》第6条第2款规定："当事人约定以办理登记备案手续为商品房预售合同生效条件的，从其约定，但当事人一方已经履行主要义务，对方接受的除外。"根据此款，若商品房预售合同中明确约定以办理商品房预售合同的登记备案为其生效要件，但预购人已经支付了大部分预购款，预售人接受的，就不得以未办理登记备案为由主张合同无效。

　　3. 商品房预售所得款项的专款专用制度。我国《房地产法》规定，商品房预售所得款项，必须用于有关的工程建设，不得挪作他用。这一制度旨在确保工程建设所需的资金，保护商品房预购人的正当权益。

　　关于预售商品房再转让即"炒楼花"问题，我国《房地产法》未作明确规定。笔者认为"炒楼花"应予禁止，理由是"炒楼花"不同于一般房地产转让和再转让，主要表现在以下两点：①房地产转让包括土地使用权出让合同和实体财产及其权利的转让，受让人不仅要履行转让双方约定的义务，而且要履行土地使用权出让合同中约定的各项义务。而"炒楼花"是承购人将其所购买的未竣工的预售商品房再行转让的行为，转让的双方当事人之间不涉及土地使用权出让合同的履行问题，预售人仍然是出让合同义务的履行者。②房地产转让时，当事人要向县级以上地方人民政府房地产管理部门申请房产变更登记，并凭变更后的房屋所有权证书向同级人民政府土地管理部门申请土地使用权变更登记，经同级人民政府土地管理部门核实，由同级人民政府更换或者更改土地使用权证书。而"炒楼花"则不需要办理权属变更登记手续。除此以外，"炒楼花"具有较大的投机性，允许"炒楼花"不仅可能导致房价上涨，扰乱房地产市场秩序，损害房屋实际使用者的利益，而且还可能引发"泡沫经济"，影响国民经济的发展。因此，法律应明确禁止"炒楼花"行为。

第七章

二、房地产再转让的条件

房地产再转让是指房地产受让人再次转让房地产的行为。如乙购买了甲的房地产后，又转让给丙，丙又转让给丁……乙、丙以及以后其他人的转让行为都属于再转让的行为。

对这一行为国家是否需要干预，法律是否需要规定再转让的条件，法学理论界有不同的看法。有人认为，对于已经全部完成投资总额的房地产，可以多次转让，不受任何限制。对于仅完成投资总额的25%以上的房地产再转让问题，有人认为可以转让；也有人认为不能仅符合投资总额达到25%的要求，还应受《房地产法》第39条所规定的关于其他房地产转让条件的制约。理由是若对此行为不作限制，不利于房地产开发，如甲投资25%以后将房地产转让给乙，乙未投资又转让给丙，丙也不投资又转让给丁。这样的房地产转让行为，对当事人可能有经济效益，但缺乏社会效益和环境效益；也有人认为房地产再转让不应受任何条件的限制，否则不利于房地产市场的发展。

笔者认为，房地产再转让不应受房地产转让条件的制约，受让人随时可以再转让。但这并不是说，房地产再转让就可以不受任何条件的制约。受让人再转让时，应受以下两个方面的约束：①土地使用权出让合同的约束。因为受让人在从转让人手中取得房地产的同时，也就取得土地使用权出让合同所约定的权利和义务（包括投资建设的期限、规模等）。如果违约，则要承担违约责任，情节严重的，有关机关可以依照《出让和转让条例》第17条的规定对行为人实施处罚。因此，受让人应首先履行土地使用权出让合同规定的义务，在此前提下，才能谈得上再转让问题。②转让人资格的约束。受让人再转让房地产时，首先要考虑自己有无这方面的资格即权利能力，否则，就会出现房地产再转让行为因主体不合格而无效的情形。例如，乙（零售商业企业）受让甲公司一宗仅完成基础设施的房地产后，又把该房地产转让给了丙公司。在这宗房地产转让中，乙与丙之间形成的法律关系是无效的，因为乙没有经营房地产的权利能力。所以笔者认为房地产再转让行为，虽然不受《房地产法》第39条所规定的转让条件的限制，但应受转让人的权利能力和土地使用权出让合同的约束。

三、房地产转让方式的法律思考

（一）赠与、调拨、继承不是房地产转让的形式

《房地产法》第37条规定了房地产转让的方式有三种，即"买卖、赠与或者其他合法方式"，有人在理解"其他合法方式"时把国有单位之间的调拨、继承等认为是房地产转让的方式。笔者认为这种观点值得研究，如果把房地产转让作为一个单独的问题进行论述，这种观点是正确的。因为房地产转让是房地产产权的转移行为，它既可以是所有权的转移、使用权的转移或其他权利的转移，同时也可以是有偿转移或无偿转移。赠与、继承是房地产所有权的无偿转移（因为所有权属于国家，国有单位之间只有使用权）。如果把房地产转让作为房地产交易的内容，或作为房地

产交易的一种方式，笔者认为这种观点欠妥。因为房地产交易贯彻的是商品交换规则，以等价有偿为让渡产权的条件，所以赠与、调拨、继承不属于房地产交易的形式。有人认为，继承是以尽了赡养义务为条件的，与赠与和调拨有所不同，不能一概而论。对这种观点，笔者持否定态度，其理由是：

1. 转让和继承产生的条件不同。所谓房地产转让是指房地产权利人将自己拥有的房地产让渡给相对人，由相对人支付相应价款的行为。由此可分析出，房地产转让是产权人基于自己的意愿与他人发生的权利、义务关系，是在当事人意思表示一致的前提下发生的预期的民事法律后果，其本质是一种财产转让法律行为。继承是基于一定的身份，以原产权人死亡为条件而发生的，既非双方意思表示的结果，也非当事人预期的确立。因此，继承在本质上属于因法律事件（房地产权利人死亡）而发生的财产转移，它不因符合法定转让条件而产生。

2. 体现的关系不同。房地产转让体现商品交换的一般规律，它直接反映的是商品交换关系，目的是确保房地产在市场上正常流转，形成完善的房地产市场。而房地产继承则体现与财产关系相联系的身份关系，它并不反映商品交换的内容，继承的目的不在于使房地产能够流转，而在于使房地产能够由被继承人转至继承人。

3. 适用的法律不同。房地产转让不仅要符合房地产转让的条件与程序的规定，而且要符合合同法中有关合同的有效条件、订立程序、法律效力、责任承担等规定。但继承所适用的是《民法典》关于继承的一般规定，对于房地产的继承，不仅《出让和转让条例》中有关房地产转让的规定无法加以调整，而且民法中有关合同的规定也难以对其进行调整。

（二）以土地使用权作价入股，合资、合作开发土地不是房地产转让的特殊方式

近几年来，法学理论界存在着一种观点，认为土地使用权人以土地使用权作价入股，合资、合作共同开发土地的行为是一种土地使用权转让行为，甚至有人认为这是一种"炒地皮"行为。最高人民法院1995年12月27日发布的《关于审理房地产管理法施行前房地产开发经营案件若干问题的解答》中的第18条曾认为，以土地使用权作为投资与他人合作建房是房地产转让的一种特殊形式。笔者认为这种观点或规定混淆了房地产转让和房地产开发的方式。

房地产开发是指在依法取得土地使用权的国有土地上进行基础设施、房屋建筑的行为。至于如何开发，是由土地使用者单独开发，还是与他人合资、合作共同开发，《房地产法》虽未明确规定，但是第28条却规定："依法取得的土地使用权，可以依照本法和有关法律、行政法规的规定，作价入股，合资、合作开发经营房地产。"本条规定的"依照本法和有关法律、行政法规"是指什么？有人认为是指《房地产法》的第39条（转让条件的规定），即完成开发投资总额的25%以上之后，可以"作价入股，合资、合作开发经营房地产"，因此他们认为"作价入股，合资、合作"属于房地产转让行为。笔者认为这种理解不妥。法律虽然规定房地产转让条件为完成"开发投资总额的25%"，但并没有规定25%的投资额必须是土地使用权

人的自有资金。土地使用权人除了以自有资金开发外，还可以通过抵押贷款，以作价入股，合资、合作等形式进行开发。土地使用权作价入股，合资、合作开发与房地产转让是有根本区别的，主要表现在以下几个方面：

1. 目的不同。土地使用权作价入股，合资、合作开发行为属于生产领域中的一种生产行为，目的是生产出"房地产"这种商品。房地产转让行为属于流通领域中的交换行为，目的是把"房地产"这种商品卖掉。

2. 原则不同。土地使用权作价入股，合资、合作开发行为坚持的是经济效益、社会效益和环境效益相统一的原则，而房地产转让则坚持的是平等、自愿、等价有偿原则。

3. 法律关系及法律后果不同。在合资、合作开发过程中，土地使用权人参与了两种不同的法律关系，即土地使用权人与其他经济组织或个人形成的合资、合作法律关系，以及土地使用权人与出让人之间的土地使用权出让法律关系。而在土地使用权转让的过程中，转让人（原土地使用权人）与受让人（新的土地使用权人）之间的法律关系成立以后，原土地使用权人与国家之间的土地使用权出让法律关系就消灭了。土地使用权作价入股以后，虽然会出现主体变化，如甲、乙成立了一个丙有限责任公司，甲以土地使用权作价入股以后，土地使用权人甲变成了丙公司的股东，而土地使用权入股以后，虽然丙公司与国家建立了土地使用权出让关系，但甲作为丙公司的股东并没有完全丧失与土地使用权出让人之间的权利、义务关系。所以，作价入股所产生的法律关系与土地使用权转让法律关系及法律后果之间仍然是有区别的。

由此可见，以土地使用权作价入股，合资、合作开发土地与土地使用权转让之间是有区别的。作价入股，合资、合作开发房地产属于房地产开发的经营方式，而不能认为是房地产转让的方式。

《民法典》在第 353 至 357 条中，均将"转让"与"出资"并列规定，表明转让行为和出资行为在法律性质和法律效力上是不同的。

■参阅案例

李某某诉上海市金大房地产公司合同纠纷案[1]

【阅读要点提示】

预约合同的双方当事人均应当按照约定履行自己的义务。一方当事人未尽义务导致本合同的谈判、磋商不能进行，构成违约的，应当承担相应的违约责任。

原告：李某某

被告：上海市金大房地产公司（下称金大公司）

---

[1] 载《中华人民共和国最高人民法院公报》2008 年第 4 期。

　　原告李某某因与被告金大公司发生商品房预售合同纠纷，向上海市某某区人民法院提起诉讼。

　　原告李某某诉称：2002年7月12日，原告与被告金大公司签订了《金大商铺认购意向书》，约定原告向被告支付2 000元意向金后即取得被告所开发的小区金大商铺的优先认购权，被告负责在正式对外认购时通知原告前来认购。该意向书同时确定该商铺的销售均价为每平方米7 000元，可能有1 500元左右的浮动。此后，原告按照约定支付了意向金，但被告对外发售商铺时未通知原告前来认购。原告得知被告已经对外发售商铺后立即同被告交涉，被告以楼价上涨为由拒绝与原告签订正式买卖合同。被告的行为违反了双方的约定，原告请求人民法院判令被告按105万元的销售价格向原告出售涉案商铺，如果被告不能履行，请求判令被告赔偿原告经济损失100万元。

　　被告金大公司辩称：被告与原告李某某签订《金大商铺认购意向书》的时间为2002年7月12日，被告在2002年11月4日取得房屋拆迁许可证，2003年5月29日取得建设工程规划许可证，双方签订意向书的时间在取得上述许可之前。根据有关法律规定，未取得上述许可证前，被告不能对外预售房屋，故双方签订的意向书属无效合同。另外，双方签订的意向书只明确了原告有优先认购商铺的权利，而对商铺的总面积、位置、户型、朝向等具体事项未加以明确，故该意向书属于预约合同，被告收取的2 000元意向金相当于定金。所以，即使预约合同有效，因一方原因未能最终正式订立商品房买卖合同的，应按定金规则处理。地价、工程费等费用上涨导致成本提高，涉案商铺正式预售时的价格较原、被告在意向书中约定的价格上涨很多，因此，被告不愿与原告正式签订买卖合同，愿意按定金罚则处理。原告要求被告赔偿其合同预期利益损失的诉讼请求没有法律依据，其诉讼请求应当被驳回。

　　上海市某某区人民法院一审查明：2002年7月12日，原告李某某与被告金大公司签订《金大商铺认购意向书》一份，约定原告向被告支付购房意向金2 000元，原告随后取得小区商铺优先认购权，被告负责在小区正式认购时优先通知原告前来选择认购中意商铺，预购面积为150平方米，并明确小区商铺的均价为每平方米7 000元（可能有1 500元左右的浮动）。如原告未在约定期限内认购，则视同放弃优先认购权，已支付的购房意向金将无息退还。如原告按约前来认购，则购房意向金自行转为认购金的一部分。意向书对楼号、房型未作具体明确约定。上述意向书签订之后，原告向被告支付了2 000元意向金。2002年11月4日，被告取得房屋拆迁许可证，2003年5月29日，取得建设工程规划许可证，2003年6月30日，被告取得预售许可证。但被告在销售涉案商铺时未通知原告前来认购。2006年初，原告至售楼处与被告交涉，要求被告按意向书签订正式买卖合同。被告称商铺价格飞涨，对原约定价格不予认可，并称意向书涉及的商铺已全部销售一空，无法履行合同，原告所交2 000元意向金可全数退还。双方因此发生争议，原告遂诉至法院。

本案一审的争议焦点是：①原告李某某与被告金大公司签订的《金大商铺认购意向书》的法律性质；②涉案意向书是否有效；③如果涉案意向书有效，原告缴纳的2 000元意向金是否属于定金。

上海市某某区人民法院认为：

1. 关于涉案意向书的法律性质问题。原告李某某与被告金大公司签订《金大商铺认购意向书》，约定原告向被告交付购房意向金，双方初步确认交易金大商铺的有关事宜，从而对双方在金大商铺正式认购时签订商品房预售合同达成了合意。对于意向书的签订及其内容双方均无异议，应予以认定。涉案意向书中虽对意欲交易的商铺的楼号、房型、价格没有作明确约定，但其主要内容是对将来进行房屋买卖的预先约定，主要预约事项内容是完整的，而商铺的楼号、房型、价格等内容均可由双方在最终签订正式商品房预售合同时予以确认。因此，涉案意向书不是通常意义的"意向书"，而具有预约合同的性质。

2. 关于涉案意向书是否有效的问题。被告金大公司辩称在其未取得相关许可之前，依法不能对外预售房屋，因此其同原告李某某签订的意向书应属无效。根据本案事实，涉案意向书是在原、被告双方均对被告能够合法取得相关许可证书有合理的预期的情形下，对原、被告双方将来签订房屋预售合同的预先约定，涉案意向书并非预售合同，法律对商品房预售合同的强制性规定并不适用于预约合同。即使金大公司出于种种原因最终没有取得相关许可，也不因此导致对预约合同本身效力的否定。此外，本案的事实是被告最终取得了相关开发及销售房产的许可，也进行了对涉案商铺的实际销售，因此，被告的该项抗辩理由没有事实根据和法律依据，不能成立，应认定原告与被告签订的涉案意向书合法有效。

3. 关于原告李某某向被告金大公司缴付的2 000元意向金是否属于定金的问题。《中华人民共和国合同法》第115条规定："当事人可以依照《中华人民共和国担保法》约定一方向对方给付定金作为债权的担保。债务人履行债务后，定金应当抵作价款或者收回。给付定金的一方不履行约定的债务的，无权要求返还定金；收受定金的一方不履行约定的债务的，应当双倍返还定金。"本案中金大公司虽然实际收取了李某某的2 000元意向金，但双方在涉案意向书中约定的是"李某某未在约定期限内认购的，则视同放弃优先认购权，已支付的购房意向金将无息退还。如李某某前来认购的，则购房意向金自行转为认购金的一部分"。从原、被告双方的上述约定看，涉案意向金显然不符合定金的表现形式。因此，被告关于涉案意向金相当于定金的抗辩理由不能成立。

被告金大公司没有按照涉案意向书的约定，在正式出售房屋时通知原告李某某前来认购，造成双方无法进一步磋商签订正式商品房预售合同，构成违约。由于目前被告已经将商铺全部售出，原、被告双方签订的涉案意向书已无法继续履行，应予解除，被告应承担违反预约合同的违约责任。综上，根据涉案意向书的预约合同性质，结合被告的过错程度、原告履约的支出及其信赖利益的损失等因素，酌定被告赔偿原告损失 10 000 元并返还意向金 2 000 元。

据此，上海市某某区人民法院于 2007 年 3 月 22 日判决：①解除原告李某某与被告金大公司签订的《金大商铺认购意向书》；②被告返还原告意向金 2 000 元；③被告赔偿原告经济损失 10 000 元；④驳回原告的其他诉讼请求。一审案件受理费 15 260 元，由被告金大公司负担。

李某某不服一审判决，向上海市第×中级人民法院提起上诉，主要理由是：涉案意向书合法有效，且完全可以实际履行。虽然涉案商铺的价格有所波动，但是意向书已经明确作出了相应的约定，价格波动不能成为金大公司毁约的理由。金大公司为了能高价出售涉案商铺，在实际出售商铺时，违反双方约定，故意不通知李某某，存在过错，并实际导致李某某基于该意向书预期可得到的收益完全丧失。另外，金大公司称商铺已经全部售出没有事实根据。综上，请求二审法院撤销原判，依法改判支持李某某一审提出的诉讼请求。

李某某申请二审法院向上海市城市建设档案馆调取以下证据：

1. 2001 年 6 月 15 日，金大公司向上海市虹口区计划委员会递交的《上海市建设项目选址意见书申请表》。

2. 2001 年 11 月 26 日，上海市虹口区计划委员会作出的《关于四平路新港路地块商品住宅项目建议书的批复》〔虹计投字（2001）第 108 号〕。

3. 2001 年 12 月 18 日，金大公司向上海市虹口区计划委员会递交的《上海市建设用地规划许可证申请表》及所附建设工程计划批准文件、国有土地使用权出让合同文本、地形图等材料。

4. 2002 年 4 月 2 日，上海市虹口区城市规划管理局向金大公司发出的《关于核发新港路 164 街坊旧住房改造工程建设用地规划许可证的通知》〔虹规建（2002）第 054 号〕。

上述证据用以证明在双方自愿签订涉案意向书之前，金大公司已取得"金大"项目的立项批复、建设用地规划许可证，意向书具备了商铺买卖合同的主要条款，因此具有预约合同的法律性质，且合法有效。李某某按约支付了意向金，该行为使其取得了届时正式与金大公司订立买卖合同的权利。

李某某申请二审法院向上海市虹口区房地产交易中心调取以下证据：

5. 金大公司开发的"金大"商铺对应的《上海市房地产登记册房屋状况及产权人信息》。

6. 金大公司就"金大"商铺分别与案外人签订的 3 份《上海市商品房出售合同》，涉及的商铺每平方米房屋建筑面积的单价分别为 15 000 元、17 000 元、20 500 元。

上述证据用以证明至本案诉讼时，"金大"仍有部分商铺未出售。从有关预售合同的情况看，上述"金大"的商铺每平方米房屋建筑面积的单价在 15 000～20 500 元之间，金大公司未按约定通知李某某前来订立正式的商铺买卖合同，构成违约，应承担违约责任。如不履行意向书，就应根据上述出售商铺的价格赔偿李某某的经济损失。

金大公司亦不服一审判决，向上海市第×中级人民法院提起上诉称：按照房屋买卖交易习惯，届时不能签订认购书的，意向书自然失效，一审法院认定涉案意向书具有预约合同性质，没有事实根据和法律依据。一审判决解除双方合同，由金大公司向李某某返还意向金等，违反了"不告不理"的原则。金大公司因为房地产开发实际成本大幅增加，有权依据情势变更原则不与李某某正式签订房屋买卖合同，对此，金大公司主观上不存在过错，客观上也未给李某某造成任何损失，一审法院以信赖利益损失为由，判决金大公司赔偿 10 000 元法律依据不足。综上，请求二审法院撤销原判，依法改判。

金大公司没有提交新的证据。

上海市第×中级人民法院依法组织了质证。金大公司认为：李某某申请调取的证据均已超过了举证期限，不属于新证据。证据1、2、3、4均系金大公司开发立项的相关事宜，与本案无关。涉案意向书不属于预约合同，仅仅约定了双方可以签订认购书，没有就不签署认购合同的情形约定任何法律责任，支付的意向金对双方均无约束力。证据5、6中涉及的商铺是分期开发、分批销售的，不能证明李某某所称的部分商铺尚未出售等内容。故上述证据均与本案没有关联性。上海市第×中级人民法院认为，证据1、2、3、4与本案讼争焦点关系密切，不审理该批证据材料可能导致裁判失当，因此，对金大公司以该批证据已超过举证时限、不属于新证据的抗辩意见，不予采纳。证据1、2、3、4证明：在双方签订意向书之前，金大公司已经申请取得了有关政府部门的立项核准和建设用地规划许可证，即该意向书签订的时间在金大公司办理有关项目的立项、规划等主要手续之后、取得"金大"房地产预售许可证之前。双方在意向书中所指向的商铺并非虚构，其交易意向存在现实履行的基础。因此，前述证据与本案关键事实存在关联性，其证明效力可予确认。证据5、6仅表明目前"金大"的房地产开发情况，尚不能完全证明该意向书所指商铺的确切情况，与本案关联性不足，因此不予确认。

上海市第×中级人民法院经审理，确认了一审查明的事实。

本案二审的争议焦点是：①《金大商铺认购意向书》的法律性质是否属于预约合同；②金大公司是否构成违约，如果构成违约，应如何承担违约责任。

上海市第×中级人民法院二审认为：预约合同，一般指当事人双方为将来订立确定性本合同而达成的合意。根据本案查明的事实，金大公司与李某某签订的《金大商铺认购意向书》是双方当事人的真实意思表示，不违背法律、行政法规的强制性规定，其效力应予认定。在双方签订意向书之前，金大公司已经申请取得了有关政府部门的立项核准和建设用地规划许可证，该意向书签订的时间在金大公司办理有关项目的立项、规划等主要手续之后、取得"金大"房地产预售许可证之前，双方在涉案意向书中所指向的商铺并非虚构，所约定的房屋买卖意向存在现实履行的基础。同时，该意向书明确了双方当事人的基本情况，对拟购商铺的面积、价款计算、认购时间等均作了较为清晰且适于操作的约定。这表明双方当事人经过磋商，就条件成就时实际进行商铺买卖的主要内容达成了合意，对将来正式签署房屋买卖合同进行了预先安排，并以书面形式明确将来商铺正式预售时金大公司优先同李某某订立正式的商品房预售合同。综上，涉案意向书是具有法律约束力的预约合同。一审法院关于涉案意向书是有效的预约合同的认定正确。

涉案意向书约定：金大公司应在其开发的房地产项目对外认购时，优先通知李某某在约定的期限内前来认购。金大公司辩称由于房地产开发中拆迁及工程造价等成本增加，基于情势变更的原因，没有通知李某某认购商铺，但未就成本增加的问题提供足够的证据予以证明，故对其上述抗辩理由不予采信。涉案意向书是合法有效的预约合同，双方当事人均应依法履行意向书的约定。《合同法》第 6 条规定："当事人行使权利、履行义务应当遵循诚实信用原则。"合同当事人不仅应依照诚实信用的原则行使合同权利，而且在履行合同义务中也应以善意的方式，依照诚实信用的原则履行，不得规避合同约定的义务。金大公司未按约履行其通知义务，并将商铺销售一空，导致涉案意向书中双方约定将来正式签订商铺买卖合同的根本目的无法实现，甚至在争议发生时主张双方签订的意向书无效，其行为违背了民事活动中应遵循的诚实信用原则，应认定为违约。《合同法》第 107 条规定："当事人一方不履行合同义务或者履行合同义务不符合约定的，应当承担继续履行、采取补救措施或者赔偿损失等违约责任。"第 113 条规定："当事人一方不履行合同义务或者履行合同义务不符合约定，给对方造成损失的，损失赔偿额应当相当于因违约所造成的损失，包括合同履行后可以获得的利益，但不得超过违反合同一方订立合同时预见到或者应当预见到的因违反合同可能造成的损失。"金大公司的违约行为导致守约方李某某丧失了优先认购涉案商铺的机会，使合同的根本目的不能实现，金大公司也承认双方现已无法按照涉案意向书的约定继续履行。因此，金大公司应当承担相应的违约责任。一审法院认为金大公司违反预约合同约定的义务，应当赔偿上诉人李某某相应的损失，并无不妥，但一审判决确定的 10 000 元赔偿金额，难以补偿守约方的实际损失。为促使民事主体以善意方式履行其民事义务，维护交易安全和秩序，充分保护守约方的民事权益，在综合考虑上海市近年来房地产市场发展的趋势以及双方当事人实际情况的基础上，酌定金大公司赔偿李某某 15 万元。虽然李某某要求金大公司按照商铺每平方米建筑面积 15 000～20 500 元的价格赔偿其经济损失，但由于其提交的证据不能完全证明涉案意向书所指商铺的确切情况，且根据金大公司将有关商铺出售给案外人的多个预售合同，商铺的价格存在因时而异、因人而异的情形，另外，虽然李某某按约支付了意向金，但是双方签订的预约合同毕竟同正式的买卖合同存在法律性质上的差异，故李某某主张的赔偿金额，不能完全支持。

据此，上海市第×中级人民法院依照《中华人民共和国民事诉讼法》第 153 条之规定，于 2007 年 10 月 19 日判决：

1. 维持上海市某某区人民法院（2007）某民三（民）初字第 14 号民事判决第

1、2、4 项。

2. 撤销上海市某某区人民法院（2007）某民三（民）初宇第 14 号民事判决第 3 项。

3. 金大公司赔偿李某某人民币 15 万元。

一审案件受理费人民币 15 260 元，二审案件受理费人民币 14 350 元，均由金大公司负担。

【思考题】

1. 如何理解房地产转让的定义？
2. 房地产转让的条件是什么？
3. 试述房地产转让合同与土地使用权出让合同的关系。
4. 商品房预售的条件是什么？
5. 如何认定恶意违约与欺诈行为？

第八章

房屋租赁法律制度

内容提要 房屋租赁作为房地产交易的一种方式,是房地产法的重要内容之一。本章主要阐述了房屋租赁的定义、特点,房屋租赁的种类,房屋租赁的条件,房屋租赁合同及其特点,房屋租赁合同双方当事人的权利义务,房屋转租,房屋租赁关系与房屋买卖关系的协调等法律问题。

学习重点 房屋租赁的定义;房屋租赁的条件;房屋租赁合同;房屋转租。

■第一节 房屋租赁法律制度概述

一、房屋租赁的定义

房屋租赁是指房屋所有人作为出租人将其房屋出租给承租人使用,由承租人向出租人支付租金的行为。提供房屋给他人使用并收取租金的一方当事人为房屋出租人,使用房屋并支付租金的一方当事人为承租人。承租人的使用包括承租人居住、从事经营活动及以合作方式与他人从事经营活动。

作为房地产交易的两种主要方式,房地产买卖与房屋租赁有相同之处,如转让人或出租人都是合法的产权人。其主要区别是:①房地产转让以符合法定投资额为条件,房屋租赁以房屋的合法存在为条件;②房地产买卖是房地产所有权转移的行为,而房屋租赁是房屋使用权转移的行为;③房屋买卖法律关系中,买受人取得房屋所有权后,有权处分该房屋,而在房屋租赁法律关系中,承租人只享有房屋的使用权、收益权,不享有处分权;④房屋买卖必须办理房屋所有权转移手续,房屋租赁不需要办理权属转移手续。

二、房屋租赁的种类

按房屋的使用性质不同,可以分为居住用房租赁和非居住用房租赁。

(一)居住用房租赁

居住用房租赁是指以居住、生活为目的的房屋租赁,包括单位自管房租赁、房管部门的居住用房租赁和私房租赁。按照《房地产法》第55条的规定,住宅用房租赁，应当执行国家和房屋所在城市人民政府规定的租赁政策。例如，《西安市城市房屋租赁条例》规定，房屋租赁登记备案应提交的文件还包括"出租共有房屋，须提供其他共有人同意出租的证明"、"转租房屋，转租人应当提供出租人同意的书面证明"等。

（二）非居住用房租赁

非居住用房租赁是指以生产、经营或其他活动为目的的房屋租赁，包括生产性用房，如工业、交通运输业等部门的厂房、车间等；经营性用房，如各类公司、银行、旅社、饮食服务等用房。由于非居住用房是以盈利为目的的生产经营用房，因而房屋的租金由租赁双方当事人按市场行情协商确定。

三、房屋租赁的条件

关于房屋租赁的条件问题，我国《房地产法》和《商品房屋租赁管理办法》（2010年12月1日住房和城乡建设部发布，2011年2月1日起施行）均作了原则性规定。根据《房地产法》第55条的规定，住宅用房的租赁，应当执行国家和房屋所在城市人民政府规定的租赁政策。租用房屋从事生产、经营活动的，由租赁双方协商议定租金和其他租赁条款。我国各大中城市据此规定并结合本地的实际情况对房屋租赁的条件作了具体规定。

根据与房屋租赁有关的法律、法规和规章的规定，结合各省、市房屋租赁管理的具体办法，房屋租赁的条件可概括为：①出租房屋所占的土地是以出让方式取得的，这是我国《房地产法》对房屋租赁所作的一般性规定；关于在以行政划拨形式取得的土地上所建房屋的出租问题，我国现行立法也是允许的，但对其作了特别规定，即《房地产法》第56条规定的"以营利为目的，房屋所有权人将以划拨方式取得使用权的国有土地上建成的房屋出租的，应当将租金中所含土地收益上缴国家"。这里所说的"土地收益"是指级差地租。因为这种级差地租是因国家投资进行城市基础建设、交通建设等形成的，房屋所有权人对此没有任何投资，因而这部分收益应当上缴国家。②有合法的房屋权属证书或证明。③房屋能正常使用，符合安全条件。

根据《商品房屋租赁管理办法》第6条的规定，有下列情形之一的房屋不得出租：①属于违法建筑的；②不符合安全、防灾等工程建设强制性标准的；③违反规定改变房屋使用性质的；④法律、法规规定禁止出租的其他情形。

■第二节　房屋租赁合同法律制度

一、房屋租赁合同的定义和特征

房屋租赁合同是出租人与承租人签订的在一定期限内把房屋交给承租人使用收益，承租人向出租人交付一定租金的协议。

房屋租赁合同作为财产租赁合同的一种，具有与其他财产租赁合同相同的法律特征，即具有双务性、有偿性、期限性以及租赁物的占有权、使用权在租赁期内的转移性等法律特征。房屋租赁合同与一般财产租赁合同的不同之处在于房屋租赁合同应明确租赁的用途，合同签订后应在建设（房地产）管理部门登记备案。对房屋租赁合同实行登记备案，是我国为了维护房地产市场秩序，禁止私下交易而对房屋租赁行为采取的一种管理手段，它不是房屋租赁合同成立或生效的要件，不同于房地产买卖中的产权变更登记。房地产买卖中的产权变更登记是因房地产所有权人变更而引起的，而房屋租赁登记是因房屋的使用变更而引起的，且这种登记只是为了便于管理而实行的一种备案制度。

二、房屋租赁合同的主要条款

房屋租赁合同的主要条款是指拟定房屋租赁合同所不可缺少的条款，是当事人履行合同和承担法律责任的依据。根据《房地产法》第54条的规定，房屋租赁合同的主要条款包括以下几个方面：

1. 租赁期限。租赁期限是指承租人使用出租人房屋的期限。租赁期限内承租人有合法使用权，任何人不得侵害。期限届满，承租人有义务返还所承租的房屋。如需继续租用原租赁的房屋，应当在租赁期满前，征得出租人的同意，并重新签订租赁合同。出租人在租赁合同期满前需要收回房屋时，应当事先征得承租人同意，并赔偿承租人的损失。

《民法典》第705条规定："租赁期限不得超过20年。"第730条规定："当事人对租赁期限没有约定或者约定不明确，依照本法第510条的规定仍不能确定的，视为不定期租赁；当事人可以随时解除合同，但是应当在合理期限之前通知对方。"根据上述规定，房屋租赁合同的最长期限为20年；未定租赁期限的租赁合同，当事人可随时解除合同，但须在合理的时间内通知承租人。此外，在司法审判实践中还可以参照最高人民法院以前的相关规定，合情合理地解决此类纠纷，如最高人民法院在《关于贯彻执行〈中华人民共和国民法通则〉若干问题的意见（试行）》中规定，未定租赁期限，房屋所有人要求收回房屋自住的，一般应当准许，承租人有条件搬迁的，应当责令其搬迁。如果承租人搬迁确有困难的，可给一定期限让其找房或腾退部分房屋。[1]

2. 租赁用途。租赁用途是指承租人租赁房屋是从事经营活动还是用于居住。明确租赁用途，具有重要的法律意义：①明确租赁用途，有利于承租人按照承租房屋的性能、用途，正确地使用出租房屋，因合理使用给出租房屋造成的正常磨损，承租人不承担责任；如果承租人未按租赁房屋的用途使用出租房屋，造成房屋损坏的，应赔偿因此给出租人造成的损失。②明确租赁用途，有利于承租人履行合同，如果承租人需要改变用途或在承租房屋上添加新用途时，应征得出租人同意，并重新协商

---

[1] 《民法典》实施后的一段时间内，被最高人民法院废止的司法解释，仍有适用的空间，如何适用？可以参考最高人民法院民法典贯彻实施工作领导小组，最高人民法院研究室编写的《最高人民法院实施民法典清理（立改废）司法解释文件汇编》的出版说明（人民法院出版社2021年3月第一版）。

租金。

3. 租赁价格。租赁价格即房屋租金，是指房屋承租人为取得一定期限内房屋的使用权而付给房屋所有人的一定数额的报酬。房屋租金可分为成本租金、商品租金、市场租金。成本租金由折旧费、维修费、管理费、投资利息和税金等部分组成；商品租金由成本租金加保险费、地租和利润等部分组成；市场租金是指在商品租金的基础上，随供需关系的变化而形成的租金。关于租金支付期限的问题，《民法典》第 721 条规定："承租人应当按照约定的期限支付租金。对支付租金的期限没有约定或者约定不明确，依据本法 510 条规定仍不能确定，租赁期限不满 1 年的，应当在租赁期限届满时支付；租赁期限 1 年以上的，应当在每届满 1 年时支付，剩余期限不满 1 年的，应当在租赁期限届满时支付"。

4. 修缮责任。根据《民法典》第 712 条、713 条的规定，租赁期间，房屋的修缮责任，一般由出租人承担。双方当事人也可以在合同中另行约定。这是因为房屋的所有权归出租人所有，出租人应对自己拥有的房屋承担修缮责任；出租人在提供出租房屋给承租人使用时，有义务保证出租房屋处于良好状态，但由于房屋由承租人占有、使用，为了便于修缮，合同中也可约定由承租人负责房屋正常的维修和养护，由出租人支付费用或从租金中扣除。

除上述条款外，租赁合同还应包括：当事人的姓名或名称及住所，出租房屋的坐落位置和面积，转租的约定，租金和押金数额，房屋和室内设施的安全性能，物业服务，水、电、燃气等相关费用的缴纳，争议解决办法和违约责任，房屋被征收或者拆迁时的处理办法等内容。

三、当事人的权利义务

（一）出租人的权利义务

1. 出租人有权按照房屋租赁合同的约定向承租人收取房租。

2. 出租人有权对承租人使用房屋的情况进行监督。

3. 租赁期限届满，承租人有权收回房屋。

4. 解除合同权。出租人有权依法解除合同。根据《商品房屋租赁管理办法》第 11 条第 2 款的规定，承租人未经出租人书面同意转租的，出租人可以解除租赁合同，收回房屋并要求承租人赔偿损失。但是，出租人知道或者应当知道承租人转租，在 6 个月内未提出异议的，视为出租人同意转租（《民法典》第 718 条）。

5. 以法定出租单位出租的义务。根据《商品房屋租赁管理办法》第 8 条的规定，出租人在出租住房时，应当以原设计的房间为最小出租单位，人均租住建筑面积不得低于当地人民政府规定的最低标准。厨房、卫生间、阳台和地下储藏室不得出租供人员居住。

6. 交付房屋义务。出租人应当依照租赁合同约定的期限将房屋交付承租人，不能按期交付的，应当支付违约金；给承租人造成损失的，应当承担赔偿责任。

7. 修缮房屋义务。根据《民法典》第 712 条、713 条的规定，出租人应当履行租赁房屋的维修义务；承租人在房屋需要修缮时，有权要求出租人在合理期限内维修，出租人未履行修缮义务的，承租人可以自行修缮，维修费用由出租人承担；因修缮房屋影响承租人使用的，应当相应减少租金或延长租期。根据《商品房屋租赁管理办法》第 9 条第 1 款的规定，出租人应当按照合同约定履行房屋的维修义务并确保房屋和室内设施安全。未及时修复损坏的房屋，影响承租人正常使用的，应当按照约定承担赔偿责任或者减少租金。

8. 不得单方随意提高租金。《商品房屋租赁管理办法》第 9 条第 2 款规定，房屋租赁合同期内，出租人不得单方面随意提高租金水平。

（二）承租人的权利义务

1. 承租人依照租赁合同的约定，对租用的房屋享有占有、使用、收益的权利。

2. 承租人对租赁的房屋享有优先购买权。《民法典》第 726 条规定，出租人出卖租赁房屋的，应当在出卖之前的合理期限内通知承租人，承租人享有以同等条件优先购买的权利；但是，房屋按份共有人行使优先购买权或者出租人将房屋出卖给近亲属的除外。

3. 承租人代出租人修缮房屋的，有权要求出租人支付修缮费用。

4. 承租人应当按照合同约定的租赁用途和使用要求合理使用房屋，不得擅自改动房屋承重结构和拆改室内设施，不得损害其他业主和使用人的合法权益。承租人因使用不当等原因造成承租房屋和设施损坏的，承租人应当负责修复或者承担赔偿责任。但是承租人经过出租人同意，可以对租赁物进行改善或者增设他物。

5. 承租人必须按期缴纳租金，如有违约行为，应当支付违约金。

6. 房屋租赁合同期限届满，承租人应及时返还承租的房屋，否则，应承担逾期违约责任。此外，根据《民法典》第 734 条的规定，租赁期间届满，承租人继续使用租赁物，出租人没有提出异议的，原租赁合同继续有效，但租赁期限为不定期。租赁期限届满，房屋承租人享有以同等条件优先承租的权利。

四、房屋租赁合同登记备案制度

为了加强房地产市场管理，防止非法出租房屋和国家税费的流失，我国实行了房屋租赁合同登记备案制度。

房屋租赁合同登记备案是指租赁合同的双方当事人签订、变更、终止租赁合同的，应向租赁房屋所在地直辖市、市、县人民政府建设（房地产）主管部门办理房屋租赁登记备案。根据《商品房屋租赁管理办法》的规定，办理房屋租赁登记备案，房屋租赁当事人应当提交的材料包括：房屋租赁合同，房屋租赁当事人身份证明，房屋所有权证书或者其他合法权属证明，直辖市、市、县人民政府建设（房地产）主管部门规定的其他材料。

房屋租赁当事人提交的材料应当真实、合法、有效，不得隐瞒真实情况或者提供虚假材料。

对符合法定要求的，直辖市、市、县人民政府建设（房地产）主管部门应当在

3 个工作日内办理房屋租赁登记备案，向租赁当事人开具房屋租赁登记备案证明。

■第三节　房屋租赁中的有关法律问题

一、房屋转租

房屋转租，是指房屋承租人将承租的房屋再出租的行为。按照《民法典》第716 条的规定，承租人经出租人同意，可以将承租房屋转租给第三人。这里所说的"经出租人同意"包括《民法典》第 718 条规定的推定出租人同意转租。房屋转租后，原承租人与原出租人之间的出租合同继续有效。在房屋转租期间，第三人（即转租合同中的承租人）对房屋造成损害的，原承租人（即转租合同中的出租人）应当承担损害赔偿责任。原承租人承担损害赔偿责任后，在法理上当然享有对第三人的追偿权。

二、"买卖不破租赁"法律规则

买卖不破租赁是指在租赁合同有效存续期间，出租人依法出卖租赁物的法律行为并不影响租赁合同的效力。这是各国民法为保障承租人租赁权的稳定性而普遍承认的法律规则。《民法典》第 725 条规定，租赁物在租赁期间发生所有权变动的，不影响租赁合同的效力。"买卖不破租赁"法律规则在房屋租赁中适用的前提条件是出租人出卖租赁房屋的法律行为必须发生在房屋租赁合同有效存续期间，亦即，房屋租赁合同先于租赁房屋出卖行为存在并且一直有效。该法律规则在房屋租赁中适用的法律效力是原房屋租赁合同继续有效。另外，《商品房屋租赁管理办法》还可以将这一法律规则所产生的"合同继续有效"的法律效力扩大适用于赠与、析产及继承等情形。

三、承租人死亡后房屋租赁合同存续的特别规定

《民法典》第 732 条规定："承租人在房屋租赁期间死亡的，与其生前共同居住的人或者共同经营的人可以按照原租赁合同租赁该房屋。"该规定赋予与承租人生前"共同居住的人"或者共同经营的人按原租赁合同继续租赁该房屋的权利。它既有利于稳定房屋租赁关系，又有利于维护共同承租人的利益。

■参阅案例

某县工商行政管理局诉伏某房屋租赁合同纠纷案[1]

【阅读要点提示】

在不定期房屋租赁合同中，对于添附使用时间较为长久的固定设备，双方未对

---

〔1〕　最高人民法院中国应用法学研究所编：《人民法院案例选》（民事卷4），人民法院出版社 2017 年版，第 2418 页。

添附物的处置进行约定，租赁合同终止后，可结合实际情况，运用公平原则对损失问题进行处理。

原告（被上诉人）：某县工商行政管理局（下称某县工商局）

被告（上诉人）：伏某

2001年，被告伏某租赁原告某县工商局所有的位于某县农贸市场西北角处营业房。双方未签订书面租赁协议，被告按月缴纳租金。被告在租赁期间，在该营业房内建造简易冷库并对外经营使用。从2003年9月至2004年10月，被告累计欠原告租金2 240元未付。2004年11月，根据某县城整体规划的需要，某县人民政府决定于2004年11月20日关闭某县农贸市场，并要求工商部门积极配合好拆迁工作。原告遂于2004年11月17日、11月20日、11月29日、12月21日多次书面通知被告限期搬出所租用的营业房内的物品并办理退房手续。被告以租赁期间所建冷库耗资巨大、搬迁给其造成损失太大、原告应予补偿为由，拒绝搬迁。原告经与被告协商未果，遂向法院提起诉讼。

原告诉称，自2001年被告不定期租用原告所有的位于某县农贸市场内西北角营业用房至今，逐月缴纳租金至2003年8月，自2003年9月至今没有支付租金。现因原告拆迁，国有土地被征用，被告须迁出营业房，但被告以营业房有自建冷库为由，拒不退还营业房。被告承租不定期房屋，原告有权随时收回，被告以营业房有自建冷库为由，拒不交还其租用营业房，侵犯了原告的权利。原告要求依法解除合同并判令被告退还其租用原告所有的位于某县农贸市场西北角的房屋，搬出营业房内物品，同时支付所欠租金2 240元并承担本案的诉讼费用。

被告辩称，原告所诉与事实不符。被告租用原告房屋并建有冷库，若拆迁，将会给被告带来14万元的损失，原告应赔偿被告因拆迁所造成的损失。

某县人民法院经审理后认为，原、被告就房屋租赁所达成的口头约定为有效合同。因双方未采用书面形式，故应视为不定期租赁。对于不定期租赁，当事人可以随时解除合同。本案原告作为出租人已在合理期限之前通知被告（本案承租人）解除合同，故对原告要求解除与被告的租赁合同、由被告返还其所租用房屋的诉讼请求，法院予以支持。被告未按约定给付原告租金，被告称不给付租金系经原告方领导同意，对此被告不能举证证实，且原告予以否认，故对原告要求被告给付租金的诉讼请求，法院予以支持。被告不应在不定期租赁的房屋内安装使用时间较为长久的固定设备，安装使用时间较为长久的固定设备应当与原告协商一致签订书面协议；原告对被告在承租的营业房内修建简易冷库，当时未表示反对，且被告已经使用经营多年，原告亦未提出异议，故应视为原告对被告在该营业房内修建简易冷库的认可。现在原告要求解除租赁合同系城镇建设、旧城改造的需要，并非其主观因素要求解除不定期租赁合同。因双方未对解除租赁合同后该增设物如何处理进行约定，故按公平原则处理为宜。对×市价格认证中心的鉴定结论，原、被告虽有异议，但均不要求进行重新评估鉴定，故对该鉴定结论，法院予以确认。依据《中华人民共和国民法通则》第4条，《最高人民法院关于贯彻执行〈中华人民共和国民法通则〉若干问题的意见（试行)》第86条、第157条，《中华人民共和国合同法》第60条第1款、第212条、第215条、第223条第1款、第227条、第232条之规定，于2005年3月25日作出×民一初字［2005］第313号民事判决：①解除原告某县工商行政管理局与被告伏某间的房屋租赁合同。②被告伏某于本判决生效之日起10日内给付原告租金2 240元。③原告某县工商行政管理局于本判决生效之日起10日内补偿被告各项损失（包括拆装、搬运费用1 340元，材料损失21 000元）的50%，即人民币11 170元。案件受理费50元，其他诉讼费450元，合计500元，均由被告承担。评估费用1 200元，由原告承担600元，被告承担600元。

伏某不服一审判决，向某市中级人民法院上诉称：①一审法院判决上诉人给付被上诉人租金2 240元与事实不符，且证据不足。2001年6月21日，被上诉人强行拆除上诉人的4间冷库，造成上诉人损失12 000元，上诉人于2001年11月22日向某县外来投资者投诉中心反映这个问题，该部门经过调查和调解，在2001年12月27日给上诉人的答复中称被上诉人免除了上诉人部分租金，上诉人除了免除的租金外，其他的租金都交给了被上诉人青口分局的工作人员。另外，一审原告并没有提供足够的证据证明上诉人拖欠其租金。②一审判决显失公正。上诉人在租用的营业用房内修建冷库是经过被上诉人同意的，在上诉人经营时间很短的情况下，被上诉人擅自终止双方的租赁关系，拆除房子，给上诉人造成了十几万元的经济损失。上诉人的冷库设备拆装搬运费和材料损失费经评估为22 340元，对于这部分损失，被上诉人于情于理于法应全额赔偿，而一审判决被上诉人仅承担50%，有失公正。

二审法院经审理，确认了一审法院认定的事实。

二审法院认为，原、被告口头达成的租赁合同为不定期租赁，其结果就是出租人只要在合理的期限前通知承租人就可随时解除租赁合同。在本案中，由于城市建设需要，2004年11月某县人民政府决定于11月20日关闭某县农贸市场，原告作为出租人于2004年11月17日、11月20日、11月29日、12月21日4次通知被告搬出所租用的房间内物品以及办理退房手续，可以视为原告已经在合理的期限前通知了承租人，租赁合同应该予以解除。伏某租赁某县工商局的房屋用于经营，就应按双方约定支付租金，伏某上诉称其不欠自2003年9月至2004年10月期间的租金，并称某县工商局免除了其部分租金，免除之外的租金已交付给某县工商局青口分局的工作人员，但伏某对此未能提供证据证明。依据"谁主张，谁举证"原则，伏某应承担举证不能的不利后果。

关于添附的处置问题。添附是附合、混合、加工三者的通称，指不同所有人的物经附合、混合或加工方式合在一起而形成不可分离的物的客观事实。因添附而形成的不可分离的物即添附物。《合同法》第223条第1款规定："承租人经出租人同意，可以对租赁物进行改善或者增设他物。"《最高人民法院关于贯彻执行〈中华人民共和国民法通则〉若干问题的意见（试行)》第86条规定："非产权人在使用他人的财产上增添附属物，财产所有人同意增添，并就财产返还时附属物如何处理有约定的，按约定办理；没有约定又协商不成，能够拆除的，可以责令拆除；不能拆除的，也可以折价归财产所有人，造成财产所有人损失的，应当负赔偿责任。"这些均是对添附物的相关规定。民法理论认为，添附在法律上的效果主要是一方取得添附物的所有权，而另一方则丧失了原物的所有权，非财产所有人只有在善意的情况下，才可以得到一定的补偿。其关于善意添附人可以得到补偿的规定，主要是出于公平原则的考虑。因为添附人虽不能对添附物主张所有权，但毕竟因添附而受到损失，产权人从添附中获得了利益，双方的利益是不平衡的，因此产权人应当给予添附人适当的补偿，以维护当事人之间利益的平衡，并体现公平原则的要求。当然，对利益的界定应以实质利益为限而非形式上的利益。

结合本案，伏某虽然没有与原告签订书面协议就对承租房屋加装长久固定设备冷库，但由于原告当时并未明确表示反对，且被告已经使用多年，原告亦未提出异议。此外，本案中原告并未因被告的添附行为，在租赁合同解除后取得实质利益，且原、被告没有按照法律的规定签订书面租赁合同以建立稳定的租赁合同关系，也没有对添附物的处置进行约定，从情、理、法的角度，运用公平原则对损失问题进行处理是最好的选择。在损失价值认定上，庭审时，被告申请对其所建冷库及相关拆迁费用进行鉴定，某市价格认证中心于 2005 年 2 月 15 日作出连鉴字 [2005] 第102 号《关于伏某冷库设备拆装搬迁费用及材料损失价值鉴证结论书》，确定该冷库设备的同城拆装、搬运费用为 1 340 元，冷库设备的材料损失价值 21 000 元。原、被告双方虽对鉴定结论均有异议，但都未要求重新进行鉴定，因此法庭认可了鉴定结论。被告伏某在返还承租房屋时，可拆除的部分应当由其拆除，而拆装、搬迁费用及材料损失费用，则根据公平原则由原、被告各承担一半。一审依据公平原则判决双方平均分担损失并无不妥，故法院对上诉人的该项主张不予支持。

综上，伏某的上诉请求不能成立，法院不予支持。依照《中华人民共和国民事诉讼法》第 153 条第 1 款第 1 项的规定，法院于 2005 年 6 月 20 日作出民事判决：驳回上诉，维持原判。

【思考题】

1. 房屋租赁法律制度有哪些特点？
2. 房屋租赁的条件是什么？
3. 房屋租赁合同与一般财产租赁合同有何不同？
4. 如何处理房屋租赁与房屋买卖的关系？

第九章

房地产抵押法律制度

　　内容提要　房地产抵押，是指抵押人将其合法的房地产以不转移占有的方式向抵押权人提供债务履行担保的行为，债务人不履行到期债务或者发生当事人约定的实现抵押权的情形时，抵押权人有权依法以抵押的房地产拍卖所得的价款优先受偿。本章比较具体地阐述了我国房地产抵押的原则，房地产抵押的范围，房地产抵押的设定，抵押权的效力以及房地产抵押权的实现。

　　学习重点　房地产抵押的定义；房地产抵押权标的物的范围；房地产抵押合同；房地产抵押登记；房地产抵押权的内部效力；房地产抵押权的对外效力；房地产抵押权的实现对相关法律关系的影响。

■第一节　房地产抵押法律制度概述

一、抵押的定义和特点

　　抵押是指债务人或者第三人以不转移财产的占有，将该财产抵押给债权人，当债务人不履行到期债务或者发生当事人约定的实现抵押权的情形，债权人有权依照法律规定以该财产折价或者以拍卖、变卖该财产的价款优先受偿。在这一法律关系中，提供担保财产的债务人或第三人为抵押人，债权人为抵押权人，提供担保的财产为抵押物。

　　抵押作为一项法律制度具有如下特点：

　　1. 抵押是一种担保债权实现的法律关系。在抵押法律关系中，当债务人不履行到期债务或者发生当事人约定的实现抵押权的情形，抵押权人享有依照当事人的约定以抵押物折价或以抵押物拍卖、变卖的价款优先受偿的权利。这表明抵押权的设定以确保债权受清偿为目的，具有担保物权的性质。抵押是以物权担保债权实现的法律关系。

　　2. 抵押物是由债务人或第三人提供的、法律允许抵押的财产。这表明作为抵押物的财产必须是债务人或第三人独立拥有的或有权独立支配的财产，即享有所有权或依法有权处分的财产；同时，抵押财产的范围是由法律规定的而不是任意确定的。根据我国《民法典》第395条的规定，可以作为抵押物的财产主要是不动产和不动产权利以及生产设备、原材料、半成品、成品、交通运输工具等财产。

3. 抵押物不移转占有。在抵押关系中，抵押物以其交换价值担保债权的清偿，因而无须将抵押物的占有移转于抵押权人。抵押人将其财产提供抵押后仍可继续占有其财产并予以使用、收益，从而最大限度发挥抵押物的经济效用，抵押制度因此也就成为最理想的债的担保制度。

二、抵押的种类

抵押依不同的标准可以分为不同的种类。

（一）依抵押物的不同，抵押可分为不动产抵押、动产抵押、权利抵押、财团抵押等

1. 不动产抵押。不动产抵押是指以不动产作为抵押物而设定的抵押。不动产抵押是最为常见的抵押形式。有的国家或地区的民法规定抵押仅限于不动产抵押。不动产因不可移动其位置，因而最适合抵押物不移转占有的特性，最能为债权的实现提供充分、安全的保障，从而被广泛运用。我国《民法典》规定建筑物和其他土地附着物、正在建造的建筑物等可为抵押权之客体。

2. 动产抵押。动产抵押是指以动产为抵押物的抵押。动产是指可以移动其位置，且移动后不影响其使用价值或价值的财产。除不动产之外的财产大多是动产。在传统民法中多以不动产为抵押的标的，而以动产为质押的标的。但随着社会经济的发展，抵押担保的形式越来越受到人们的重视，人们不仅以不动产作抵押，而且以动产不转移占有作为债务履行的担保，因而动产抵押也开始为各国法律所确认。《民法典》第395条规定，生产设备、原材料、产品、半成品、船舶、航空器、交通运输工具等财产可以抵押。

3. 权利抵押。权利抵押是指以法律规定的各种财产权利作为抵押客体的抵押。权利是一种无形财产，它本身具有价值，可以通过市场转让来实现其价值，因而它可以作为抵押权的客体。《民法典》第395条规定，建设用地使用权、海域使用权等可以抵押。

4. 财团抵押。财团抵押又称企业抵押，是指抵押人以其所有的动产、不动产及权利的集合体作为抵押权客体，即企业以其财产组成一个整体，设置一个抵押权。它一般为担保企业的巨额债务而设定的。由于债务数额巨大，所以就需要价值相当的担保物，某个财产往往难以享有如此巨大的价值，只有把企业的各种财产作为一个整体设定抵押才能起到担保的作用。我国《民法典》虽未明确规定财团抵押制度，但其395条第2款规定"抵押人可以将前款所列财产一并抵押"，这说明财团抵押也为我国法律所允许。

（二）依债权受担保的抵押权个数的不同，抵押可以分为单独抵押和共同抵押

单独抵押是指某个债权受一个抵押权的担保。共同抵押是为了担保同一债权，

而在数个不同财产上设定了数个抵押权共同担保债权的实现。无论因其中哪一个抵押权的实现而使债务得以清偿，于其他财产上设定的抵押权均全部解除。

（三）依抵押权所担保的债权额是否确定，抵押可分为普通抵押和最高限额抵押

最高限额抵押是指抵押人与抵押权人协议以抵押物对将来一定期间内连续发生的不特定债权，在预定的最高债权额限度内作担保的一种特殊的抵押形式。它有如下特征：①担保的主债权为将来一定期间内连续发生的债权，并非现在已经发生的债权；②所担保债权为将来发生的不确定债权；③担保的主债权范围以预定的最高额为限度，即债权人只能在协议约定的将来发生的最高债权额度内对抵押财产优先受偿，如果将来发生的债权额实际超过了最高额，超过部分为无担保债权，不得优先受偿。

我国《民法典》物权编第 17 章第二节对最高限额抵押作了专门规定。

三、房地产抵押的定义与抵押的原则

房地产抵押是指抵押人将其合法的房地产以不转移占有的方式向抵押权人提供债务履行担保的行为，债务人不履行到期债务或当事人约定的实现抵押权的情形时，抵押权人有权依法以抵押的房地产折价或者以拍卖、变卖所得的价款优先受偿。房地产抵押遵循以下三个原则：

1. 合法原则。合法原则包括三层含义：①设定抵押的房地产是法律所允许的。法律规定不得为抵押物的房地产，如果对其设定了抵押，抵押权人在债务人不履行债务时，无法实现其抵押权。例如，《民法典》第 399 条规定，土地所有权，学校、幼儿园、医院等以公益为目的的事业单位、社会团体的教育设施、医疗卫生设施和其他社会公益设施等不得抵押。②设定抵押的房地产必须是抵押人合法所有或合法占有的房地产。设定抵押的房地产，抵押人对该房地产必须享有所有权或经营使用权。如果是未经登记的房地产或所有权有争议的房地产，不能认为是合法的房地产。所以，所有权、使用权不明或者有争议的财产，不能设定抵押。③设定抵押的程序要合法。

2. 同一原则。同一原则是指土地使用权与地上建筑物一同抵押，即土地使用权抵押时，其地上建筑物、其他附着物随之抵押；地上建筑物、其他附着物抵押时，其使用范围内的土地使用权随之抵押。同一性是由房地产的内在属性决定的。

3. 特定原则。特定原则是指设定抵押的房地产是现实存在的特定的房地产。未来的房地产具有不特定性，抵押权人难以估量其价值，从而使抵押权人的利益难以得到切实的保障。所以我国《房地产法》第 49 条规定，房地产抵押，应当凭土地使用权证书、房屋所有权证书办理。

■第二节　房地产抵押范围的法律规定

一、房地产抵押权所担保的债权范围

抵押权作为一种担保物权，其所担保的债权一般以原债权为限，但下列几种情况，根据《民法典》第389条的规定，亦可列入所担保债权范围之内：

1. 利息。利息包括约定利息和法定利息两种。

2. 违约金。违约金是指由法律规定或合同约定的，当事人一方不能履行或不能完全履行合同时，应向对方支付的一定数额的货币。

3. 损害赔偿金。损害赔偿金是指因债务人的过错，造成合同不能履行或不能完全履行，给对方造成损失的，在没有约定违约金或违约金不足以弥补损失时所支付的补偿金。

4. 实现抵押权的费用。实现抵押权的费用包括保全抵押权的费用和实现抵押权的费用。

二、房地产抵押权标的物的范围

根据《房地产法》第32条和第48条的规定，房地产抵押权的标的范围包括房屋所有权和该房屋占用范围内的土地使用权；以出让方式取得的土地使用权可以设定抵押权。前者为物的抵押，后者则为权利的抵押。房地产抵押时应注意以下几个问题：

（一）用于抵押的土地使用权范围

1. 土地所有权不得用于抵押。根据我国《民法典》和《房地产法》的规定，可用于抵押的土地使用权是在土地所有权与使用权分离的基础上产生的，由土地使用人依法独立享有的对土地占有、使用、收益和对有关权利进行处分的权利，不包括土地所有权。因为土地所有权依照《宪法》规定属于国家所有或者属于农民集体所有，其他任何组织或个人都不得享有对土地的所有权。因此，土地所有权不能转让，不能作为抵押物。但是为了合理、有效地利用土地和保护土地，依据所有权与使用权分离的原理，土地的使用权和土地所有权可以分开，法律允许在不改变土地所有权的前提下，依法转让土地的使用权。因此，用于抵押的土地使用仅限于与土地所有权分离而产生具有物权性质的土地使用权。

2. 集体所有的土地使用权的抵押仅限于抵押人通过招标、拍卖、公开协商等方式取得的荒山、荒沟、荒丘、荒滩等荒地的土地使用权和乡（镇）、村企业的厂房等建筑物占用范围内的土地使用权。这类土地的承包经营权依据《农村土地承包法》的规定，既可以由本集体经济组织成员取得，也可以由本集体经济组织以外的自然人、法人或其他组织取得。《民法典》第399条规定，宅基地、自留地、自留山等集体所有的土地使用权不得抵押，但是法律规定可以抵押的除外，如抵押人依法承包并经发包方同意的荒地使用权可用于抵押。《民法典》第398条规定，乡

（镇）、村企业的建设用地使用权不得单独抵押。以乡（镇）、村企业的厂房等建筑物抵押的，其占用范围内的建设用地使用权同时抵押。随着我国土地市场的健全及全面发展，农村经营性建设用地也已进入市场，《民法典》第 398 条规定的内容正在不断扩展。《土地管理法》第 63 条规定，集体经营性建设用地使用权也可以抵押。这一规定体现了"十分珍惜和合理利用每一寸土地，切实保护耕地"的基本国策，也体现了对农业作为国民经济基础地位的保护。因为农民集体所有的土地，主要是用于农业生产的。我国人口众多，人均占有耕地面积相对较少，土地资源极为珍贵。如果允许农民将集体所有的土地使用权用于抵押，抵押权人以集体土地的使用权的交换价值实现其债权，而不关心土地的利用，极易造成土地使用的非农业化，使耕地被乱占、滥用，从而动摇农业生产的基础地位，乃至影响整个国民经济的发展。因此，我国法律虽然允许将农民集体所有的土地使用权转让，但为了保护耕地和农业生产，只有在符合严格限定条件的前提下，才允许将集体所有的土地使用权进行抵押。对集体所有的荒山、荒地、荒丘、荒滩土地使用权的抵押限于承包经营人并且须经发包方同意。

3. 土地使用权抵押必须是权属明确的土地使用权。抵押权的实现最终要对抵押物进行作价、拍卖或变卖，从而发生抵押物所有权的变动。因此，抵押物的所有权权属必须明确，抵押人必须对抵押物享有充分的处分权。土地使用权作为抵押标的，抵押人必须对抵押的土地使用权享有处分权。我国《民法典》第 399 条规定，所有权、使用权不明或者有争议的财产不得抵押。这一规定当然也包括土地使用权权属不明或者有争议的不得抵押。

（二）抵押的房地产的价值与其所担保债权数额的关系

1. 抵押的房地产的价值应大于或等于它所担保的债权数额。设定的抵押权目的在于确保债权的实现。如果受担保的债权的数额超出了抵押物的价值，债权人在行使抵押权并拍卖抵押物后的所得价款难以确保其债权的完全清偿。因此，抵押人用房地产作抵押时，其所担保的债权数额不得超出房地产的价值，即房地产的交换价值要大于或等于它所担保的债权数额。

2. 房地产被抵押后，其价值大于所担保债权的金额部分，在余额限度内可以再抵押。抵押权人的利益是通过对抵押的房地产作价、拍卖或变卖后的价款中优先清偿而实现的。抵押权实现后，如果抵押的房地产价值大于它所担保的债权的价值，超出所担保债权的部分就可以再设定抵押权，担保其他债权的实现，使被抵押的房地产的价值担保功能得以充分发挥。因为抵押并不以抵押物的移转占有为必要条件，所以在同一项抵押物上可以设定多个抵押权，且相互之间并不妨碍各自债权的实现。

（三）房地产抵押中土地使用权与地上建筑物的同一关系

《民法典》第 397 条规定："以建筑物抵押的，该建筑物占用范围内的建设用地使用权一并抵押。以建设用地使用权抵押的，该土地上的建筑物一并抵押。抵押人未依据前款规定一并抵押的，未抵押的财产视为一并抵押。"《出让和转让条例》第

第九章

33 条规定：“土地使用权抵押时，其地上建筑物、其他附着物随之抵押。地上建筑物、其他附着物抵押时，其使用范围内的土地使用权随之抵押。”《房地产法》第 48 条第 1 款规定：“依法取得的房屋所有权连同该房屋占用范围内的土地使用权，可以设定抵押权。”这些法律规定表明我国立法在处理房地产抵押中土地使用权与地上建筑物的关系时，始终坚持土地使用权与地上建筑物的同一原则，即土地使用权与地上建筑物一同抵押，包括两种情况：① “地随房走”的原则，即抵押地上房屋等建筑物时，其占用范围内的土地使用权一同抵押。这是各国立法处理土地与地上建筑物关系的普遍原则。因为地上房屋等建筑物必须建造在土地之上，土地及其土地使用权就构成房屋等建筑物的本质组成部分，离开土地，房屋等建筑就无法存在。因此，法律规定抵押房屋等建筑物的，同时抵押其占用范围内的土地使用权。② “房随地走”的原则，即在某些情况下，以土地使用权抵押的，地上的房屋也要同时抵押。房屋虽然并不是土地的本质组成部分，土地使用权可以独立设定抵押，但如果仅以土地使用权抵押，而不对土地上的房屋设定抵押，抵押权人在行使抵押权时就无法对地上建筑物行使权利，就可能妨碍土地使用权交换价值的实现，或者拆除房屋，造成浪费。因此，我国法律也规定了房随地走的原则。若抵押人在设定抵押时，未遵守建筑物与其占用范围的土地使用权一并抵押的规则，法律则视未设定抵押的财产一并抵押。法律在这里以拟制的方式保障该规则的实际运用，但这种法律拟制只适用于在当初设定抵押时就已存在的财产（尤其是建筑物），对于设定抵押后新增的财产，则需适用其他的规则。

（四）房地产抵押与地上新增建筑物的关系

《民法典》第 417 条、《房地产法》第 52 条规定，城市房地产抵押合同签订后，土地上新增的房屋不属于抵押物。需要拍卖该抵押的房地产时，可以依法将该土地上新增的房屋与抵押物一并拍卖，但对拍卖新增房屋所得，抵押权人无权优先受偿。在房地产被抵押以后，土地上新增加的房屋和其他建筑物本不属于抵押物的范围，因为在房地产被抵押时，这些房屋和建筑物尚不存在。抵押权人行使抵押权的范围应与抵押物的范围相一致。既然房地产抵押后新增房屋等建筑物不属于抵押物，因而房地产抵押权人行使抵押权时就不应包括土地上的新增房屋。但是这些新增房屋位于抵押权人抵押权所及的范围之内，其存在直接影响到抵押权人对房地产抵押权的行使。正是考虑到这一特殊情况，《民法典》和《房地产法》均规定抵押权人需要拍卖房地产的，可以将土地上的新增房屋一同拍卖。这样规定有利于房地产交换价值的实现，从而确保抵押权人债权的清偿。但法律又同时规定新增房屋的变卖价值，抵押权人无权优先受偿，这符合新增房屋不属于抵押物的实际情况，有利于对房屋所有人或其他债权人利益的保护。因此，在拍卖抵押的房地产以及新增房屋时，应对作为抵押物的房地产与新增房屋分别计价，以便分清抵押权人优先受偿价款的范围。

第九章

■第三节　房地产抵押的设定和抵押权的效力

一、房地产抵押的设定

房地产抵押的设定是指房地产抵押法律关系的产生，即在房地产抵押当事人之间发生抵押权利义务关系。债权人（抵押权人）由此而获得优先受偿权，债务人或第三人（抵押人）负有物上担保义务。房地产抵押法律关系通常因当事人协商一致并经登记公示而产生。当事人协商一致的行为即订立抵押合同行为。抵押合同的订立是抵押法律关系产生的最基本的法律事实。抵押权作为一种物权只有经过登记公示，才能取得物权效力。

（一）房地产抵押合同

房地产抵押合同是指债务人或者第三人不移转对房地产的占有，将房地产作为债权的担保而与债权人达成的明确相互权利义务关系的协议。依据此协议，在债务人或第三人提供抵押的房地产上为债权人的债权设定抵押权，债务人或第三人将对债权人之债权承受房地产物上担保义务。当债务人不履行到期债务或者发生当事人约定的实现抵押权的情形时，债权人有权依照法律规定从拍卖或变卖该房地产的价款中优先受偿。抵押合同就是在抵押权人与抵押人之间明确抵押权利义务关系、意思表示一致的协议。

1. 房地产抵押合同的内容。订立房地产抵押合同要求条款齐全、内容完备。《民法典》第400条规定，房地产抵押合同应当具备下列内容：

（1）被担保的主债权种类、数额。房地产抵押合同的订立就是为了担保主债权的实现，因而抵押合同中应当首先明确被担保的主债权的种类和数额。主债权种类是指受担保债权所属的类别。因为抵押权是在债务人不履行到期债务或者发生当事人约定的实现抵押权的情形时，抵押权人以抵押物的交换价值优先受偿的权利，因而一般认为抵押权所担保的债权应当是金钱债权。主债权的数额就是指抵押权所担保的债权金额。订立房地产抵押合同应写明主债权种类、数额。这是由抵押合同的从属性决定的，只有确定了主债权的种类、数额，才能明确担保对象，并确定被抵押的房地产的价值可否为债权实现提供充分担保。

（2）债务人履行债务的期限。债务人履行债务的期限是指主合同的债务人向债权人履行债务的时间界限。抵押权只有在主债务人不履行到期债务或者发生当事人约定的实现抵押权的情形时才能实现。因此写明债务人履行债务的期限是判明债务人是否履行到期债务的时间标准，也是确定抵押权得以实现的时间标准。主债权合同的履行期限可以是一次性履行的期限，也可以是分期履行的期限。对分期履行的债务应写明每一分期的履行期限，债务人对任何一期债务不履行，都可能导致抵押权人行使抵押权。

（3）抵押物的名称、数量、质量、状况、所在地、所有权权属或者使用权权属。房地产抵押法律关系中的抵押物是房地产，因此应写明抵押的房地产的权利归属，写明地块面积、地点、使用年限，建筑物的名称、面积、结构、质量等内容。这些事项对于将来判定抵押物的价值具有重要意义。

（4）抵押担保的范围。在债务人不履行到期债务或者发生当事人约定的实现抵押权的情形的情况下，债权人不仅不能实现其主债权利益，而且还会因此遭受更大的损失或由此产生新的债权。例如，不能按期履行金钱给付，要遭受利息损失；因违约要支付违约金、赔偿金等。这就涉及房地产抵押所担保的范围究竟是只包括主债权本身呢，还是包括主债权之外因债务人不履行债务而发生的债权？对此，我国法律允许当事人在抵押合同中予以约定。《民法典》第389条规定，抵押担保的范围包括主债权及利息、违约金、损害赔偿金和实现抵押权的费用，当事人另有约定的依照其约定。

（5）当事人认为需要约定的其他事项。上述四项内容是法律明确规定抵押合同应当具备的内容，即合同的必要条款。缺少其中任何一项，抵押当事人的权利义务就无法确定，从而导致合同不能成立，但法律允许当事人就欠缺内容予以补正。除了这些条款以外，当事人还可以根据各自利益需要对有关事项予以约定。例如，抵押权人实施抵押权是否应为催告，抵押人转让抵押物的价款必须提前清偿债务还是向第三人提存，房地产抵押合同是否经过公证等。这些约定事项构成抵押合同的非必要条款，约定与否不影响合同的成立。

2. 房地产抵押合同的形式。《民法典》第400条第1款规定："设立抵押权，当事人应当以书面形式订立抵押合同。"可见抵押合同为要式合同。法律之所以要求抵押合同采用书面形式，是因为抵押权是以抵押物的交换价值于将来债务人不履行债务时优先受偿的权利。抵押合同是担保主债权的从合同，是不转移标的物占有的合同，是于将来实现权利的合同，因此抵押合同不能采用口头形式。书面形式既可以是当事人在主合同中达成的关于抵押担保的条款，也可以是主合同之外由抵押人和抵押权人达成的抵押担保协议，以及当事人之间有关抵押担保设立的信函等书面资料。

3. 房地产抵押合同与主合同的关系。房地产抵押合同在民法理论上属于主债权债务合同的从合同，即是为保障主债权债务合同内容的实现而订立的，属于从属地位的合同。它的成立和存续以主合同的成立和存续为前提，随着主合同的无效而无效。基于此，以房地产抵押合同为基础而产生的抵押权属于从权利，随着主合同债权的存续而存续，随着主合同债权的转让而转让，亦随着主合同债权的消灭而消灭。

对于抵押合同的从属性及其与主债权债务合同的关系，《民法典》第388条第1款也作了明确规定："设立担保物权，应当依照本法和其他法律的规定订立担保合同。担保合同包括抵押合同、质押合同和其他有担保功能的合同。担保合同是主债权债务合同的从合同。主债权债务合同无效，担保合同无效，但是法律另有规定的除外。"

第九章

4. 房地产抵押合同无效的法律后果。

（1）基于其从合同性质，由于主债权债务合同无效而导致房地产抵押合同无效。在这种情况下，产生两种法律后果：①被抵押的房地产由于合同的无效而除去担保负担，房地产处分权人重新取得对房地产的圆满支配权。②参照最高人民法院2000年12月8日公布的《关于适用〈中华人民共和国担保法〉若干问题的解释》（本章以下简称《解释》）第8条的规定，若抵押人对主债权债务合同无效有过错的，应当承担不超过主合同债务人不能清偿部分的1/3的民事责任。《解释》在此处为抵押人规定了法定限额的民事责任，这里的抵押人仅指主合同债务人以外的第三人。如果抵押人同时为主合同的债务人，其过错导致主合同无效时，应当向债权人承担全部的赔偿责任，不存在责任限额。责任类型应当是损害赔偿责任；责任额度是主合同债务人不能清偿部分的1/3；主合同债务人的"不能清偿部分"是指合同无效后，原主合同债权人在穷尽一切法律手段向债务人主张赔偿责任后仍剩余的部分；抵押人承担责任以有过错为前提，过错类型包括故意和过失两种。

（2）主债权债务合同有效，房地产抵押合同由于某种原因而无效。在这种情况下，房地产抵押人由于抵押合同无效，其抵押的房地产当然除去了担保负担。但若房地产抵押合同无效时抵押人有过错的，则抵押人应当向主合同债权人承担民事赔偿责任。此处抵押人赔偿责任的具体承担方式有两种：①若主合同债权人对房地产抵押合同的无效有过错，抵押人则需承担有法定限额的赔偿责任。根据《解释》第7条的规定，抵押人承担不超过债务人不能清偿部分的1/2的民事责任，具体的责任额度应当以债权人的过错所导致的责任额度与抵押人过错所导致的责任额度相抵销后的剩余部分为准。②若主合同债权人对房地产抵押合同的无效没有过错，根据《解释》第7条的规定，抵押人则需与债务人对主合同债权人的经济损失承担连带赔偿责任，在这里对抵押人并无责任限额的规定，而且这里也并不要求抵押人有过错。因此不管抵押人有无过错，主合同债权人既可以向抵押人主张全部赔偿责任，也可以向其主张部分赔偿责任。

抵押人因担保合同无效而依据以上规则向债权人承担赔偿责任后，根据《解释》第9条的规定，可以向债务人追偿。根据以上情况具体分析可知，抵押人向债务人行使追偿权的前提有二：①抵押人承担了与其过错程度不相符的民事赔偿责任，即承担的民事责任超过了依其过错在法理上所应承担的责任限度。这主要出现在上述抵押人承担法定限额责任和连带责任时有过错的情况下。②抵押人承担了本不应由其承担的民事责任。这是指上述抵押人承担连带责任而无过错的情况。

（二）房地产抵押登记

抵押权是物权，应经登记取得公示效力。我国对抵押权登记采取登记要件主义和登记公示主义相结合的原则。所谓登记要件主义，即登记是抵押权成立的必要条件，不经登记抵押权不能成立。所谓登记公示主义，是指抵押权唯经登记才发生公信力，不经登记并不影响抵押权的设立，但不具有公信力，不能对抗第三人。我国

第九章

《民法典》规定，以不动产抵押登记的，应办理抵押登记，抵押权自登记时设立；以动产抵押的，抵押权自抵押合同生效时设立，未办理登记的，不得对抗善意第三人。当事人办理抵押物登记取得公信力，可对抗第三人。由此可见，办理抵押登记是房地产抵押法律关系成立的重要法律事实。

1. 房地产抵押登记机构。关于房地产抵押在哪个机构登记，我国法律在不同时期的规定不同，以前是针对抵押物的不同种类，实行土地、房屋分别登记制度，即以无地上定着物的土地使用权抵押的，办理登记的部门为核发土地使用权证书的土地管理部门；以城市房地产或者乡（镇）、村企业的厂房等建筑物抵押的，办理登记的部门为县级以上地方人民政府规定的部门。可见房地产抵押登记以其土地上有无定着物而由不同的部门办理。《不动产登记暂行条例》实施后，我国实行了统一登记制度，即由县级以上地方人民政府规定的同一个机构办理房地产抵押登记。

2. 房地产抵押设定登记的程序。房地产抵押设定登记一般应经过申请、审查、核准登记、公告等程序。申请应当由抵押当事人向法律规定的房地产抵押登记机关填写并递交房地产抵押登记表，同时提交法律规定的应当提交的登记文件，主要包括：主合同和抵押合同，抵押的土地使用权证书、房屋所有权证书。审查阶段即由负责审查、监督的抵押登记部门对当事人提交的抵押登记文件的真实性、合法性予以审查。核准登记是指房地产抵押登记的机关对当事人提交的抵押登记文件的真实性、合法性审核确定以后，对抵押权设定的必要事项予以记载。公告是指对抵押登记的资料应当向社会公开，登记部门应当允许当事人和其他人对登记资料进行查阅、抄录或者复印，从而使房地产上的抵押权取得公信力，以避免与抵押的房地产有利害关系的人因不知情而蒙受损失。

3. 房地产抵押设定登记的效力。房地产抵押设定登记使经登记的抵押权受到法律的保护并取得物权公示公信效力，能够对抗第三人，即第三人即使善意取得抵押财产，也不影响抵押权人对抵押财产行使优先受偿权。

二、房地产抵押权的效力

抵押权是抵押权人享有的当债务人不履行到期债务或者发生当事人约定的实现抵押权的情形时依法直接处分抵押物并优先受偿，使其债权实现的权利。抵押权的效力是指抵押权人行使这一权利的边界范围。它涉及抵押权人对抵押物的直接支配力、抵押权所担保的债权范围、抵押权对在抵押物上发生的其他民事法律关系的影响力，一般包括对内效力和对外效力。前者是指在抵押权法律关系内部发生的抵押权应有的以债权的优先受偿为内容的效力，后者是指抵押权对其外部相关法律关系的影响力。

（一）房地产抵押权的内部效力

房地产抵押权的内部效力主要包括抵押权人处分房地产的优先受偿效力、对被担保的债权范围的效力和对作为抵押权标的物的房地产范围的效力。

1. 优先受偿效力。抵押权的优先受偿效力就是指抵押权人在其债务人到期不履行债务或者发生当事人约定的实现抵押权的情形时，无须经房地产抵押人的同意即可对抵押的房地产予以处分，并从变卖的价款中优先于普通债权人获得清偿。

2. 债权范围效力。抵押权对所担保的债权范围应包括主债权及利息、违约金、损害赔偿金和实现抵押权的费用。抵押合同另有约定的，依照约定。

3. 作为抵押物的房地产范围效力。在房地产抵押法律关系中，抵押权对抵押物的效力范围应当包括作为抵押物的房地产本身，以及依照法律规定抵押物所生孳息等。

依照法律规定抵押的房地产，主要是指以下 3 种情况：①以依法取得的国有土地上的房屋抵押的，该房屋占有范围内的国有土地使用权同时抵押；②以出让方式取得的国有土地使用权抵押的，应当将抵押时该国有土地上的房屋同时抵押；③以乡（镇）、村企业的厂房等建筑物抵押的，其占用范围内的土地使用权同时抵押。此时抵押权对抵押物之效力范围就不仅包括土地使用权本身，而且包括土地上的房屋等建筑物。

孳息是原物所产生的收益。依照法律，孳息一般归原物所有人所有。抵押物上所生孳息归抵押物所有人所有。但孳息相对于原物有其独立性，因此，在原物上设定的抵押权的效力并不当然及于原物所生孳息，只有在法律另有规定的情况下，抵押权的效力才及于抵押物所生孳息。我国《民法典》第 412 条规定，债务履行期届满，债务人不履行债务致使抵押物被人民法院依法扣押，自扣押之日起，抵押权人有权收取由抵押物分离的天然孳息以及抵押人就抵押物可以收取的法定孳息。抵押权人未将扣押抵押物的事实通知应当清偿法定孳息的义务人的，抵押权的效力不及于该孳息。据此，在房地产抵押法律关系中，不履行到期债务，致使抵押的房地产被人民法院依法扣押的，对于房地产的天然孳息，抵押权人有权收取；抵押权人将扣押房地产之事实通知了应当清偿法定孳息的义务人的，也有权收取其法定孳息。

抵押权对抵押物的效力还表现在抵押人的行为足以使抵押物价值减少的，抵押权人有权要求抵押人停止其行为。抵押物的价值减少时，抵押权人有权要求抵押人恢复其价值或者提供与减少的价值相当的担保。抵押人对抵押物价值减少无过错的，抵押权人只能在抵押人因损害而得到的赔偿范围内要求提供担保，抵押物价值未减少的部分，仍作为债权的担保。

（二）房地产抵押权的对外效力

房地产抵押后，因其权属和占有仍归抵押人，抵押人仍可以依法支配、处分自己拥有的房地产，从而在该项房地产上形成新的法律关系或者保持既存的法律关系。抵押权的存在必然会对房地产上既存的或新发生的诸种相关法律关系产生一定的影响力，这便是其对外效力。例如，房地产产权人将已经抵押的房地产依法转让、出租、再抵押而发生的法律关系都会对原抵押权发生相关影响。根据我国《民法典》的规定，房地产抵押权的对外效力主要涉及以下几种情况：

1. 抵押权对房地产出租法律关系的影响。

（1）租赁关系成立在先，抵押权设立在后。抵押权的设立、实现均对租赁关系不发生影响，法律只要求抵押人以书面形式将设定抵押之事实告知承租人，原租赁合同继续有效。从抵押权的设定来看，租赁与抵押互不影响。因为已经出租的房地产仍归出租人所有，出租人（即抵押人）在不影响承租人占有、使用的前提下仍有权支配、处分财产，而抵押权的设定并不要求房地产的移转占有，因此，租赁关系的有效存在不影响出租人将已经出租的房地产再行设定抵押，抵押权的设定也不影响承租人对房地产的占有、利用。从抵押权的实现来看，抵押权人将抵押房地产依法拍卖、变卖后，买受人获得了抵押房地产的所有权，按照"买卖不破租赁"的原则，租赁关系可以对抗新的买受人，使租赁关系继续有效，只是出租人发生了变化，让位于抵押物的买受人。因而，抵押权的实现也不影响租赁关系的存在。

（2）租赁关系成立在后，抵押权设定在先，抵押权对租赁关系就会发生影响，租赁关系应当随抵押权的实现而解除。从租赁关系的成立来看，租赁关系不受抵押权效力的影响，因为已经抵押的房地产仍归抵押人所有和占有，他仍然有权将该房地产出租。但是抵押权是设定在先的一种物权，而租赁权是设定在后的一种债权，按照物权优先于债权的原则，租赁权不得对抗抵押权。随着抵押权的实现，抵押物新的买受人不受租赁关系的约束，承租人不得对抗买受人，租赁关系应随即解除。

2. 抵押权对房地产转让法律关系的影响。抵押权对房地产转让法律关系的影响是指房地产的抵押人可否将已经抵押的房地产转让以及其转让房地产所受抵押权的制约与相互影响。根据《民法典》第406条的规定，这种影响主要表现在：①抵押期间，抵押人转让已办理登记的房地产的，应当通知抵押权人并告知受让人转让物已经抵押的情况。抵押的房地产转让，抵押权不受影响。②可能损害抵押权的抵押房地产转让行为具有使抵押权提前实现的效力。抵押权的效力主要体现在从抵押的房地产变卖的价款中优先受偿所担保的债权。抵押人用转让抵押的房地产所得价款提前向债务人清偿债务或者以向第三人提存的方式提前清偿债务，可以认为抵押权人已从抵押的房地产的价款中优先受偿，抵押权应当消灭。③抵押的房地产转让价款中超过债权额的部分应归抵押人，不足部分应由债务人继续清偿。

我国法律虽然规定了抵押人可以转让抵押的房地产，并规定了对抵押权如何加以保护，但笔者认为法律对抵押权的保护力度不够，主要体现在：①未明确规定抵押权的物权追及效力，即抵押物一旦转让，设定其上的抵押权因提前实现而消灭，不可追及于抵押物继续存在；②转让抵押房地产的行为造成抵押房地产的价值减少的，抵押权人仅可以要求抵押人提供相应的担保，但未规定抵押人不提供时，抵押权人可以主张抵押的房地产的转让行为无效。

3. 抵押权对房地产再抵押的影响。抵押的房地产的价值大于所担保债权的余额部分，可以再次抵押，但不得超出其余额部分。抵押权的实质是以抵押的房地产的交换价值担保债权之清偿，如果抵押的房地产的价值大于所担保的债权数额就足以实现其抵押权设定的目的，抵押人就可以其价值超过所担保债权之部分为其他债权担保，这样就使同一抵押的房地产为多个债权提供担保。再担保的债权数额，除当事人有约定外，不得超出其余部分。

4. 房地产抵押权的对外处分效力。抵押权的对外处分效力是指抵押权人可否将抵押权让与其他人或者为其他债权担保。我国《民法典》第 407 条规定："抵押权不得与债权分离而单独转让或者作为其他债权的担保。债权转让的，担保该债权的抵押权一并转让，但是法律另有规定或者当事人另有约定的除外。"这是由抵押权对于它所担保的主债权而具有的从属性决定的，它随主债权生存而生存，随主债权消灭而消灭，其效力与主债权不可分离。据此，房地产的抵押权亦不得与其所担保的债权分离而单独转让或者作为其他债权的担保，只有与其所担保的债权一起才可以转让或与所担保的债权一起为其他债权设定抵押担保。

■第四节　房地产抵押权的实现

一、房地产抵押权实现的定义

房地产抵押权的实现是指债务履行期间届满，债务人不履行债务或者发生当事人约定的实现抵押权的情形时，抵押权人依照法律规定的程序直接处分抵押房地产，以抵押的房地产折价或拍卖、变卖价款使其债权优先受偿。抵押权实现即抵押权设立的目的达到，抵押权随之消灭。

二、实现房地产抵押权的条件

实现抵押权的条件也就是行使抵押权的条件。抵押权是为将来行使而设定的权利，非即时行使的权利。只有符合法律规定的条件，即一定的法律事实出现，抵押权人才能行使抵押权。这个条件就是债务人不履行到期债务或者发生了当事人约定的实现抵押权的情形，抵押权人的债权未受清偿。如果债务履行期限未满或债务人已按期清偿了债务，抵押权人都不得行使抵押权。

三、实现房地产抵押权的方式

实现抵押权一般有三种方式，即将抵押的房地产折价或者拍卖、变卖，以所得价款优先受偿。折价就是指把抵押房地产折合成货币金钱，直接优先清偿债权，抵押房地产折价超过债权数额的部分由抵押权人退还抵押人，不足部分由债务人清偿。变卖就是指将抵押房地产出卖，以出卖的价款优先清偿债权。抵押房地产的折价、变卖都应参照市场价格。拍卖是指依照拍卖程序，在公开场合就抵押房地产公开叫价竞投，以"价高者得"的原则确定买受人。拍卖必须严格按照法律规定的程序进行，坚持公开、公正、公平的原则。根据《房地产法》第 47 条的规定，房地产抵押权的实现只能采取拍卖的方式。

四、房地产抵押权实现的程序

债务履行期限届满，抵押权人未受清偿的，可以与抵押人协议以抵押的房地产

第九章

拍卖所得的价款受偿；协议不成的，抵押权人可向人民法院提起诉讼。可见，抵押权实现的程序是先要经过抵押权人与抵押人的协议程序，当协议程序能够就抵押的房地产拍卖达成协议的，抵押权就可以实现；如果不能达成协议的，则要经过诉讼程序，在人民法院的主持下，实现抵押权。

五、划拨的国有土地使用权抵押权实现的特殊程序

我国《房地产法》第23条第1款规定："土地使用权划拨，是指县级以上人民政府依法批准，在土地使用者缴纳补偿、安置等费用后将该幅土地交付其使用，或者将土地使用权无偿交付给土地使用者使用的行为。"第40条第1款规定："以划拨方式取得土地使用权的，转让房地产时，应当按照国务院规定，报有批准权的人民政府审批。有批准权的人民政府准予转让的，应当由受让方办理土地使用权出让手续，并依照国家有关规定缴纳土地使用权出让金。"第51条规定："设定房地产抵押权的土地使用权是以划拨方式取得的，依法拍卖该房地产后，应当从拍卖所得的价款中缴纳相当于应缴纳的土地使用权出让金的款额后，抵押权人方可优先受偿。"由这些法律规定可以看出，在划拨的国有土地使用权上设定抵押，实现抵押权时，必须经过两个特殊程序：①拍卖该土地使用权，必须报有批准权的人民政府审批；②拍卖所得价款必须首先依法缴纳应缴的土地使用权出让金，然后抵押权人才能优先受偿。这是因为这类土地使用权是土地使用人无偿取得的，因此，能否转让应由政府批准，而且转让所得必须优先缴纳土地使用权出让金，实现国家利益，这是立法上对国家利益的特别保护。

六、房地产抵押权实现的顺序

抵押权实现的顺序是指在同一财产上设定了两个以上的抵押权时，各抵押权人受偿的先后次序。同一房地产向两个以上的债权人抵押的，拍卖房地产所得的价款就应按照法律规定的顺序和原则清偿各个债权人的债权。我国《民法典》第414条对同一财产向两个以上债权人抵押后，拍卖、变卖抵押财产所得价款的清偿顺序作了全面、系统而科学的规定：①抵押权已登记的，按照登记的时间先后确定清偿顺序。②抵押权已登记的先于未登记的受偿。③抵押权未登记的，按照债权比例清偿。

七、房地产抵押权的实现对相关法律关系的影响

(一) 房地产抵押权的实现对主债权关系的影响

随着房地产抵押权的实现，主债权关系可能发生两种变化：①抵押权人处分抵押物所得价款使主债权全部得到清偿，从而引起主债权关系的消灭。②抵押权行使后，抵押物价款使主债权部分得到清偿，从而使已受偿部分的主债权消灭，其余未受清偿的债权关系仍然存在，债务人应当继续向债权人履行债务。

(二) 房地产抵押权的实现对地上建筑物所有权法律关系的影响

房地产设定抵押权时，土地上有房屋等建筑物存在的，应当将土地上的房屋等建筑物连同土地使用权同时抵押。抵押权人有权就土地使用权及其地上房屋等建筑物一同拍卖，并从拍卖所得价款中优先受偿。如果房地产设定抵押时，土地上没有

房屋，在房地产抵押权设定后，土地上新增的房屋等建筑物就不属于抵押财产范围。抵押权人实现抵押权时可以依法将该土地上的新增房屋与土地使用权一同拍卖，但对拍卖新增房屋所得价款，抵押人无权优先受偿。就是说，抵押权人行使抵押权时拍卖的范围可以包括土地上的新增房屋，但优先受偿的范围不包括新增房屋。由此可见，房地产抵押权的行使必然会引起地上房屋等建筑物所有权法律关系的消灭。不同的是，对于同时抵押的房屋价款，抵押权人有优先受偿权；而对于新增房屋拍卖价款，抵押权人无权优先受偿，价款归房屋所有人。

（三）房地产抵押权的实现对土地所有权关系的影响

房地产抵押权人实现抵押权的方式就是把抵押土地使用权（包括房屋等建筑物）进行拍卖，其后果只引起土地使用权归属关系的变化，并不涉及土地所有权关系的变化。以乡（镇）、村企业的厂房等建筑物占用范围内的土地使用权和以招标、拍卖、公开协商等方式取得的"四荒地"等土地承包经营权抵押的，在实现抵押权后，未经法定程序不得改变土地集体所有的性质和土地用途。这里的法定程序是指依法办理土地征收，而且经县级以上地方人民政府土地管理部门办理土地所有权变更登记，并由县级以上地方人民政府更换土地证书。

■参阅案例

王某诉某市房地产市场管理处等确认抵押合同无效及返还房屋产权证纠纷案[1]

【阅读要点提示】

作为专门管理房产抵押登记的职能部门，未认真审查抵押登记的真实性和合法性，错误地给无关人员办理了抵押权证书，其行为侵害了房屋产权人的民事财产权利，应当返还房屋产权人的房屋所有权证。

原告（被上诉人）：王某

被告（上诉人）：某市房地产市场管理处

被告：某市夏集农村信用合作社（以下简称"夏集信用社"）

被告：刘某

1988年11月26日，原告王某对自己的房产取得编号为第312174号房屋所有权证，产权人登记为"王某"。1998年7月，案外人王甲持原告房权证、身份证找被告刘某之母陈某帮忙协调向被告夏集信用社贷款事宜。当月30日，王甲、陈某和夏集信用社信贷员刘甲、房管局工作人员张某共同办理了以被告刘某为借款人，以原告王某为抵押人，从被告夏集信用社借款35 000元的所有权抵押登记手续和借款手

---

[1]　最高人民法院中国应用法学研究所编：《人民法院案例选》（民事卷2），人民法院出版社2017年版，第1200页。

续，期限为3个月，并将原告的房权证存放在被告房地产市场管理处。而原告一直未参与此事，事后对此也未予追认。该款借出后，由案外人王甲领取并曾部分结息。1999年，被告夏集信用社起诉原告王某，要求其承担抵押担保责任，原告不同意，双方产生纠纷。2004年5月，原告诉至法院，要求确认抵押合同无效，并返还房权证书。

诉讼中，上述抵押登记的相关手续中，原告的所有指纹和印鉴经鉴定均不是其本人手迹。

原告王某诉称，其于1988年11月取得房权证。1998年5月，家中被盗，未发现丢失东西，未报案。1999年，被告夏集信用社起诉本人追要贷款，其才得知其房产被抵押为刘某担保贷款35 000元和房权证丢失的事实。故要求确认抵押合同无效，并由三被告返还房权证、承担诉讼费用。

被告房地产市场管理处辩称：①抵押合同当事人提供的抵押文件齐全，其依法办理抵押登记手续合法有效；②其办理抵押登记属政府部门行政行为，不能作为民事被告参加民事诉讼。故应驳回原告对房地产市场管理处的起诉。

被告夏集信用社辩称：①抵押借款合同真实有效；②房地产市场管理处在办理抵押登记时未尽到审查义务，存在过错；③房权证未由其保管，无返还可能。故不同意原告的诉讼请求。

被告刘某未作答辩。

A省B市人民法院经审理认为，意思表示真实是民事法律行为的必要条件。本案某市房地产市场管理处和夏集信用社工作人员在没有认真核实原告王某是否真的有委托案外人办理抵押登记及订立抵押合同的情况下，仅凭原告的房权证、身份证（与本人不一致）和虚假的委托书、申请书即草率办理了抵押及借款手续，经原告申请司法鉴定，发现相关手续上原告的指纹、印鉴均非本人所留，充分说明抵押合同及抵押权证的不真实性，故原告诉请确认抵押合同无效，理由正当，本院予以支持。被告房地产市场管理处，作为专门管理房产抵押登记的职能部门，未认真审查抵押登记的真实性和合法性，错误地给无关人员办理了抵押权证书，其履行职务的行为侵害了原告的民事权利中的财产权利，应当承担返还原告财物——房权证的责任。故原告要求被告房地产市场管理处返还房权证的请求符合《民法通则》第121条关于国家机关工作人员履行职务，侵犯公民或法人合法民事权益应承担民事责任的规定，本院亦予以支持。被告房地产市场管理处辩称其审查登记无误，并称其行为属于具体行政行为，因缺乏证据和法律依据，且与上述鉴定结论及民事法律规定相悖，本院不予支持。被告刘某未参与签订抵押合同及办理抵押物登记，与原告诉请无直接因果关系。此外，被告夏集信用社未保管原告的房权证，故原告要求被告刘某和夏集信用社返还房权证没有依据，本院不予支持。依照《中华人民共和国民事诉讼法》第130条、《中华人民共和国民法通则》第55条、第121条，《中华人民共和国合同法》第52条、第56条、第58条及有关民事法律政策之规定，于2004

年 11 月 9 日作出判决：①确认 1998 年 7 月 30 日被告某市夏集农村信用合作社与被告刘某签订的用原告王某房产提供抵押担保的抵押借款合同中的抵押合同为无效合同。②被告某市房地产市场管理处于判决生效后 30 日内返还原告王某的编号为第312174 号房屋所有权证。③驳回原告其他诉讼请求。

某市房地产市场管理处不服一审判决，向 A 省 B 市中级人民法院提出上诉，主要上诉理由及请求为：①上诉人为国家行政机关，原判决将上诉人列为民事被告程序违法；②原判决判令上诉人返还房权证适用法律错误。请求二审法院依法予以纠正。

经二审查明的事实与原审判决认定事实一致。

本案审理中，双方当事人存在三大争议焦点：

1. 抵押借款合同是否真实有效。一、二审已查明涉诉抵押借款合同是案外人王甲、陈某和夏集信用社信贷员刘甲、房管局工作人员张某共同办理的，原告王某本人对此一不知情，二未到场，三无书面授权手续，四是至今未予追认。从民事法律行为的构成要件来说，当事人意思表示真实，是必要条件，而本案涉诉的抵押合同以原告房产为刘某贷款作抵押担保，缺少的正是原告本人同意用其房产抵押担保的真实意思表示，相应手续上原告的指纹、印鉴经鉴定均非本人所留，充分说明抵押合同的不真实性，依据《合同法》第 52 条"恶意串通，损害国家、集体或第三人利益"情形的合同无效的规定，依法应确认涉诉抵押合同为无效合同。

2. 房地产市场管理处持有原告王某的房权证有无法律根据及应否承担返还义务。自案外人王甲等用原告房产为他人贷款抵押担保后，原告的房权证就一直由某市房地产市场管理处持有和保管，这一点已超越其职责范围，且无原告授权。房地产市场管理处作为管理房地产抵押登记的政府职能部门，其应履行职责即审查抵押登记、依法予以登记、发放抵押权证书，却无需扣留、保管抵押人的房权证。其越权持有原告房权证其实是一种变相的"扣留"行为，已经侵犯了原告对自己的房权证及相应房产享有的民事权利，构成了民事侵权。根据《中华人民共和国民法通则》第 121 条规定，国家机关工作人员履行职务，侵犯公民或法人合法民事权益的，应承担民事责任。房地产市场管理处持有原告房权证缺乏法律依据，应当承担返还原告财物——房权证的义务。

3. 房地产市场管理处能否作为本案被告参加民事诉讼即其诉讼主体资格适格与否的问题。《中华人民共和国民法通则》第 2 条规定："中华人民共和国民法调整平等主体的公民之间、法人之间、公民和法人之间的财产关系和人身关系。"房地产市场管理处作为管理房地产抵押登记的政府职能部门，其履行职务行为属于具体行政行为，超越职权的行为是否还是具体行政行为，则应具体情况具体分析。本案中该单位"持有"原告房权证超越了其本身职权，无权"持有"却要"持有"，直接侵犯的是原告对自己房权证占有、使用、收益、处分的权利，而且原告对涉诉抵押登记不知情、未到场、事先未授权、事后未追认，作为非抵押登记行为的行政管理相对人，其与房地产市场管理处之间是一种权利受侵害者和侵害实施者的关系，是一种平等主体之间以民事权利义务为内容的财产关系，属于我国民法调整范围。故原审将房地产市场管理处列为被告让其参加民事诉讼并无不妥，房地产市场管理处的诉讼主体资格是适格的。

B市中级人民法院经审理认为，借款人刘某与某市夏集信用社签订借款合同时，在被上诉人王某本人不知情、未到场、未出具书面授权手续的情况下，即以王某房权证签订抵押担保合同，该抵押担保合同不是王某的真实意思表示。故原审确认借款合同中的抵押合同无效正确，对此法院予以确认。抵押担保合同无效，上诉人某市房地产市场管理处亦无异议，上诉人持有王某房权证无法律依据，原判令上诉人将房权证返还给房屋所有人正确。上诉人上诉理由不足，不予支持。原判认定事实清楚，判决适当，审判程序合法。故依据《中华人民共和国民事诉讼法》第153条第1款第1项之规定，于2005年5月8日作出判决：驳回上诉，维持原判。

【思考题】

1. 试述房地产抵押的原则。
2. 房地产抵押权标的物的范围包括哪些？
3. 什么是房地产抵押权的内部效力？具体表现在哪些方面？
4. 试述房地产抵押权的对外效力。

第九章

第十章

房地产登记法律制度

内容提要 房地产登记有广义和狭义之分。广义的房地产登记也称之为不动产登记。不动产是指土地、海域以及房屋、林木等定着物。狭义的房地产登记是指《房地产法》第60条规定的对土地使用权和房屋所有权的登记。本章主要是从狭义上阐述房地产登记制度，在介绍房地产登记法律制度一般理论的同时，结合我国相关法律法规的规定阐述了房地产登记的具体内容。

学习重点 房地产登记的定义和特点；房地产登记的原则和房地产登记的程序；房地产登记的类型等。

■第一节 房地产登记法律制度概述

一、房地产登记的定义

房地产登记，是指法律规定的房地产登记机构，依法将房地产权利归属和其他法定事项记载于房地产登记簿上的行为。房地产的权利是指房地产的所有权、使用权及其他权利，如抵押权等；其他法定事项是指房地产权利人、房地产权利的来源和取得时间、房地产的坐落、面积、结构、用途等。房地产登记是国家确认房地产产权归属的法定程序，经过登记的房地产产权，受国家法律保护，任何单位和个人不得侵犯。房地产登记包括：首次登记、变更登记、转移登记、注销登记；还有其他特殊类型登记，即更正登记、异议登记、预告登记、查封登记等。

房地产登记是国家对房地产进行管理和产权保护的重要内容之一，我国政府对此一直很重视。新中国成立初期，我国就制定了许多房地产产权产籍管理的规范，各地在接收旧政权房地产产权产籍资料的同时，对原有的产权产籍档案资料进行了清理和补充，建立了比较完善的产权产籍档案。这些档案的建立，为城市建设和管理、征收房地产税以及20世纪50年代中期对私人出租房屋进行社会主义改造等提供了重要的依据。"文化大革命"中，我国房地产的产权产籍工作一度受到了影响，出现了许多产权不清、产籍不明的房屋。党的十一届三中全会以后，我国先后制定了一系列房地产产权产籍管理的法规，房地产产权产籍管理工作得到了加强。1982年3月27日国家城市建设总局发布了《关于城市（镇）房地产产权、产籍管理暂行规定》，从审查和确认房地产产权、建立健全房地产登记制度、加强房地产产权档案管理等方面对房地产产权产籍管理作了规定。1985年，城乡建设环境保护部和国家统计局组织开展了第一次全国城镇房屋普查。1987年，城乡建设环境保护部又在房屋普查的基础上开展了全国城镇房屋所有权总登记，统一了全国房屋所有权权证式样，使我国房地产产权产籍管理工作进入了一个新的历史时期。1990年，建设部发布了《城市房屋产权产籍管理暂行办法》，对城市房屋的产权管理和产籍管理也作了具体规定。1994年7月5日颁布的《房地产法》对房地产权属登记管理也作了明确规定，该法第59条规定："国家实行土地使用权和房屋所有权登记发证制度。"第60条规定："以出让或者划拨方式取得土地使用权，应当向县级以上地方人民政府土地管理部门申请登记，经县级以上地方人民政府土地管理部门核实，由同级人民政府颁发土地使用权证书。在依法取得的房地产开发用地上建成房屋的，应当凭土地使用权证书向县级以上地方人民政府房产管理部门申请登记，由县级以上地方人民政府房产管理部门核实并颁发房屋所有权证书。房地产转让或者变更时，应当向县级以上地方人民政府房产管理部门申请房产变更登记，并凭变更后的房屋所有权证书向同级人民政府土地管理部门申请土地使用权变更登记，经同级人民政府土地管理部门核实，由同级人民政府更换或者更改土地使用权证书。法律另有规定的，依照有关法律的规定办理。"可见，我国房地产登记实行土地使用权和房屋所有权分别登记制度。2007年，国土资源部发布了《土地登记办法》，该办法不仅明确了土地权利人申请登记的有关事项和登记内容，而且进一步规范了初始登记、变更登记、注销登记以及其他登记。2008年，建设部发布了《房屋登记办法》，明了房屋登记的程序以及初始登记、变更登记、注销登记、抵押权登记、地役权登记、预告登记和其他登记的内容。2014年11月，国务院发布了《不动产登记暂行条例》（以下简称《登记条例》），该条例规定，我国实行不动产统一登记制度，即统一登记依据、统一登记机构、统一登记行为、统一登记类型、统一登记簿册、统一登记平台等。该《登记条例》对于整合不动产登记职责，规范登记行为，方便群众申请登记，保障交易安全，维护不动产权利人合法权益而言具有重要意义。统一登记制度实施后，我国废止了《土地登记办法》和《房屋登记办法》，结束了实行多年的土地和房屋分别登记制度的历史。2019年3月24日，《登记条例》根据《国务院关于修改部分行政法规的决定》进行了修订。《民法典》物权编进一步明确了不动产物权登记的效力、登记机构的职责、不动产物权变动的生效时间、不动产登记簿与不动产权属证书的关系以及不动产登记错误的赔偿等内容。

二、房地产登记的特点

房地产在世界多数国家被称为不动产或地产。因此许多国家将房地产登记称为不动产登记或地产登记。根据登记的内容和方式不同，房地产登记制度可以分为：

契据登记制度、权利登记制度和托伦斯登记制度。契据登记制度是由房地产所在地的登记机关备置登记簿，登记簿上记载房地产权利的变更情况，权利变更后，未登记的，则不能对抗善意第三人。其主要特点是：登记机关对登记申请采取形式审查主义；权利登记为动态登记；登记无公信力。因该项制度由法国首先创立，所以又称为"法国式登记制度"。权利登记制度是由房地产所在地的登记机关备置登记簿，簿上记载房地产权利的取得、变更过程，使有利害关系的第三人可根据登记簿的记载推知该房地产产权状态。若房地产权利的取得未经登记则不产生效力，不能对抗第三人。其主要特点为：登记机关对登记申请采取实质审查主义，登记为物权变动的生效要件；登记有公信力，即登记簿上所载事项，对善意第三人在法律上有绝对的效力。因该项登记制度发源于德国，故又称为"德国式登记制度"。托伦斯登记制度为澳大利亚人托伦斯所创。其主要特点是：登记实行实质审查主义，房地产权利一经登记便具有绝对的法律效力；已登记权利如发生转移，必须在登记簿上加以记载；登记簿为两份，权利人取得副本，登记机关保留正本，正副本内容必须完全一致。

我国现行的房地产登记制度，类似于德国式登记制，兼采托伦斯登记制，但又有自己的特点。概括起来，主要有以下几点：

1. 实行房地产统一登记制度。我国对房地产登记经历了土地、房屋分别登记制度到统一登记制度的转变。《登记条例》规定："国家实行不动产统一登记制度"。统一登记制度主要包括四个方面的统一：一是统一登记机构。"国务院国土资源主管部门负责指导监督全国不动产登记工作。县级以上地方人民政府应当确定一个部门为本行政区域的不动产登记机构，负责不动产登记工作……不动产登记由不动产所在地的县级人民政府不动产登记机构办理"。二是统一登记簿册。登记机构设置统一的登记簿，明确登记簿记载的内容。三是统一登记程序。明确了登记类型及不同类型登记的程序和审查要求。四是统一登记信息平台，实现登记信息在国土资源、公安、民政等部门互通共享。

2. 房地产权属登记为房地产权利动态登记。当事人对房地产权利的取得、变更、丧失均须依法登记。不经登记，不发生法律效力，不能对抗第三人。房地产权属登记，不仅登记权利的静态状况，也登记权利的动态过程，使第三人可以就登记情况，推知该房地产权利状态。

3. 房地产权属登记采取实质审查主义。我国《房地产法》规定，房地产权属登记时，登记机关对登记申请人提出的登记申请，不仅要审查形式要件，还必须对申请登记的权利的权源证明是否有效进行严格审查，并进行实地勘验。形式要件与实地勘验结果一致，才能登记。

4. 房地产权属登记具有公信力。房地产权利一经登记机关在登记簿上注册登记，则该权利对于善意第三人在法律上有绝对效力，权利人享有不可推翻之权利。

5. 颁发权利证书。房地产权属登记机关对权利人申请登记的权利，按程序登记完毕后，由地方人民政府颁发房地产权利证书。权利证书为权利人权利凭证，由权利人持有和保管。

三、房地产登记的作用

（一）房地产登记能够有效地保护当事人合法的房地产权利

当事人的房地产权利，主要是指当事人所有的国有土地使用权、房屋所有权及房地产他项权利。我国《房地产法》规定，当事人这些权利的取得、变更、丧失必须依法登记，不经登记不发生效力。经登记的房地产权利，受到国家法律的保护，可以对抗权利人以外任何单位和个人的侵害。由此可见，房地产权属登记是国家保护当事人合法房地产权利的一种重要制度。

（二）房地产登记是国家对房地产进行管理的一种重要措施

房地产登记是一种房地产权利登记，它不仅是对房地产权利的静态记载，而且也是对房地产权利的动态反映。经登记形成的产权登记档案、地籍图纸等房地产权属的现状和历史资料为政府制定城市规划和房地产宏观管理政策提供了依据，同时，房地产登记机关在房地产权属登记过程中通过对房地产的位置、面积等自然状况及其权属的真实性进行核实，有利于政府职能部门对房地产的管理。此外，有关机关可以依据实体法的规定对房地产权利的设立、变更和丧失合法性进行审查，监督房地产交易行为，取缔违法交易行为，以确保国家法律、法规的贯彻执行和城市规划的落实。

（三）房地产登记有利于维护房地产交易的安全

房地产交易是以交易主体的一方拥有房地产权利为前提的，而判断交易主体是否拥有房地产权利，以房地产的登记、发证为认定标准。房地产的权属登记具有将房地产权利变动的情况向社会公开，以表明房地产流转的功能，从而有效地避免了房地产交易中真实的权利人与名义上的权利人分离的现象，确保了房地产交易的安全。

■第二节　房地产登记程序的法律规定

一、申请

房地产登记申请是指申请人依法向房地产登记机构提交登记申请书、身份证明以及相关申请材料的行为。

（一）房地产登记的申请人

因申请登记的事项不同，法律法规要求的申请人也不一样。有的登记需要当事人双方共同申请，有的登记可以由当事人单方申请。

1. 双方申请。因买卖、设定抵押权等申请房地产登记的，应当由当事人双方共同申请。

2. 单方申请。下列情形之一的，当事人可以单方申请：

（1）尚未登记的房地产，首次申请登记的；

（2）继承、接受遗赠取得房地产权利的；

（3）人民法院、仲裁委员会生效的法律文书或人民政府生效的决定等设立、变更、转让、消灭房地产权利的；

（4）权利人姓名、名称或者自然状况变化，申请变更登记的；

（5）房地产灭失或者权利人放弃房地产权利，申请注销登记的；

（6）申请更正登记和异议登记的；

（7）法律、行政法规规定可以由当事人单方申请的情形。

（二）房地产登记的申请材料

申请人向房地产登记机构申请房地产登记时，应当提交下列材料：

1. 登记申请书；

2. 申请人、代理人身份证明材料、授权委托书；

3. 相关的不动产权属来源证明材料、登记原因证明文件、房地产权属证书，如买卖合同、人民法院的裁判文书等；

4. 房地产界址、空间界限、面积等材料；

5. 与他人利害关系的说明材料；

6. 法律行政法规等规定的其他材料，如完税或缴费凭证等。

房地产登记机构应当在办公场所和门户网站公开申请登记所需的材料、目录和示范文本等信息。

二、审查

（一）受理

按照我国《登记条例》规定，房地产登记机构应当在自收到房地产登记申请材料之后按照不同情况作出受理或者不予受理申请的决定。

1. 应当受理。有下列情形之一的，应当书面告知申请人予以受理：

（1）属于登记职责范围，申请材料齐全，符合法定形式，或者申请人按照要求全部补正申请材料的；

（2）申请材料存在可以当场更正错误的，当事人按要求当场更正的；

（3）申请材料不齐全或者不符合法定形式，应当当场一次性告知申请人需要补正的全部内容。

2. 不予受理。有下列情形之一的，不予受理：

（1）申请人提交的材料不齐全或者不符合法定形式，登记机关告知后未补正的；

（2）申请登记的不动产，不属于该登记机构职责范围的。

房地产登记机构不予受理的，应当当场书面告知申请人，未当场书面告知申请人的，视为受理。

（二）查验

房地产登记机构受理登记申请后，还要对申请材料的一致性、准确性逐一检查、验看。主要包括：①房地产界址、空间界限、面积等材料与申请登记的房地产状况是否一致；②有关证明材料、文件与申请登记内容是否一致；③登记申请是否违反法律、行政法规的规定。

（三）实地查看

实地查看是房地产登记机构的一项重要审查职责，有利于提高登记的准确率。但是考虑到实际工作情况，登记机构不可能对所有的登记申请都进行实际查看，因此相关法规对登记机构可以实际查看的情形进行了规定，主要有：①房屋等建筑物、构筑物所有权首次登记，查看房屋坐落及建造完整性等情况；②在建建筑物抵押权登记，查看抵押在建建筑物坐落及其建造等情况；③因房屋灭失导致的注销登记，查看不动产灭失等情况；④登记机构认为需要查看的其他情形。

在登记审查过程中，登记机构可以行使调查权。对可能存在权属争议或者可能涉及他人利害关系的登记申请，房地产登记机构可以向申请人、利害关系人或者有关单位进行调查。

房地产登记机构进行实地查看或者调查时，申请人、被调查人有配合调查的义务。

三、公告

公告是指房地产登记机构在房地产登记事项记载于登记簿前，将登记事项先行公示的行为。其主要作用是征集异议或者排除异议。

（一）房地产在登记事项记载于登记簿前需要公告的情形

为了贯彻方便群众登记的原则，减少登记环节，准确、及时地进行房地产登记，我国对房地产在登记事项记载于登记簿前公告的情形进行了严格的限制。按照《不动产登记暂行条例实施细则》（以下简称《登记条例实施细则》）第17条规定，有下列情形之一的，房地产登记机构应当在登记事项记载于登记簿前进行公告，但涉及国家机密的除外：……宅基地使用权及房屋所有权，集体建设用地使用权及建筑物、构筑物所有权，……；依职权更正登记；依职权注销登记；法律、行政法规规定的其他情形。

（二）公告的内容及公告形式

房地产登记公告的主要内容包括：①拟予登记的房地产登记人的姓名或者名称；②拟予登记的房地产坐落、面积、用途、权利类型等；③提出异议的期限、方式和受理机构；④需要公告的其他事项。

房地产登记公告应当在房地产登记机构门户网站以及房地产所在地的指定场所进行，公告期不少于15个工作日。公告所需时间不计算在登记办理期限内。公告期满无异议或者异议不成立的，登记机构应当及时将登记事项记载于房地产登记簿。

四、登记与发证

登记是指房地产登记机构将审查核实的登记事项记载在房地产登记簿的行为。房地产登记簿是房地产权利归属和内容的根据。

登记行为完成以后，房地产登记机构应当根据房地产登记簿，填写并核发房地产权属证书或者登记证明。登记证明是房地产登记机构对申请人办理抵押权登记、预告登记、异议登记核发的证明文书。房地产权属证明书与房地产登记簿上记载的内容和事项应当一致。若房地产权属证明书上记载的事项与登记簿不一致的，一般以登记簿为准。

按照《登记条例》规定，登记申请有下列情形之一的，登记机构不予登记，并书面通知申请人：①违反法律、行政法规规定的；②存在尚未解决的权属争议的；③申请登记的房地产权利超过规定期限的；④法律、行政法规等规定的不予登记的其他情形。房地产登记机构应当自受理登记申请之日起 30 日内办结房地产登记手续，法律另有规定的除外。

■第三节　房地产权利登记的法律规定

一、房地产权利登记类型

（一）房地产首次登记

房地产首次登记即房地产权利第一次登记，以前也称之为初始登记，是指将房地产权利第一次登记在房地产登记簿的行为。从房地产开发建设实践来看，首次登记是指房地产企业开发的项目经竣工验收后，国有建设土地使用权及房屋所有权的第一次登记，即先将房地产企业开发某小区所有的土地及房屋登记在开发商名下，也就是通常所说的办理大产权证。未办理房地产首次登记的不得办理其他类型登记，但法律、行政法规另有规定的除外。

申请首次登记的，一般应提交下列材料：①房地产登记申请书；②申请人身份证明；③房地产权属证书或者土地权属来源材料（国有土地使用证）；④建设工程规划的材料；⑤竣工验收的材料；⑥房地产调查或者测绘报告；⑦建筑物区分所有权的，确认建筑区划内属于业主共有的道路、绿地、物业服务用房等材料；⑧缴纳税费凭证；⑨法律、行政法规以及相关规定规定的材料。

（二）房地产变更登记

房地产变更登记，是指房地产权利人的姓名、名称、面积、共有性质等发生变更而引起登记的行为。其目的在于方便有关部门掌握房地产的变更情况，及时修正、补充产籍资料。根据《登记条例实施细则》第 26 条规定，有下列情形之一的，房地产权利人可以向登记机构申请变更登记：①权利人的姓名、名称、身份证类型或者身份证号码发生变更的；②房地产的坐落、界址、用途、面积等状况变更的；③房地产权利期限、来源发生变化的；④同一权利人分割或者合并房地产的；⑤抵押担保的范围、主债权数额、债务履行期限、抵押权顺位发生变化的；⑥最高额抵押担保的债权范围、最高债权额、债权确定期间等发生变化的；⑦共有性质发生变更的；⑧法律、行政法规规定的其他不涉及房地产权利转移的变更情形。

(三) 房地产转移登记

房地产转移登记是指房地产所有权发生买卖、继承、分割、合并等法律行为而涉及房地产所有权人变更时进行登记的行为。其目的在于及时掌握所有权的变动以确定新的所有权人，并修正原有的产籍资料。转移登记除继承等单方申请登记的情形以外，应由权利人会同义务人申请登记。经办理转移登记后，原发的房地产所有权证书予以注销，发给权利人新的房地产所有权证书。根据《登记条例实施细则》第 27 条规定，因下列情形导致房地产权利转移的，当事人可以向房地产登记机构申请转移登记：①买卖、互换、赠与房地产的；②以房地产作价出资（入股）的；③法人或者其他组织因合并、分立等原因致使房地产权利发生转移的；④房地产分割、合并导致权利发生转移的；⑤继承、受遗赠导致权利发生转移的；⑥共有人增加或者减少以及其他房地产份额变化的；⑦因人民法院、仲裁委员会的生效法律文书导致房地产权利发生转移的；⑧因主债权转移引起房地产抵押权转移的；⑨法律、行政法规规定的其他房地产权利转移情形。

(四) 房地产注销登记

房地产注销登记是指房地产因灭失、建设用地使用权期限届满、他项权利终止等，权利人在法律事实发生后，向登记机构申请登记的行为。根据《登记条例实施细则》第 28 条规定，下列情形之一的，当事人可以申请办理注销登记：①房地产灭失的；②权利人放弃房地产权利的；③房地产被依法没收、征收或者回收的；④人民法院、仲裁委员会的生效法律文书导致房地产权利消灭的；⑤法律、行政法规规定的其他情形。

(五) 其他特殊类型登记

1. 更正登记。更正登记是指因登记事项记载错误或遗漏，经权利人或利害关系人申请，登记机构进行补正登记的行为。其目的在于消除登记错误或遗漏，确保登记事项与实体权利关系的一致性。房地产登记机构经严格审查并经核实，登记簿记载确有错误的应予以更正。认为登记簿记载无误的，登记机构不予更正，并书面通知申请人。可见，更正登记因发起主体的不同，分为登记机构主动进行的更正登记、房地产权利人申请更正登记和利害关系人申请的更正登记。

(1) 登记机构主动进行的更正登记。登记机构发现房地产登记簿记载的权利归属和其他事项确有错误的，应当依法进行更正登记，并书面通知当事人在规定期限内办理更换或者注销原权利证书的手续。当事人逾期不办理的，登记机构依照法律法规规定公告后，原权利证书作废。更正登记涉及房地产权利归属的，应当对更正登记结果予以公告。

(2) 房地产权利人和利害关系人申请更正登记的法律规制。房地产权利人认为房地产登记簿记载的事项错误的，可以持原房地产权利证书和证明登记错误的相关材料，申请更正登记。利害关系人认为房地产登记簿记载的事项错误的，也可以依法申请更正登记。

2. 异议登记。异议登记是指利害关系人认为房地产登记簿记载的事项错误，权利人不同意更正的，依法对房地产登记簿记载的权利提出异议而申请登记的行为，异议登记是对真正的权利人设定的一项临时保护措施，目的在于阻却登记的公信力，从而保护真正权利人的利益。房地产登记机构受理异议登记申请后，应将申请人提出的异议事项记载于房地产登记簿，并向申请人出具异议登记证明。依照《登记条例》实施细则第 83 条规定，异议登记申请人应当在异议登记之日起 15 日内，向登记机构提交人民法院受理通知书、仲裁委员会通知书等提起诉讼、申请仲裁的材料；逾期不提交的，异议登记失效。异议登记失效后，申请人就同一事项，以同一理由再次申请异议登记的，登记机构不予受理。另外，从民法理论上来讲，异议登记不当，造成权利人损害的，权利人可以向申请人请求损害赔偿。

3. 预告登记。预告登记是指当事人所期待的房地产权利变动所需要的条件尚未成就时，法律为保全这项物权变动为内容的请求权在将来得以实现而进行登记的行为。预告登记的特殊性在于，所登记的不是房地产的物权，而是在将来发生房地产物权变动的请求权，其本质特征是使被登记的请求权具有了物权的效力，进行了预告登记的请求权对后来发生的与该请求权内容相同的物权变动行为产生对抗效力。所以预告登记期间，未经预告登记权利人同意，不得办理房地产权利的变更登记或者房地产抵押权登记。

预告登记是为将来的事实上的权利登记做准备的，它只是一种请求权的保全，不具备独立的效力，只有在实体权利关系登记后，才能发生当事人所期待的物权效果。

4. 查封登记。查封登记是指房地产登记机构依照人民法院、人民检察院、公安机关等国家机关的嘱托，依法作出的以限制已登记权利人对该房地产进行处分为目的的登记行为。根据《登记条例实施细则》第 90 条规定，办理查封登记应提交下列材料：①要求查封的国家机关工作人员的工作证；②协助执行通知书；③其他必要材料。

房地产查封期间，人民法院、人民检察院等国家机关需要解除查封的，登记机构应及时根据协助执行通知书注销查封登记。

二、国有建设用地使用权登记

国有建设用地使用权登记是指房地产登记机构根据依法取得国有建设用地使用权的自然人和法人的申请，按照法定登记程序，对其国有建设用地使用权单独进行登记的行为。《房地产法》第 60 条规定，以出让或者划拨方式取得土地使用权，应当申请登记，经登记机构审核后，由同级人民政府发给土地使用权证书。

根据《登记条例实施细则》第 34 条规定，申请国有建设用地使用权首次登记，应当提交下列材料：①土地权属来源材料，如国有建设用地划拨决定书、出让合同、租赁合同等；②权籍调查表、宗地图以及宗地界址点坐标；③土地出让价款、土地租金、相关税费等缴纳凭证；④其他必要材料。

三、国有建设用地使用权及房屋所有权登记

国有建设用地使用权及房屋所有权登记包括首次登记、变更登记、转移登记、注册登记等。首次登记是指国家建设用地使用权人依法利用国有建设用地建造房屋的，向登记机构申请国有土地使用权及房屋所有权登记的行为。

1. 申请主体。国有土地使用权及房屋所有权的申请主体，是指房地产登记簿或土地权属来源材料记载的国有建设用地使用权人；

2. 申请材料主要有：①申请人及申请人身份证明；②权属证书或权属来源材料；③建设工程规划材料；④房屋已经竣工的材料及房地产调查或者测绘报告；⑤相关税费缴纳凭证以及其它必要材料。

房地产变更登记、转移登记、注销登记等都是在首次登记以后，因发生事实不同（或情形不同）而申请的不同登记。

四、集体建设用地使用权登记

依法取得集体建设用地使用权的，可以单独申请集体建设用地使用权登记；依法利用集体建设用地兴办企业、建设公共设施等的，可以申请集体建设用地使用权及地上建筑物、构筑物所有权登记。具体登记程序参照国有土地使用权登记、国有土地使用权及房屋所有权登记的有关规定。

■参阅案例

宋某不服 A 市房地产管理局撤销产权登记决定案[1]

【阅读要点提示】

房地产管理部门依法登记核发的《房屋所有权证》是房屋所有权人享有房屋所有权的证明。《房屋所有权证》丢失后，房屋所有权人可以依法申请补办新证，原房产证作废；若房屋所有权人以作废的旧证骗取房地产管理部门办理了贷款抵押手续，双方对此应承担何种责任，属另一法律关系。房地产管理部门发现后，对新、旧证同时撤销是一种行使行政权力不当的行为。

原告：宋某

被告：A 市房地产管理局（下称房管局）

1994 年 1 月 11 日，宋某书面向房管局报告遗失了其坐落在 A 市 B 区××村 68 号房屋的《房屋所有权证》，要求补发。经房管局审查核准，并出具证明，由宋某于 1994 年 1 月 14 日在《A 日报》刊登遗失声明，声明其×房字第 0670156 号《房

---

[1]　参见 http：//www.law110.com/lawcase/fwchanquan/8803018.htm，访问时间：1998 年 12 月 30 日。

屋所有权证》作废。房管局于 1994 年 4 月 29 日依法核准给宋某补发了该房屋的《房屋所有权证》，证号为 × 房字第 1360872 号。同年 6 月 2 日，宋某以作废的 × 房字第 0670156 号《房屋所有权证》作抵押，向 A 市城市信用社中心社贷款 12 万元，并由被告办理了同意抵押的登记审批手续。1995 年 6 月，宋某将 B 区 × × 村 68 号房屋卖给他人，同年 9 月房管局在受理该房屋的买卖过户时，发现该房屋有两本重复的所有权证。于是，房管局以宋某隐瞒真实情况、违反有关法规、在社会上使用两本同一房屋的《房屋所有权证》为由，于 1995 年 9 月 23 日作出撤销坐落在 B 区 × × 村 68 号的 × 房字第 0670156 号和 × 房字第 1360872 号《房屋所有权证》的全部登记事项的处理决定，并在当天的《A 日报》公告于众。同年 10 月 4 日作出书面通知，但尚未送达宋某。宋某从报上获悉后不服而向 B 区人民法院提起行政诉讼。

B 区人民法院经审理认为，房地产管理部门依法登记核发的《房屋所有权证》是房屋权利人依法经营、使用或处分该房屋的凭证，其房屋产权受法律保护。被告1995 年 9 月 23 日的公告和 1995 年 10 月 4 日发布的通知，内容一致，实质是处理决定，是被告所作的具体行政行为。× 房字第 0670156 号《房屋所有权证》是依法登报声明作废的产权证，是没有法律效力的；而 × 房字第 1360872 号《房屋所有权证》是被告依法核准各登记事项后给予补发的，是有效和受法律保护的。被告将失效的废证和有效的产权证同时撤销，事实不清，责任不明，属行政权力行使不当，不予支持。同时，被告在处理决定尚未发生法律效力和通知原告前就将处理决定登报公告于众，违反了《某省城镇房地产权登记条例》的有关规定，程序不合法，应予纠正。原告认为其合法权益受侵犯，诉请撤销被告的处理决定，理由充分，应予支持。对于原告持已作废的 × 房字第 0670156 号《房屋所有权证》，并经被告验证认可同意抵押，向 A 市城市信用社中心社贷款 12 万元至今本息未还，原、被告应负什么责任，是另一法律关系，不属行政审判范畴，本案不作断论。根据《中华人民共和国行政诉讼法》第 54 条第 2 项第 1、3、5 目之规定，该院于 1995 年 12 月 11 日作出判决如下：①撤销被告 1995 年 9 月 23 日关于撤销 × 房字第 0670156 号和 × 房字第1360872 号《房屋所有权证》的公告；②撤销被告 1995 年 10 月 4 日关于撤销 × 房字第 0670156 号和 × 房字第 1360872 号《房屋所有权证》的处理决定。

宣判后，房管局不服，向 A 市中级人民法院提出上诉，理由是：宋某利用遗失契证、新领契证重复进行交易，影响了房地产交易的正常秩序。本局采取登报公告和通知形式撤销两份房产证是行使正当的行政权力，不存在任何侵权行为，要求撤销原判，维持其公告和通知决定，判令宋某公开悔过并处行政罚款 5 000 ~ 10 000元。宋某答辩则认为房管局的公告和通知决定撤销已登报作废的 06710156 号《房屋所有权证》和依法重新核发的 1360872 号《房屋所有权证》的行为是以权代法、滥用职权、推卸责任的行为，原判正确，要求驳回上诉，维持原判。

A 市中级人民法院经审理认为：本案处理的关键是房管局后来补发给宋某的 × 房字第 1360872 号《房屋所有权证》是否应予撤销。《房地产法》对撤销登记的条件没有明确的规定，但本案发生地某省制定的《某省城镇房地产权登记条例》则明确规定了撤销登记的两种情形：①当事人在申请登记时隐瞒真实情况或者伪造有关证件、文件，采取非法手段获准登记的；②房地产管理部门工作疏忽导致核准登记不当的。从本案的情况看，宋某以丢失了房屋所有权证为由向房管局申请补领新证，是其法定权利，至于宋某是否隐瞒了真实情况骗领新证，为以后谋取非法利益创造条件，由于没有确凿的证据证实而难以认定，故不能适用第①项规定来撤销新证的登记。那么，可否适用第②项规定来撤销新证的登记呢？不能，房管局的工作疏忽不是发生在新证的登记上，而是发生在抵押登记上。宋某明知旧证已作废仍用该证去抵押贷款，是明显的违法行为；而房管局审核不严以致宋某得以使用作废的《房屋所有权证》进行抵押贷款，则是严重的工作失误。双方的这种混合过错只能引起抵押登记的无效，而不应影响到宋某新领的房屋所有权证登记的有效性。所以，房管局同时公告和通知撤销新旧两个《房屋所有权证》是不当的，不但不能弥补对贷款单位可能造成的损失，反而会影响到宋某及其他关系人（如本案房屋的买主）的权利的正常行使。更重要的是，房管局这样的处理方法没有法律依据。

　　所以，上诉人依程序重新核发给宋某的×房字第 1360872 号《房屋所有权证》是有效的房屋所有权证，应受法律保护。宋某以作废的房屋所有权证骗取上诉人办理了抵押贷款手续，双方对此应承担何责任，是另一法律关系。在上诉人发现宋某以有效的《房屋所有权证》办理过户时，又将作废和有效的《房屋所有权证》同时撤销，实属责任不明、行使行政权不当的表现，它直接影响他方关系人的权利义务。同时上诉人并无充分证据证明宋某隐瞒真实情况，采取非法手段领取×房字第 1360872 号《房屋所有权证》，因此，上诉人认为其是正当行使行政管理权，要求维持其公告和通知决定的诉求，不予采纳。原判认定事实清楚，适用法律、法规正确，应予维持。根据《中华人民共和国行政诉讼法》第 61 条第 1 款第 1 项之规定，该院于 1996 年 3 月 15 日作出判决：驳回上诉，维持原判。

【思考题】

1. 如何理解我国房地产登记制度？
2. 房地产登记的内容包括哪些方面？
3. 房地产登记簿与房地产权属证书载明的事项不一致时，如何判断二者的法律效力？
4. 房地产首次登记制度的内容包括哪些方面？

第十一章

物业管理法律制度

内容提要　物业管理是指业主依照法律规定与物业服务人签订物业服务合同，物业服务人按合同约定，对各类建筑物和附属配套设施及场地进行服务性维护、管理等行为的总称。物业服务人包括物业服务企业和其他管理人。与传统意义上房屋所有人对其房屋的管护、修缮不同，现代意义上的物业管理是以住宅的商品化、市场化为历史背景，并随着房地产市场的进一步专业化、规范化而成为一种专门性的服务行业。

学习重点　物业管理的定义；物业服务企业；业主自治；物业服务合同；物业管理法律责任。

■第一节　物业管理法律制度概述

一、物业管理的定义和特点

（一）物业的定义

"物业"[1]一词源于我国香港地区，20 世纪 80 年代引入我国内地，一般泛指以土地及土地上建筑物的形式存在的不动产，包括各类已建成可投入使用的房屋、设施和场地，如各类住宅、综合商住楼、别墅、写字楼、商贸大厦、工业厂房、仓库以及与之相配套的各类室内外设备、市政公共设施、场地、庭院等。不能简单地将"物业"概念与大陆法系中的"不动产"概念相等同，二者在法律文化背景、制度特色以及范围方面都有一定的差异。该用语在我国被广泛使用，且具有确定的内容和标准，已为我国立法所确认。我国《物业管理条例》第 2 条规定："本条例所称物业管理，是指业主通过选聘物业服务企业，由业主和物业服务企业按照物业服务合同约定，对房屋及配套的设施设备和相关场地进行维修、养护、管理，维护物业

---

〔1〕　"物业"英文表述为 Real Property 或者 Real Estate，在 Blacks Law Dictionary 中，Real Estate 是指"Land and anything permanently affixed to the land，such as buildings，fences，and those things attached to the buildings，such as light fixtures，plumbing and heating fixtures，or other such items which would be personal property if not attached. The term is generally synonymous with real property."

管理区域内的环境卫生和相关秩序的活动。"从而将"物业"界定为"房屋及配套的设施设备和相关场地"。物业管理脱胎于人们对房屋的管护维修活动,然而现代意义上的物业管理的兴起,则依托于房地产商品化以及社会服务分工专业化、规范化的发展。具体而言,现代物业管理产生的社会经济条件主要有:①房地产商品化的不断发展。随着社会经济全面发展,城镇化建设快速推进,农业转移人口市民化率不断提高,城市居民对于房屋等物业的集中管护服务有了新的需求。②房屋建造技术水平不断提高,技术含量不断增加,非专业性人员、技术和设备无法对物业进行有效、规范的管理服务,这也是促进现代物业管理不断发展的一个重要因素。③在社会分工不断细化的背景下,业主们管护、修缮其房屋设备的能力相对降低,管护能力亦参差不齐,"自己所有与自我管护"的物业管理模式已经不适应市场经济发展的要求,由专门的物业服务机构和人员实施专业性维护管理成为房地产业的发展趋势。此外,现代物业管理的产生也必须依赖法律制度的更新和发展。在现代物业管理初创之际,私有财产权利至上的观念已经深入人心并为各国立法所确认,尤为重要的是建筑物区分所有权制度逐渐被各国物权立法所采纳。建筑物区分所有权理论的不断发展和完善,尤其是其中有关成员权和团体关系的创新,恰是为现代物业管理制度量身定做,为物业管理法律制度的建立以及基本理论的完善提供了帮助。我国《民法典》物权编第6章以专章规定了"业主的建筑物区分所有权",这是我国物业管理法律制度建立和完善的前提和基础。

(二)物业管理的定义

物业管理,是指在业主选聘物业服务人后,由物业服务人按照物业服务合同约定,对房屋及配套的设施设备和相关场地进行维修、养护、管理,维护相关区域内的环境卫生和秩序的行为。

理解物业管理的定义应当把握三个要点:①物业管理关系的主体,一方包括业主及其组成的业主委员会;另一方是物业服务人,物业服务人是物业管理行为的具体实施者。②物业管理的对象是物业的共有部分和共同事务,服务的对象是业主以及物业使用人等其他物业利益享有者[1]。③物业管理是集服务性管理、经营为一体的有偿服务。

可以从不同的角度来探究物业管理的实质:①从行为性质上讲,物业管理行为是市场经济环境下的一种专门化服务行为,具有技术性强、专业特点鲜明的特点。②从权利来源上讲,物业管理权利是业主行使其物业所有权的延伸,业主通过业主团体委托以授权物业服务人行使物业管理权。③从物业管理关系主体来讲,业主与物业服务人之间的关系属于平等主体间的民事法律关系,各方的权利义务通过订立

---

[1] 正因为物业服务人在物业服务区域内既有物业管理的事务,也有物业服务的对象,因此,本教材在不同的语境下,使用了"物业管理"与"物业服务"两个词。

物业服务合同加以确定[1]。

（三）物业管理的法律特征

1. 物业管理行为是一种民事行为，物业管理关系是一种民事法律关系。物业管理是物业服务人实施的社会化、专业化的服务行为。相对于传统房屋管理的"个体化"以及计划经济条件下房产管理"国家化"的特征而言，物业管理"社会化"的特点突出表现在业主的平等性与普遍性、物业管理行为由"管理"向"服务"回归。物业管理"社会化"的特点明确了物业管理行为的民事行为属性，以及与之对应的物业管理关系为民事法律关系的定位，保证了业主在物业管理关系中的主导地位和自治作用，揭开了物业管理名为"管理"实为"服务"的"面纱"。物业管理"专业化"的特点表现在物业服务人是符合法定条件的专业企业，有专门的组织机构、技术人员、设备工具以及相应的服务技术和管理经验。

2. 物业管理关系基于物业服务合同产生，物业管理行为是物业服务人履行合同义务的行为。无论是前期物业管理关系还是日常物业管理关系的缔结，均须由业主或者业主团体与物业服务人订立物业服务合同。当然，法律对于物业服务合同的缔结方式、合同内容、责任的承担等有一些限制性规定，但这并不妨碍物业管理关系是基于物业服务合同而产生的这一基本判断。

3. 物业管理关系是双务有偿关系，物业管理行为是有偿行为。在我国，物业管理行业已经实施市场化运作模式，物业服务人提供专业化物业管理服务并以此谋取自身利益的最大化。物业管理关系双方应在平等、自愿、公平、互利的原则下，自主协商订立物业服务合同，明确双方的权利、义务和责任。根据物业服务合同的约定，业主应按期支付物业服务费用，物业服务人应提供合格的物业管理服务。

4. 物业管理行为具有一定公益性。物业管理关系虽以市场为基础，通过物业服务合同的缔结而产生，但因物业管理与业主们的生活质量及公共秩序息息相关，其受法律的制约和影响颇大，在具体物业管理行为上，物业管理行为具有某种公益性的特征。《民法典》第285条第2款规定："物业服务企业或者其他管理人应当执行政府依法实施的应急处理措施和其他管理措施，积极配合开展相关工作。"例如，在我国北方地区的采暖季节，地方政府往往要求物业服务人不得以任何理由迟延、拒绝供暖；在2020年抗疫防疫期间，物业服务人配合、协助政府承担了物业服务区内的部分防疫管控工作。

二、物业管理的类型

物业管理根据不同的标准可以有不同的分类，常见的分类有：

1. 根据物业管理模式的不同，分为委托代管型物业管理和业主自管型物业管理两种。委托代管型物业管理是由业主通过业主自治机构委托物业服务人对其物业进行专门化的服务管理，这是最常见的物业管理模式，例如住宅小区、写字楼等常常

〔1〕　李延荣、周珂：《房地产法》，中国人民大学出版社2000年版，第183页。

采用这种物业管理方式。业主自管型物业管理是由业主自己对其所有或者取得合法使用权的物业自主实施物业管理，包括自建自管、自买自管或者自租自管等形式，例如宾馆酒店、校内宿舍、医院、商场等常常采用此种管理方式。两种物业管理模式最大的差异在于：委托代管型物业管理是不同主体之间的法律关系，双方通过物业服务合同建立物业管理关系；而自管型物业管理属于同一业主的内部行为，通过业主内部的管理、服务机制来规范，如内部管理规章等。

2. 根据物业服务人选聘时间的不同，可以分为前期物业管理和后期物业管理。前期物业管理是在业主、业主大会选聘物业服务人之前，由建设单位选聘物业服务人进行物业管理工作。后期物业管理是指业主入住后，通过业主大会，运用公开、公平、公正的市场竞争机制选择物业服务人，订立物业服务合同，按照该合同实施的物业管理活动。为了维护业主利益，限制房地产开发企业在前期物业服务人确定方面的自主性，《物业管理条例》规定，国家提倡按照房地产开发与物业管理相分离的原则，通过招投标的方式选聘物业服务人。住宅物业的建设单位，应当以招投标的方式选聘物业服务人，投标人少于 3 个或者住宅规模较小的，经物业所在地区、县人民政府房地产行政主管部门批准，可以采用协议方式选聘物业服务人。前期物业管理与后期物业管理就物业服务的范围而言，并无太大差异，但在物业服务人的选聘、物业服务质量标准的确定、物业管理费用的收取、监督机制的设立运作等方面，二者存在较大差异。

3. 根据物业服务内容的不同，可以分为日常性物业管理和针对性物业管理。日常性物业管理是物业服务人向全体业主提供的、确保物业正常使用必不可少的最基本的物业管理服务，如物业公共部位的修缮、共用设备设施的维护、环境绿化、治安消防以及小区公共秩序维护等。针对性物业管理服务是"物业管理公司事先设立服务项目并公布服务内容和收费标准，当业主及物业使用人需要这种服务时，可以自行选择的服务"。[1]日常性物业管理和针对性物业管理的最大差异在于业主选择权

---

[1] 当然，也有学者从不同的角度对物业管理法律制度进行了定位，认为从狭义角度来看，物业管理法规应当属于民事财产法、代理法和合同法领域；然而从广义角度分析，物业管理法应当属于经济法的范畴。有关论述参见徐建明编著：《物业管理法规》，东南大学出版社 2000 年版，第 16 页。另有学者将业主自治划分为狭义和广义两个层次：简单地说，业主团体自治管理就是指特定物业的复数业主以对该物业共用部位的共有权资本，依法组成业主社团并使社团凭借对该共有物业的拥有权和业主们的成员权，通过一定的民主决策程序使全体业主的共同意志以业主公约和其他管理规约形式表达出来，并形成具有组织纪律性的制度，从而依靠业主们的民主制度、自律制度、公益保障制度和国家法制支持制度，来实现组建和运作业主团体目的的一种由特定物业业主们形成单元性社会的组控方式。广义的业主自治管理是指特定物业的业主们，一方面根据个体利益和自主意志对自己独有专属部分进行自益性管理（包括委托他人代管），另一方面集合组成业主团体，通过行使物业复有权和社团成员权，对各业主共有共用部分和本社团共同事务实行公益性统一经营管理，从而形成业主个体自治管理与业主团体自治管理相结合的一种物业管理方式和制度。参见徐建明编著：《物业管理法规》，东南大学出版社 2000 年版，第 142 页。

范围不同：前者早就记载于物业服务合同之中，不需要业主特别单独作出选择；而针对性物业管理是否实施完全由业主自主独立选择。前者体现业主整体与物业服务人之间的物业服务关系，后者则为个别业主与物业服务人之间的单独合同关系。

4. 根据物业用途的不同，可以分为住宅小区物业管理、商业办公物业管理与公共设施物业管理等。这些用途不同的物业在物业管理关系的缔结、物业服务的内容等方面都有一定的差异。虽然目前我国常见的物业管理多为住宅小区物业管理，但实际上商业办公、校园后勤、公共场所物业管理已经成为物业服务人的重要服务对象。物业管理市场已经进入规范化品牌竞争阶段，涌现出多家全国性、高标准、跨城市、大规模的综合型物业服务企业，这种现状必将引起我国物业管理市场的进一步细化，催生新的物业管理模式的出现。

三、物业管理立法

自 20 世纪以来，各国都十分重视物业管理立法，并结合各自的法律传统形成了相应的物业管理法律制度。考察各国物业管理立法，主要有 3 种立法模式：

1. 在民法典中纳入物业管理内容。正如前文所述，物业管理被认为是业主所有权的延伸，所以此种立法模式是以在民法典中设专章或专节特别规定业主建筑物区分所有权作为物业管理立法的基点。例如，《瑞士民法典》第 4 编的物权法中关于"分层建筑所有权"的规定；又如《意大利民法典》第 3 编第 7 章共同所有中第 2 节关于"建筑物（大厦）之共有"的规定等。我国《民法典》第二编第 6 章专门设置了"业主的建筑物区分所有权"的一般规定。

2. 物业管理单行特别法模式。针对建筑物区分所有权以及物业管理关系的复杂性特点，多数大陆法系国家采用了颁布单行法律的方式来调整建筑物区分所有关系以及相应的物业管理关系。例如，法国 1967 年《住宅分层所有权法》；德国 1973 年《关于住宅所有权及继续性居住权的法律》；奥地利 1948 年《有关住宅和店铺（营业场所）所有权的联邦法》；荷兰、葡萄牙、西班牙等国也分别制定了区分所有权特别法。美国则是由各州制定单行的建筑物（公寓）区分所有权法。我国台湾地区也在 1995 年 6 月 28 日公布《公寓大厦管理条例》，采用了制定单行法律的方式。

3. 在住宅法中列入物业管理内容。自 20 世纪起，英美法系各国相继制定和颁布了一系列的专门住宅法规，逐步形成了一整套较为完备的住宅法规体系。在住宅法中设专章或专节将物业管理予以规定，也成为英美法系各国物业管理立法的一大特色。例如，英国、加拿大、澳大利亚、新西兰、印度等均采取此种物业管理立法模式。

观察各国物业管理立法，大都以建筑物区分所有权作为立法轴心形成各自的物业管理法律制度。这一方面反映出建筑物区分所有权的基础性作用；另一方面也确定了物业管理法律的基本定位：如果将整个房地产法律制度体系简单地划分为产权论、交易论、服务论和监管论的话，物业管理法律就属于其中服务论的范畴。[1]物业管理虽与房地产产权、交易密切相联，但又独具制度特色，它不以建筑物区分所有权的产生、变更、消灭为中心，而以物业的有效利用和业主共同利益的维护为关键，跳出了传统所有权格外关注的权利占有、使用、收益、处分的藩篱，体现了对财产权利的某种动态保护甚至公共利益维护的色彩。为了规范物业管理活动，维护业主和物业管理企业的合法权益，改善人民群众的生活和工作环境，2003 年 5 月 28日，国务院第 9 次常务会议通过了《物业管理条例》（国务院第 379 号令），并于2003 年 9 月 1 日起施行。2007 年 3 月 16 日，《中华人民共和国物权法》经第十届全国人民代表大会第五次会议审议通过，于第 6 章专门规定了"业主的建筑物区分所有权"的原则性规定。根据《物权法》的规定，国务院于 2007 年 8 月 26 日公布了《国务院关于修改〈物业管理条例〉的决定》，新的《物业管理条例》共七章 70 条，于 2007 年 10 月 1 日起施行。2016 年 2 月 6 日，国务院发布《国务院关于修改部分行政法规的决定》，再次对物业管理条例进行了修改，删去了《物业管理条例》第33 条、第 61 条。2018 年 3 月 19 日，国务院发布了《国务院关于修改和废止部分行政法规的决定》，取消了《物业管理条例》中关于物业服务企业资质的相关规定，并增加了建立守信联合激励和失信联合惩戒机制的有关内容。修改后的《物业管理条例》共七章 67 条。2020 年 5 月 28 日，第十三届全国人民代表大会第三次会议通过的《民法典》第二编第 6 章对业主的权利与义务、业主自主管理组织、业主与物业服务企业的关系作了新的规定，它是我国调整物业管理关系的基本法律规范。

■第二节　业主自治法律制度

业主自治，是指建筑物区分所有权人自主确定其共同利益，并为该利益之实现而采取的自我服务、自我管理、自我约束行为的总称。业主自治的必要性在于建筑物区分所有制度。建筑物区分所有在分构各业主专有部分所有权的同时，肯定了各业主对于共有部分的持分权。共有部分实际上就是业主共同物业利益的典型代表之一，此外还包括了共同的卫生、环境、秩序诉求等。为了统一多数区分所有权人意见、落实社区民主管理，应以某种方式决议公共事务，并授权一定的个人或团体执

---

[1] 尹章华等合著：《公寓大厦管理条例解读》，中国政法大学出版社 2003 年版，第 59 页。根据《合同法》第 21 章"委托合同"的规定，委托合同是委托人和受托人约定，由受托人处理委托人事务的合同。在这类合同中，受托人的义务是：①按照委托人的指示处理委托事务；②亲自处理委托事务；③尽力办理委托事务；④报告处理情况和结果，将处理委托事务取得的财产转交给委托人。委托人的义务是：①预付处理委托事务的费用；②支付报酬；③委托人经受托人同意，可以在受托人之外委托第三人处理委托事务；④受托人处理事务的法律后果归于委托人。同时，受托人在处理委托事务时因不可归责于自己的事由受到的损失，可以向委托人索赔；双方当事人可以随时解除委托合同，但可能要承担赔偿损失的责任。

行，否则将造成公共事务无人愿管或无人可管的情形。就业主自治的可行性而言，业主自治的表现形式往往因各国法律传统的不同而有很大的差异。在我国内地，通过《民法典》和《物业管理条例》确立了以业主大会为核心的业主自治机制；在我国香港特别行政区，形成了以业主立案法团为主轴的业主自治体系；而在我国台湾地区，业主自治机构则主要包括了区分所有权人会议、管理委员会或者管理负责人等。

一、业主的定义

业主有广义和狭义之分。狭义的业主是指房屋的所有权人，《物业管理条例》第6条第1款规定："房屋的所有权人为业主。"广义的业主即是指住户，不仅包括房屋的所有权人，还包括合法的物业使用人，如承租人等。本书采用广义业主的概念。

物业使用人在物业管理活动中的权利义务由业主和物业使用人约定，但不得违反法律、法规和管理规约的有关规定。物业使用人享有与狭义上的业主相近的权利，例如监督物业服务企业履行物业服务合同的权利；同时，物业使用人也应当履行业主公约及物业服务合同约定的各项义务，物业使用人违反有关规定的，狭义上的业主应当承担连带责任，如交纳物业服务费用的义务。当然，狭义上的业主与物业使用人可以约定由物业使用人交纳物业费用，但业主必须负连带交纳责任。

（一）业主的权利

根据《民法典》和《物业管理条例》第6条的规定，业主在物业管理活动中，享有下列权利：

1. 业主对建筑区划内的共有部分，如绿地、道路、公共场所、公共设施、物业服务用房等，享有共有和共同管理的权利；

2. 业主对建设单位物业服务企业或其他管理人等利用业主的共有部分产生的收入，享有收入分配权；

3. 按照物业服务合同的约定，接受物业服务人提供的服务；

4. 提议召开业主大会会议，并就物业管理的有关事项提出建议；

5. 提出制定和修改管理规约、业主大会议事规则的建议；

6. 参加业主大会会议，行使投票权；

7. 选举业主委员会成员，并享有被选举权；

8. 监督业主委员会的工作；

9. 监督物业服务人履行物业服务合同；

10. 对物业共用部位、共用设施设备和相关场地使用情况享有知情权和监督权；

11. 监督物业共用部位、共用设施设备专项维修资金的管理和使用；

12. 法律、法规规定的其他权利。

（二）业主的义务

业主在享受物业服务人提供的物业服务的同时，也应当履行相应义务。根据

《物业管理条例》第7条的规定，业主在物业管理活动中履行下列义务：

1. 遵守管理规约、业主大会议事规则；

2. 遵守物业服务区域内物业共用部位和共用设施设备的使用、公共秩序和环境卫生的维护等方面的规章制度；

3. 执行业主大会的决定和业主大会授权业主委员会作出的决定；

4. 按照国家有关规定交纳专项维修资金；

5. 按时交纳物业服务费用；

6. 法律、法规规定的其他义务。

根据《民法典》第273条第1款的规定，业主对建筑物专有部分以外的共有部分，享有权利、承担义务，不得以放弃权利为由不履行义务。由此可见，业主即使对共有部分放弃权利，也应当履行相应义务，不得以未享受过或放弃了共有部分权利为由拒绝履行上述各项义务。

二、业主大会

业主大会是由物业服务区域内全体业主组成的、代表和维护物业服务区域内全体业主在物业服务活动中的合法权益的社会组织。业主大会自首次业主大会会议召开之日起成立。

（一）业主大会的成立原则

1. 一区一会原则。根据《物业管理条例》第9条的规定，我国业主大会以物业服务区域为基础成立，一个物业服务区域成立一个业主大会。物业服务区域的划分以物业的共用设施设备、建筑物规模、社区建设等为考虑因素。

2. 政府指导原则。《民法典》第277条第2款赋予了"地方人民政府有关部门、居民委员会"对设立业主大会和选举业主委员会的指导和协助职权（责）。《物业管理条例》第10条将之具体化为：同一个物业服务区域内的业主，应当在物业所在地的区、县人民政府房地产行政主管部门或者街道办事处、乡镇人民政府的指导下成立业主大会，并选举产生业主委员会。但是，只有一个业主，或者业主人数较少且经全体业主一致同意决定不成立业主大会的，由业主共同履行业主大会、业主委员会职责。

（二）业主大会的职责

根据《民法典》第278条和《物业管理条例》第11条的规定，业主共同决定下列事项：

1. 制定和修改业主大会议事规则；

2. 制定和修改管理规约；

3. 选举业主委员会或者更换业主委员会成员；

4. 选聘和解聘物业服务企业或者其他管理人；

5. 使用建筑物及其附属设施维修资金；

6. 筹集建筑物及其附属设施的维修资金；

7. 改建、重建建筑物及其附属设施；

8. 改变共有部分的用途或者利用共有部分从事经营活动；

9. 有关共有和共同管理权利的其他重大事项。

（三）业主大会的议事规则

业主大会议事规则是就业主大会的议事方式、表决程序、业主投票权确定办法、业主委员会的组成和委员任期等事项作出的对全体业主具有约束力的约定。

根据《民法典》第 278 条和《物业管理条例》的规定，业主大会会议可以采用集体讨论的形式，也可以采用书面征求意见的形式；但是，应当有物业服务区域内专有部分占建筑物总面积 2/3 以上的业主且人数占比 2/3 以上的业主参与表决。亦即，业主大会会议有效召开的前提是"双 2/3 以上原则"，不但要有物业服务区域内专有部分占建筑物总面积 2/3 的业主参加，并且这些业主的人数应当超过本物业服务区域内业主总人数的 2/3。业主因故不能参加业主大会会议的，可以委托代理人参加业主大会会议。

根据《民法典》的规定，业主大会作出筹集维修资金；改建、重建建筑物及其附属设施；改变共有部分的用途或者利用共有部分从事经营活动的决定时必须经专有部分占建筑物总面积 3/4 以上且参与表决人数 3/4 以上的业主同意。决定其他事项应当经参与表决专有部分面积过半数且参与表决人数过半数的业主同意。业主大会的决定对物业服务区域内的全体业主具有约束力。业主大会作出的决定侵害了业主合法权益的，受侵害的业主可以请求人民法院予以撤销。

根据《物业管理条例》第 13 条和第 14 条的规定，业主大会会议分为定期会议和临时会议。业主大会定期会议应当按照业主大会议事规则的规定召开。经 20% 以上的业主提议，业主委员会应当组织召开业主大会临时会议。召开业主大会会议，应当于会议召开 15 日以前通知全体业主。住宅小区的业主大会会议，应当同时告知相关的居民委员会。业主委员会应当做好业主大会会议记录。

三、业主委员会

业主委员会是业主大会的执行机构，由业主大会选举产生。根据《物业管理条例》第 16 条的规定，业主委员会应当自选举产生之日起 30 日内，向物业所在地的区、县人民政府房地产行政主管部门和街道办事处、乡镇人民政府备案。

（一）业主委员会委员

1. 业主委员会委员的产生。业主委员会委员是由业主大会选举产生的业主所组成。根据《物业管理条例》第 16 条第 2 款的规定，业主委员会委员应当由热心公益事业、责任心强、具有一定组织能力的业主担任。根据住房和城乡建设部发布的《业主大会和业主委员会指导规则》（以下简称《指导规则》）的规定，业主委员会委员应当是物业服务区域内的业主，并符合下列条件：

（1）具有完全民事行为能力；

（2）遵守国家有关法律、法规；

（3）遵守业主大会议事规则、管理规约，模范履行业主义务；

（4）热心公益事业，责任心强，公正廉洁；

（5）具有一定组织能力；

（6）具备必要的工作时间。

2. 业主委员会委员的变更。按照《指导规则》的规定，经业主委员会 1/3 以上的委员或者持有 20% 以上投票权数的业主提议，认为有必要变更业主委员会委员的，由业主大会会议作出决定，并以书面形式在物业服务区域内公告。

3. 业主委员会委员资格的终止。业主委员会委员资格的终止分为自行终止和决定终止。

业主委员会委员有下列情形之一的，委员资格自行终止：①因物业转让、灭失等原因不再是业主的；②丧失民事行为能力的；③被依法限制人身自由的；④法律、法规以及管理规约规定的其他情形。

业主委员会委员有下列情形之一的，经业主大会或者业主委员会根据业主大会的授权，可以决定其委员资格终止：

（1）以书面形式向业主大会提出辞呈的；

（2）不履行委员职责的；

（3）利用委员资格谋取利益的；

（4）拒不履行业主义务的；

（5）侵害他人合法权益的；

（6）其他原因不宜担任业主委员会委员的。

业主委员会委员资格终止的，应当自终止之日起 3 日内将其保管的档案资料、印章及其他属于业主大会所有的财物移交给业主委员会。

（二）业主委员会主任、副主任

根据《物业管理条例》第 16 条的规定，业主委员会主任、副主任在业主委员会委员中推选产生。

（三）业主委员会的职责

根据《物业管理条例》和《指导规则》的规定，业主委员会具体职责包括：

1. 执行业主大会的决定和决议；

2. 召集业主大会会议，报告物业管理的实施情况；

3. 代表业主与业主大会选聘的物业服务人签订物业服务合同；

4. 及时了解业主、物业使用人的意见和建议，监督和协助物业服务人履行物业服务合同；

5. 监督管理规约的实施；

6. 督促业主交纳物业费及其他相关费用；

7. 组织和监督专项维修资金的筹集和使用；

8. 调解业主之间因物业使用、维护和管理产生的纠纷；

9. 业主大会赋予的其他职责。

四、管理规约

（一）管理规约的定义

管理规约，也称业主公约，是由本物业服务区域内的全体业主通过业主大会制定的，关于物业使用、维修、管理等共同物业利益事项，并对全体业主、物业使用人具有约束力的行为准则。

管理规约系由多数人为同一目的而订立，因此属于民事法律行为理论中的共同行为，其有别于单方行为、契约行为。管理规约的效力及于全体业主和物业使用人，纵使业主更迭仍然延及物业之继受人，其效力不受影响。

管理规约不仅体现了全体业主的共同物业利益取向，而且赋予了业主大会以及业主委员会代表全体业主合法行使物业管理权利的资格；同时，管理规约也是业主委员会与物业服务企业订立物业服务合同的主要依据。从某种程度上讲，物业服务合同是对管理规约中所确认的如何实现业主共同物业利益的具体化和细化。

（二）管理规约的内容

管理规约的内容应当以《民法典》和《物业管理条例》中所确认的业主的权利和义务为核心，由业主大会根据本物业的结构、设备、规模、功能等实际情况进行修改和补充，并且不得与国家法律、法规相抵触，不得违反社会公德和损害社会共利益。通常包括下列内容：

1. 物业服务区域概况。包括物业服务区域名称、地点、面积及户数；共有部分与专有部分的划分；公共场所及公共设施状况。

2. 业主权利和义务。主要包括《民法典》和《物业管理条例》中所列举的业主权利和业主义务；此外，还可以针对本物业服务区域的实际情况另行约定其他权利和特别的义务。例如，约定个别业主的专有使用权；禁止擅自堆放物品，存放易燃、易爆、剧毒、放射性物品等。

3. 业主大会、业主委员会的产生及其议事规则。包括业主大会的召集程序、议事方式、表决程序、业主投票权确定办法；业主委员会的选举、委员的任期、业主委员会的职责、物业服务区域重大事项的范围以及业主公约的修改程序等。

4. 物业服务区域中各项维修、养护和管理费用的缴纳。

5. 违反业主公约的责任。管理规约本质上属于自治规范，不得设立公法上的处罚权条款，但可以约定民事赔偿责任，如恢复原状、赔偿损失等。实践中，有的管理规约约定业主委员会有权对违反管理规约的业主实施罚款、扣押、没收、强制拆除等处罚措施，这有悖于管理规约的本质，超越了业主委员会的职能范围，应属无效。

6. 业主认为需要约定的其他事项。

管理规约应当自业主大会审议通过之日起生效。

（三）临时管理规约

在商品房销售时，落实前期物业管理方案是建设单位销售商品房的必备条件之一。这是因为在商品房销售时，业主并未全部产生，业主大会亦未召开，但此时物业服务的需要已经产生，所以建设单位应当在销售物业之前，为落实前期物业管理方案而制定临时管理规约。

临时管理规约是指在物业销售之前，由建设单位对有关物业的使用、维护、管理，业主的共同利益，业主应当履行的义务，违反公约应当承担的责任等事项作出对全体业主、物业使用人都具有约束力的约定。与管理规约不同的是：①临时管理规约由建设单位拟定；②临时管理规约具有普遍的约束力，物业买受人在与建设单位签订物业买卖合同时，应当对遵守临时管理规约予以书面承诺；③临时管理规约具有临时性，待物业服务区域内的全体业主通过业主大会制定管理规约后，临时管理规约即失去效力。

为避免临时管理规约对未来业主不利，我国《物业管理条例》第 22 条第 2 款规定："建设单位制定的临时管理规约，不得侵害物业买受人的合法权益。"第 23 条规定："建设单位应当在物业销售前将临时管理规约向物业买受人明示，并予以说明。物业买受人在与建设单位签订物业买卖合同时，应当对遵守临时管理规约予以书面承诺。"

五、业主团体的法律地位

业主团体，即业主自治组织形式。对于业主团体具有何种法律地位，学术界有四种不同的观点：第一种观点认为，业主团体不享有独立的财产，不能独立承担民事责任，因此不具备法人资格，此种观点为德国有关立法所采用。我国台湾地区"法律"规定，业主团体虽不具实体法上的权利能力，无法享受权利负担义务，但在程序上相当于非法人团体。1995 年《公寓大厦管理条例》第 38 条规定"管理委员会有当事人能力"，从而使管理委员会取得了进行诉讼的法律资格。第二种观点认为，业主团体具备法人资格。法国、新加坡以及我国香港特别行政区法律都采用这种观点。根据香港特别行政区《多层大厦（业主立案法团）条例》规定，多层建筑物业主立案法团系多层大厦各业主按照该条例而成立的法人团体。第三种观点认为，业主团体是否具有法人资格，应以其是否具备法定条件为标准，具备条件的，就应承认其法人资格。第四种观点原则上不承认建筑物区分所有人管理团体的法人资格，但在个别判例中承认其法人资格。

我国《物业管理条例》并未规定业主团体的法律地位问题，在一些地方性法规中对其有所规定，但各地对于业主团体是否具有法人资格的规定不同。例如，深圳规定业主团体应当向民政部门登记，取得社团法人资格；上海规定业主团体应当向房地产管理部门登记，但是否可以据此认定业主团体登记后就具有了独立的法律人格尚有争论。不言而喻的是，解决业主团体的法律地位问题，对于业主团体依法行使业主权利，维护其共同物业利益具有重要意义。现实中大量的物业服务合同，都是由未经核准注册登记的业主委员会代表所有的业主与物业服务公司签订的，若该业主委员会不具有民事权利能力和民事行为能力，不能对外直接以自己的名义从事民事活动，那么这些物业服务合同的效力又应当如何认定？在实体法上，我国《民法典》第二编第六章"业主的建筑物区分所有权"和第三编第二十四章"物业服务合同"对业主委员会赋予了许多权利，也规定了相应的义务。在程序法上，虽然根据《民事诉讼法》第54条共同诉讼代表人的规定，业主委员会可以以诉讼代表人的身份参与诉讼，但这种做法究竟能够在何种程度上有效维护业主们的共同物业利益，还有待进一步的考验。

■第三节 物业服务合同法律制度

在物业管理关系中存在多种契约关系，如在业主之间存在规范业主共同物业利益的业主公约，在业主与物业服务公司之间则存在物业服务合同。

一、物业服务合同的定义

物业服务合同是业主（业主团体）与物业服务人之间就特定物业的维修、养护及管理事项，约定双方权利义务关系的协议。我国《民法典》第937条规定："物业服务合同是物业服务人在物业服务区域内，为业主提供建筑物及其附属设施的维修养护、环境卫生和相关秩序的管理等物业服务，业主支付物业费的合同。物业服务人包括物业服务企业和其他管理人。"物业服务合同是物业服务人与业主或者业主团体之间产生物业服务关系的基础。

有人认为，物业服务合同属于委托合同的一种。笔者认为，物业服务合同具有与委托合同不同的特点：①为维护全体业主共同物业利益，根据有关法律规定必须签订物业服务合同。《物业管理条例》第21条明确规定："在业主、业主大会选聘物业服务企业之前，建设单位选聘物业服务企业的，应当签订书面的前期物业服务合同。"前期物业服务合同已如此，后期物业服务合同更应遵守此规则。②物业服务企业必须具备相应的资质条件才能签订物业服务合同，业主不能任意选择物业服务企业作为签约对象。③物业服务合同签订后，物业服务人依法律和合同约定开展物业服务，业主有主动协助的义务，而不像委托合同中的受托人得随时按照委托人的指示处理委托事务。④物业服务人独立对外承担责任，依照物业服务合同约定确定、承担责任。⑤依照法律规定和合同约定，物业服务人享有委托第三方处理专项物业服务工作的权利。

物业服务合同的主体是业主（业主团体）与物业服务人。"业主"在上一节已作了简述，在此仅对"物业服务人"作以阐述。物业服务人是提供物业服务的企业法人或其他管理人。我国《物业管理条例》第32条第1款规定："从事物业管理活动的企业应当具有独立的法人资格。"物业服务企业作为独立的企业法人，其组织机构和经营管理与一般企业法人并无区别，主要是根据其业务特点来设立内部组织机构和经营范围。实践中，物业服务企业分为专营和兼营两种。专营企业是指以物业服务为主营项目，实行自主经营、独立核算、自负盈亏，能独立承担民事责任，具有企业法人资格的企业；而兼营企业是指以其他经营项目为主，兼营物业服务的法人企业。其他管理人是指依法登记的具备必须的物业服务设施、设备和专业服务人员的经营实体，如社区服务机构、个人独资企业等。

物业服务人从事物业服务活动，应当享有一定的权利以保证其管理服务活动的顺利进行，也应当遵守有关的义务以确保其行为不会导致对业主权益的损害。物业服务人的权利和义务既有法律予以明确规定的，也有通过物业服务合同进行特别约定的，二者都具有法律约束力。

（一）物业服务人的权利

物业服务人的权利是指物业服务人在从事物业服务活动中为或不为某种行为的可能性。根据《物业管理条例》的规定，归纳起来主要包括以下几项：

1. 物业服务人享有在公开、公平、公正的条件下参与物业服务市场竞争的权利。

2. 物业服务人享有与业主大会签订物业服务合同的权利，包括与建设单位签订书面的前期物业服务合同的权利。

3. 依照物业服务合同和有关规定收取物业费。

4. 物业服务人享有要求业主、物业使用人、业主委员会协助其履行物业服务合同的权利。

5. 物业服务人享有在承接物业时，对物业共用部位、共用设施设备进行查验，并办理物业验收手续的权利。

6. 物业服务人享有在办理物业承接验收手续时，向建设单位索取资料的权利。主要包括：竣工总平面图，单体建筑、结构、设备竣工图，配套设施、地下管网工程竣工图等竣工验收资料；设施设备的安装、使用和维护保养等技术资料；物业质量保修文件和物业使用说明文件以及物业管理所必需的其他资料。

7. 物业服务人享有将物业服务区域内的专项服务业务委托给专业性服务企业的权利。

8. 物业服务人享有制止物业服务区域内违反有关治安、环保、物业装饰装修和使用等方面法律、法规规定的行为，并及时向有关行政管理部门报告的权利。

9. 当业主违反物业服务合同约定，逾期不交纳物业服务费用时，物业服务人享有向人民法院起诉的权利。

（二）物业服务人的义务

物业服务人的义务是指物业服务人在从事物业服务活动中必须为或不得为某种行为。同样，归纳起来主要包括以下几项：

1. 物业服务人负有按照物业服务合同的约定，提供相应服务的义务。

2. 物业服务人负有及时了解业主、物业使用人的意见、建议并接受监督的义务。

3. 物业服务人负有在物业服务合同（包括前期物业服务合同）终止时，将有关资料移交给业主委员会的义务。

4. 物业服务人未按法律规定或者未能履行物业服务合同的约定，导致业主人身、财产安全受到损害的，应依法承担相应法律责任。

5. 未经业主大会同意，物业服务人负有不得改变物业管理用房用途的义务。

6. 物业服务人负有协助做好物业服务区域内的安全防范工作的义务。

7. 物业服务人负有不得擅自占用、挖掘物业服务区域内的道路、场地，损害业主共同利益的义务。

8. 物业服务人负有将房屋装饰装修中的禁止行为和注意事项告知业主的义务。

9. 物业服务人负有不得挪用专项维修资金的义务。

二、物业服务合同的订立

物业服务合同的订立，与一般合同的订立大致相同，都要经历要约、承诺的订立过程，也应当遵循《民法典》合同编关于合同订立的一般要求。结合物业服务合同的特点，在订立物业服务合同时，应当注意下列问题：

（一）物业服务合同的订立原则

物业服务合同是物业服务人进行物业服务的根据和标准。订立物业服务合同应当遵守《民法典》合同编的一般性规定，由业主（业主团体）与物业服务人本着平等自愿、等价有偿的原则，互相选择、协商，根据服务内容和质量确定物业管理服务价格，并通过物业服务合同的形式确定双方的权利和义务，规范双方的行为。

（二）物业服务合同的订立方式

根据《物业管理条例》第24条的规定，我国提倡建设单位按照房地产开发与物业服务相分离的原则，通过招投标的方式选聘物业服务人，以提高物业服务人选聘的透明度和促进物业服务企业竞争力的提升。

在订立住宅物业的物业服务合同时，《物业管理条例》要求建设单位应当通过招投标的方式选聘物业服务人；投标人少于3个或者住宅规模较小的，经物业所在地的区、县人民政府房地产行政主管部门批准，可以采用协议方式选聘物业服务人。

（三）订立物业服务合同应当采用书面形式

由于物业服务合同涉及的主体多、内容复杂，因此我国《物业管理条例》第34条第1款明确规定："业主委员会应当与业主大会选聘的物业服务企业订立书面的物业服务合同。"需要说明的是，与物业服务合同的订立相同，物业服务合同的变更、终止也应当遵循《民法典》合同编的一般性规定，本书不再赘述。

三、物业服务合同的主要条款

由于作为物业服务合同标的的建筑物具有不同的功能和用途，且同一建筑物设有多个建筑物区分所有权，有的属于各个业主单独所有，有的则属于共用部位、共用设备而为各区分所有人所共有，因此物业服务合同的内容自然应当反映出这些特点。一般而言，物业服务合同中约定的服务范围，主要是针对物业区域的公共部分、共用部分，而非业主各自的独有部分。此外，物业服务合同中还涉及对物业周围环境、清洁卫生、安全保卫、公共绿地、道路养护等共同物业利益的维护，可以说现代物业服务的内容更加趋于统一化、综合化。当然，物业服务事项除了涉及公共部分、共用部分以外，也可以特别约定对专有部分和自用设备提供维修、更新等物业服务。一般来讲，物业服务合同应具备以下主要条款：

1. 双方当事人的姓名或名称、住所。甲方为某特定物业的业主或物业使用人选举产生的业主委员会，乙方为物业服务人。

2. 服务项目，即接受物业服务的物业的名称、坐落位置、面积、四至界限。

3. 服务内容，即具体服务事项，包括：房屋共用部位、共用设备的使用、维修、养护和更新；住宅区内消防、电梯、机电设备、路灯、连廊、自行车房（棚）、园林绿化地、沟、渠、池、井、道路、停车场等公用设施的使用、维修、养护和管理；清洁卫生；车辆行驶及停泊；公共秩序；房地产主管部门规定或物业服务合同规定的其他物业服务事项；当事人在物业服务合同中约定的物业档案资料的保管和移交。

4. 服务费用，即物业服务人向业主或物业使用人收取的物业费。物业服务的收费情况因服务事项的不同，其收费标准也不同。有的收费项目是由规章明确规定的，如季节性的供暖收费；有的收费项目是由物业服务人同业主委员会协商决定的，如停车场的停车费。物业服务收费项目及标准，应尽可能地在物业服务合同中予以明确规定。

5. 双方当事人的权利和义务，例如，物业服务人有向业主或物业使用人收取服务费的权利，有提供约定服务的义务；业主或物业使用人有要求物业服务人提供约定服务的权利，有按约定缴纳服务费的义务。

6. 专项维修资金的使用。《民法典》第281条第1款规定："建筑物及其附属设施的维修资金，属于业主共有。经业主共同决定，可以用于电梯、屋顶、外墙、无障碍设施等共有部分的维修、更新和改造。建筑物及其附属设施的维修资金的筹集、使用情况应当定期公布。"这就要求在物业服务合同中对共有专项维修资金的决定形成规程、使用的范围、公布的情况等作出具体约定。

7. 物业服务用房，亦即物业服务办公用房。物业服务合同应当对该用房的位置、面积等作出约定。根据《物业管理条例》第37条和第38条的规定，物业服务用房的所有权依法属于业主，未经业主大会同意，物业服务人不得改变物业服务用房的用途。物业服务合同终止时，物业服务人有义务向业主委员会交还房屋。

8. 服务期限。

9. 违约责任。双方约定不履行或不完全履行合同时各自所应承担的责任。

10. 其他事项。双方可以在合同中约定其他未尽事宜，如风险责任、调解与仲裁、合同的更改、补充与终止等，物业服务人公开作出的有利于业主的服务承诺，为物业服务合同的组成部分。

四、前期物业服务合同

与前期物业管理相对应，也存在前期物业服务合同。前期物业服务合同，是指在业主、业主大会选聘物业服务企业之前，由建设单位与其所选聘物业服务企业签订的书面服务合同。在销售物业之前，由于业主尚未明确，而物业管理却迫在眉睫，因此建设单位不仅要负责制定临时管理规约，更需要对业主的共同物业利益作出安排。

由于前期物业服务合同已经对前期物业管理作出了安排，因此建设单位与物业买受人签订的买卖合同应当包含前期物业服务合同约定的内容。这在《物业管理条例》第25条中有明确规定。

前期物业服务合同的内容与后期物业管理基本一致。结合前期物业管理的特点，根据《民法典》第940条和《物业管理条例》第26条的规定，前期物业服务合同可以约定期限；但是，期限未满，业主委员会与物业服务企业签订的物业服务合同生效的，前期物业服务合同终止。

根据《物业管理条例》第28条和第29条的规定，物业服务企业承接物业时，应当对物业共用部位、共用设施设备进行查验。同时，在办理物业承接验收手续时，建设单位应当向物业服务企业移交下列资料：

1. 竣工总平面图，单体建筑、结构、设备竣工图，配套设施、地下管网工程竣工图等竣工验收资料。

2. 设施设备的安装、使用和维护保养等技术资料。

3. 物业质量保修文件和物业使用说明文件。

4. 物业管理所必需的其他资料。

物业服务企业应当在前期物业服务合同终止时将上述资料移交给业主委员会。

五、物业服务收费

（一）物业服务收费的原则

《物业管理条例》第40条的规定，物业服务收费应当遵循合理、公开以及费用与服务水平相适应的原则，区别不同物业的性质和特点，由业主和物业服务人按照国务院价格主管部门会同国务院建设行政主管部门制定的物业服务收费办法，在物业服务合同中约定。

《物业管理条例》第41条规定，业主应当根据物业服务合同的约定交纳物业服务费用。业主与物业使用人约定由物业使用人交纳物业服务费用的，从其约定，业主负连带交纳责任。已竣工但尚未出售或者尚未交给物业买受人的物业，物业服务费用由建设单位交纳。

（二）物业服务收费的种类

一般来讲，为业主、使用人提供的公共卫生清洁、公用设施的维修、保养和保安、绿化等具有公共性的服务以及代收代缴水电费、煤气费、有线电视费、电话费等公众代办性质的服务收费，应实行政府定价或政府指导价，由省、自治区、直辖市物价部门根据当地经济发展水平和物业管理市场发育程度确定。

凡属于为业主、使用人个别需要提供的特约服务，除政府物价部门规定有统一收费标准者外，服务收费实行经营者定价。《物业管理条例》第 43 条规定："物业服务企业可以根据业主的委托提供物业服务合同约定以外的服务项目，服务报酬由双方约定。"

（三）物业服务收费的构成

物业服务收费的费用由以下部分构成：

1. 管理、服务人员的工资和按规定提取的福利费；

2. 公共设施、设备日常运行、维修及保养费；

3. 绿化管理费；

4. 清洁卫生费；

5. 保安费；

6. 办公费；

7. 物业服务单位固定资产折旧费；

8. 法定税费。

其中第 2 项和第 6 项费用支出是指除工资及福利费以外的物资损耗补偿和其他费用开支。

根据《物业管理条例》第 44 条的规定，物业服务区域内，供水、供电、供气、供热、通信、有线电视等单位应当向最终用户收取有关费用。物业服务企业接受委托代收前款费用的，不得向业主收取手续费等额外费用。

如果业主欠缴物业服务等费用，物业服务人无权对欠费业主采取断电、断水等措施。根据我国《民法典》第 654 条规定，用电人应当按照国家有关规定和当事人的约定及时交付电费。用电人逾期不交付电费的，应当按照约定支付违约金。经催告用电人在合理期限内仍不交付电费和违约金的，供电人可以按照国家规定的程序中止供电。可见，供电、供水等合同是独立于物业服务合同之外的合同，物业服务人并非这些合同的当事人，无权采取《民法典》第 654 条赋予合同当事人——供电、供水等部门的权利，它只能根据物业服务合同行使与物业服务有关的权利。《物业管理条例》第 42 条赋予县级以上人民政府价格主管部门和同级房地产行政主管部门监督物业收费的职权（责）。

■第四节　物业管理法律责任

物业管理法律责任是指在物业服务过程中行为人违反物业管理法律规范以及物业服务合同的约定而应当承担的法律后果。由于物业服务法律关系是根据物业服务合同建立的，因此物业管理法律责任大多体现为合同责任。另外，由于物业服务活动涉及多项专业技术，诸如机电设备维修、通信设施维修和养护、房屋装饰和修缮等，因此技术操作规程、技术特色、现有技术程度、国家相关技术标准往往成为判断是否应当承担物业管理法律责任的依据。依照行为性质不同和责任承担方式不同，物业服务法律责任可分为民事责任、行政责任和刑事责任。

一、物业管理法律责任中的民事责任

民事责任是指按照《民法典》规定，行为人因违反民事义务而应承担的法律后果。民事责任主要表现为财产责任。

物业管理法律责任的归责原则通常为"过错责任原则"，此乃各国立法之通例。但若在物业服务中涉及高度危险性作业，则应采用"无过错责任原则"，将其作为过错责任的补充，用于物业管理民事责任的确定。

常见的物业管理民事责任主要包括两类：

（一）违约责任

违约责任是物业管理活动中常见的法律责任，是指物业服务合同当事人违反合同约定而应当承担的法律责任。物业服务合同成立后，对双方均产生约束力。如果一方违反合同，就要承担相应的法律后果。常见的违约行为有：

1. 开发商未按销售合同规定的期限和质量交付使用物业。

2. 物业移交时，开发商未按有关规定向物业服务人支付物业维修基金。

3. 物业服务人未按物业服务合同规定的内容向住户提供服务。

4. 物业服务人未按物业服务合同规定的内容对物业进行维修、养护。

5. 业主或使用人没有履行物业服务合同规定的义务。

（二）侵权责任

侵权责任是指在物业管理活动中，行为人因实施侵犯国家、集体的财产权以及公民的财产权和人身权的行为而应承担的民事法律后果。常见的主要有：

1. 因房屋建筑质量而产生的侵权责任。如因房屋建筑质量不合格而造成业主或使用人的人身、财产损害。

2. 因物业维修施工而产生的侵权责任。如物业服务人在维修施工时，违反施工规章制度造成的人员、财物损害。

3. 因物业服务人员违法履行职务而产生的侵权责任。如物业服务人超越法定权限或违反法定义务而给他人造成损失时的侵权责任。

4. 因业主或物业使用人违反业主公约、物业管理规定造成他人损害的侵权责任。

5. 因业主或物业使用人饲养的动物致使他人人身或财产受损害的侵权责任。

6. 因相邻关系而产生的侵权责任。例如堵塞或改变供、排水管道和供气管道，妨碍相邻人正常使用；堵塞或改变公用楼道，造成他人通行困难；随意搭建或改建附属设施，影响他人采光和通风；播放高音音响；等等。

（三）承担民事责任的方式

承担民事责任的方式主要有：停止侵害、排除妨碍、消除危险、返还财产、恢复原状、赔偿损失、支付违约金等。

二、物业管理法律责任中的行政责任

物业管理法律责任中的行政责任是指在物业管理过程中，行为人违反有关物业管理行政法律、法规而应当承担的法律后果。

根据《物业管理条例》第6章的规定，相关主体的行政责任主要有：①住宅物业的建设单位未通过招投标的方式选聘物业服务人，或者未经批准，擅自采用协议方式选聘物业服务人的行为；②建设单位擅自处分属于业主的物业共用部位、共用设施设备的所有权或者使用权的行为；③不移交有关资料的行为；④建设单位在物业服务区域内不按照规定配置必要的物业服务用房，或者未经业主大会同意，物业服务人擅自改变物业服务用房用途的行为；⑤物业服务人将一个物业服务区域内的全部物业服务一并委托给他人的行为；⑥挪用专项维修资金的行为；等等。

承担行政责任的主要方式包括：警告、罚款、吊销执照以及没收违法所得等。

三、物业管理法律责任中的刑事责任

物业管理法律责任中的刑事责任是指在物业管理过程中，行为人严重违反物业管理法律规范、触犯刑事法律而应承担的法律后果。

根据《物业管理条例》第6章的规定，物业管理刑事责任主要涉及以下三种情形：

（一）挪用专项维修资金的刑事责任

物业服务人挪用专项维修资金，情节严重，构成犯罪的，依法追究直接负责的主管人员和其他直接责任人员的刑事责任。

（二）业主犯罪行为的刑事责任

业主以业主大会或者业主委员会的名义，从事违反法律、法规的活动，构成犯罪的，依法追究刑事责任。

（三）职务犯罪的刑事责任

国务院建设行政主管部门、县级以上地方人民政府房地产行政主管部门或者其他有关行政管理部门的工作人员利用职务上的便利，收受他人财物或者其他好处，不依法履行监督管理职责，或者发现违法行为不予查处，构成犯罪的，依法追究刑事责任。

■参阅案例

西安康平物业管理有限公司诉李平物业管理合同纠纷案[1]

【阅读要点提示】

建筑物区分所有权，包括专有部分和共有部分。业主搭建防护网的行为是否全属侵权行为，应加以区分。对其在专有部分所建附属设施应予保护；对其在公共区

---

〔1〕 载西安市中级人民法院《参阅案例》2007年第2期。

域所建附属设施侵占全体业主利益的，应予拆除。物业服务人作为原告要求业主拆除的，属于适格的诉讼主体。

原告：西安康平物业管理有限公司（下称康平公司）

被告：李平

原告康平公司诉称：李平于2002年9月以银行按揭方式购买某某安建物业开发有限公司位于某某市安平园6号商品房两套，被告入住后无视双方签订的《装修管理协议》约定，任意安置防护网，侵占了广大业主的合法权益，并在防护网里饲养暴犬，严重影响相邻各方的生活和休息，破坏小区绿化，引起了小区居民的不满。被告在装修时，将室内原有水表自行拆除，致使工作人员无法查看、抄读水表数字；将原建筑物非法进行改动，擅自开设了住宅后门，严重违反约定，故诉至法院。原告请求：①被告拆除违章设置的防护网和违章搭建的附属物，封闭私自开设的后门，恢复建筑物原状。②恢复室内水表原状，承担因原告无法抄表期间所发生的水费以及给原告造成的水费损失。③承担本案诉讼费。

被告李平辩称：购买房屋属实。其在入住装修时，因房屋质量问题导致漏水，屋内线路损坏，造成了巨大损失。当时开发商和物业公司前任经理明确表示要给被告予以适当赔偿，不收取物业费和其他费用；另外被告并未私自搭建防护网，且防护网在防水渠内，对其他人并无妨碍，原告无权起诉。该建筑物属被告所有，违章搭建不是事实。其在防护网上开设小门为逃生设置。原告请求的水费在另案中已明确，本案起诉无具体数额。故原告请求不成立，请求驳回原告请求。

一审法院查明的事实：2002年9月14日，被告李平与某某安建物业开发有限公司（以下简称安建公司）签订两份商品房买卖合同。合同约定被告李平采用银行按揭方式购买安建公司开发的位于早慈巷6号住宅康福阁C单元1层101号、102号房屋两套。101号面积为139.53平方米，102号面积为147.90平方米。被告李平于2002年9月29日入住，办理入住手续时预交了6个月的物业管理费用。被告分别为两套房交纳装修押金各1 000元后，开始进行装修。装修中，被告将两间房屋后阳台沿防水渠装置整面防护网，并在防护网中间安装两扇大门。该防护网覆盖了两间房屋阳台之间的公共空间。被告在该空间上搭设顶棚，形成独立区域。另查，被告在装修室内时虽然包装了上下水管道，但留有检修口。庭审中原告提供其与被告之间签订的物业管理合同、业主公约及装修管理协议，被告否认该三份协议中的签名，原告随即申请撤回该三份证据。又查明，2002年9月20日，原告向某某市国土资源和房屋管理局申请办理资质。2002年12月15日，原告同安建公司签订前期物业委托合同，2003年1月2日某某市国土资源和房屋管理局向省工商局、市工商局批复，同意授予原告物业管理资质，并向原告颁发了新的资质证书。陕西省物价局颁发了收费许可证，其中多层住宅0.45元/平方米/月，住宅用作办公0.90元/平方米/月，汽车150元/月。

一审法院审理认为：原告康平公司受开发商安建公司委托对"都市康平"小区

进行前期物业管理，并取得相关审批机关的许可，实际对该小区提供了物业管理服务，被告在入住时向原告缴纳了 6 个月的物业管理费，实际接受了原告的服务。被告李平对原告提供的双方之间的物业管理协议、入住公约、装修协议提出异议，称该三份协议非其本人所签，原告申请撤回该三份协议，故该证据不作为本案定案依据。被告辩称其所购买的房屋在装修时因房屋质量问题，造成大面积漏水，使被告遭受巨大损失，当时开发商及物业公司前任经理都知晓此事并承诺要给予赔偿，但赔偿问题一直未得到解决。因该纠纷属于另一个法律关系，本案不予涉及。被告李平在装修时所设置的房屋后面阳台外的防护网，不仅改变了房屋外墙外观，且已侵占了小区公共空间。原告作为小区物业公司，享有对小区房屋公共部位的维护权利，其要求被告拆除所设立的防护网及附属搭建物并恢复原状，理由正当，法院依法予以支持。原告要求被告李平恢复室内水表原状，承担因原告无法抄表期间所发生的水费以及原告造成的水费损失，因被告在装修时留有检修口，可以查抄水表，且原告目前并未提供证据确定被告实际用水量及所造成的损失，故该项请求法院不予支持，待其确定后另行诉讼。遂依据《中华人民共和国民法通则》第 106 条，《物业管理条例》第 2 条、第 7 条第 2 项之规定，判决如下：①被告于判决生效后 7 日内将其设置的康福阁 C 座 1 层 101、102 号房屋后面的防护网及其搭建的附属物拆除，并恢复房屋外观原状。②驳回原告其他诉讼请求。③案件受理费 600 元，原、被告各承担 300 元。

宣判后，被告李平不服，上诉至中院，认为原审判决事实不清、证据不足、违反法定程序，请求依法改判、驳回被上诉人的诉讼请求。康平公司则服从原判。

二审法院审理查明：被告在都市康平小区康福阁 C 座 101 房以东沿防水渠搭建防护网，而在 101、102 号房屋内紧贴窗户安装防护网，其余原审判决认定事实清楚。

二审法院审理认为，本案需弄清楚以下两个问题：

1. 被告李平安装防护网的行为，是否全属侵权行为，在法律方面应予以严格区分。对其在专有部分所建附属设施，应予保护；而对其在公共区域所建附属设施侵占全体业主利益的，应予拆除。楼房等建筑物的所有权构成，通常应区分为专有部分所有权和共有部分所有权。建筑物区分所有人对专有部分的所有权简称专有所有权，是指区分所有权人对独自专门使用的建筑空间所拥有的所有权。专有部分所有权有两个明显的特点：一是构造上的独立性（通常指四壁具有确定的遮蔽性）；二是利用上的独立性。建筑物区分所有人对共有部分的共有所有权，是指区分所有权人依据法律、合同或区分所有人之间规约的规定，对建筑物的共用部分所享有的占有、使用、收益的权利。物业管理企业所管理的是建筑物区分所有的共有部分。本案中，被告李平紧贴窗户安装的防护网是其专有所有权的实现，并未侵占建筑物的共用部分，亦不影响其他业主的生活，法律应予保护，不应拆除。一审未对被告李平所搭建的防护网进行适当的区分就判令被告李平全部拆除，显属失当。二审在查明事实的基础上，对被告李平所建防护网进行了必要的区分，认为其在101号和102号房屋南阳台之间沿防水渠装置防护网和在101号房屋以东沿防水渠装置的防护网侵占了公共区域，侵害了其他共有人的权利，故判决被告李平拆除其在公共区域的装置是正确的。

2. 业主侵占公共区域搭建防护网，物业管理企业诉至法院请求判决业主将其拆除。物业管理企业作为原告属于适格的诉讼主体。物业管理企业获得物业管理权的法律基础是物业管理合同，是受业主委托处理物业管理事务。本案原告康平公司正是基于这样一种法律事实，才获得了相应的诉讼地位。原告康平公司行使排除妨害权利，实际是在行使以业主为相对人的合同权利。

李平入住小区装修其房屋的时间是2002年9月29日，入住时被告李平向安建公司预交了6个月的物业管理费用和2 000元装修押金。原告康平公司于2002年12月15日与安建公司签订了前期物业委托合同，2003年1月2日取得了物业管理资质。因此，在2002年9月29日被告入住时，原告康平公司与被告李平不可能签订物业服务合同。原告康平公司是因安建公司的委托而产生了对小区进行的前期物业管理活动。原告康平公司一直向小区全体业主提供物业服务，业主向物业管理企业交纳物业服务费，故原告康平公司与被告李平已形成了事实上的物业服务法律关系，原告以物业管理者的身份要求被告拆除防护网及附属物，主体资格适格。

原告康平公司具备本案主体资格，源于其对小区物业的管理权。那么，本案被告李平作为物业服务合同的委托人，能不能以其权利对抗受托人物业管理企业的管理权呢？

物业管理法律关系具有双重性：①业主内部的法律关系，即个别业主与全体业主之间的关系，反映为个别业主的利益与全体业主的共同利益的冲突问题，这是由建筑物的不可分性决定的。按照物权法中有关建筑物区分所有的基本理论，建筑物的共用部分为区分所有人共有。区分所有人除对其自有部分拥有独立的所有权外，基于建筑物功能的需要，无论其个体意志愿意与否，都必须与建筑物中其他业主共同使用建筑物的共同部分及设施。事实上，共同部分及设施的价款在购房时已分摊到区分所有人自有部分的房价款之中。这种共同使用关系决定了共有权利，而且共有部分的权利不能为某一区分所有人单独转让、设定负担或抛弃。因此，当某一区分所有人的利益与全体所有人的利益冲突时，个别利益必须服从整体利益，这是法律的价值取向。②物业管理企业与业主之间的服务合同关系。物业管理企业提供的物业服务，既包括整体上的服务，如公共设施的维修管理、公共秩序的维护等，也包括对个别业主的特殊服务，如与个别业主就某些特定事项约定的特别服务。就前者而言，物业管理企业实施管理，代表的是全体业主的整体利益，这时，如果与个别业主的利益发生冲突，物业管理企业为维护整体利益，依据其管理权可以向个别业主提起诉讼。

据此，原审判决应予变更。依照《中华人民共和国民事诉讼法》第153条第1

款第 1 项之规定，判决如下：①维持（2005）×经初字第 631 号民事判决第 2 项。②变更（2005）×经初字第 631 号民事判决第 1 项为：李平于本判决生效后 7 日内将其居住的康福阁 C 座 1 层 101、102 号房屋南阳台之间及 101 号房屋以东沿防水渠搭建的防护网予以拆除，并恢复房屋外观原状。③一审诉讼费 600 元由康平公司承担；二审诉讼费 600 元由李平承担。

【思考题】

1. 何谓"物业"？如何理解物业服务的定义？
2. 什么是业主自治？业主依法享有哪些权利？
3. 如何认识业主大会与业主委员会的法律地位？
4. 简述物业服务合同的性质。

第十二章

廉租住房保障法律制度

内容提要 廉租住房保障法律制度是我国住房保障法律制度的重要组成部分。它与经济适用住房法律制度共同组成我国具有社会公共福利和社会保障性质的住房保障法律制度。廉租住房是国家以房屋租赁补贴和实物配租等保障方式解决城市低收入家庭住房困难的主要途径。本章主要阐述了我国廉租住房管理体制和具体的管理制度。

学习重点 廉租住房的定义；廉租住房的保障方式；廉租住房保障资金；廉租住房保障协议。

■第一节 廉租住房保障法律制度概述

一、廉租住房保障法的定义

廉租住房保障法是指国家以法定方式向符合法定条件的住房困难家庭提供住房保障，以增强这些家庭租赁住房的能力或保障其基本住房条件的法律规范的总称。现行的廉租住房保障法律制度集中体现在由原建设部、国家发展和改革委员会、监察部、民政部、财政部、国土资源部、中国人民银行、国家税务总局、国家统计局等9部委（局）于2007年12月1日发布实施的部门规章性质的《廉租住房保障办法》（以下简称《办法》）中。

从理论角度分析《办法》的规定，可以从以下几方面来理解我国现行廉租住房保障法律制度：

1. 廉租住房保障法的保障主体是国家。国家在这里是个抽象的保障主体，因此享有（负有）抽象的保障职权（责）。根据《办法》的规定，可将保障主体及其相应的职权（责）具体化为：①市、县人民政府依法享有（负有）宏观意义上的规划职权（责）和微观意义上的制定相关具体标准的职权（责）。前者根据《办法》第3条的规定，是指在解决城市低收入家庭住房困难的发展规划及年度计划中，明确廉租住房保障工作的目标、措施，并纳入本级国民经济与社会发展规划和住房建设规划；后者将在下述的保障方式中将有详述。②县级以上各级人民政府建设（住房保障）主管部门的职权（责）。根据《办法》第 4 条的规定，国务院建设主管部门指导和监督全国廉租住房保障工作；县级以上地方人民政府建设（住房保障）主管部门负责本行政区域内廉租住房保障管理工作。③县级以上人民政府发展改革（价格）、监察、民政、财政、国土资源、金融管理、税务、统计等部门，根据《办法》第 4 条的规定，按照各自职责分工，负责廉租住房保障的相关工作，其各自的具体职权（责）将在下述的廉租住房具体保障法律制度中详述。④廉租住房保障实施机构根据政府委托或法定授权，享有具体实施廉租住房保障工作的职权（责）。根据《办法》第 4 条的规定，该机构由市、县人民政府确定。

2. 廉租住房保障法的保障对象是城市低收入住房困难家庭。根据《办法》第 2 条的规定，城市低收入住房困难家庭，是指城市和县人民政府所在地的镇范围内，家庭收入、住房状况等符合市、县人民政府规定条件的家庭。从规定来看，城市低收入住房困难家庭可以从两方面进行认定：①这类家庭仅限于在城市范围内居住的、具有居住地城镇户籍的家庭。在城市范围内居住包括在城市居住和在县人民政府所在地的镇居住两种情况，因此，在农村居住或虽在城市居住但并无居住地城镇户籍的家庭不是《办法》的保障对象。②家庭经济困难并且住房困难，这两方面困难的标准由市、县人民政府制定。

3. 廉租住房保障法的保障方式是房屋租赁补贴和实物配租等措施相结合，以房屋租赁补贴为主。

4. 廉租住房保障法的保障客体是住宅用房。这类住宅用房根据《办法》的规定，分为两类：一类是普通的商品住宅用房，国家以提供租房补贴的方式，增强城市低收入住房困难家庭租赁普通商品住宅用房的能力；另一类是国家投资建设或委托建设的廉租住房，国家以上述的实物配租的方式向特定的城市低收入住房困难家庭提供。根据《办法》第 13 条的规定，这类住房的建设应当坚持经济、适用原则，提高规划设计水平，满足基本使用功能；应当按照发展节能省地环保型住宅的要求，推广新材料、新技术、新工艺；应当符合国家质量安全标准。

二、保障方式

根据《办法》第 5 条的规定，廉租住房保障方式实行货币补贴和实物配租等相结合。实施廉租住房保障，主要通过发放租赁补贴，增强城市低收入住房困难家庭承租住房的能力。可见，现行的廉租住房保障法律制度以发放租赁补贴为最主要的和最普遍的保障方式。

（一）租赁补贴保障方式

所谓租赁补贴是指由县级以上地方人民政府向申请廉租住房保障的城市低收入住房困难家庭发放租赁住房补贴，由其自行承租住房的保障方式。

1. 租赁补贴额度。《办法》第 7 条规定，租赁补贴的额度按照城市低收入住房困难家庭现住房面积与保障面积标准的差额、每平方米租赁住房补贴标准确定。即，租赁补贴的补贴额 = 城市低收入住房困难家庭现住房面积与保障面积标准的差额 ×

每平方米租赁住房补贴标准。

2. 面积标准。《办法》第6条赋予了市、县人民政府确定本地廉租住房保障面积标准的职权（责），该条对市、县人民政府行使该职权（责）设定了限制条件，亦即标准确定的限制条件，表现为：①确定标准时必须考虑的条件，具体包括当地家庭平均住房水平、财政承受能力以及城市低收入住房困难家庭的人口数量、结构等因素；②以户为单位确定廉租住房保障面积标准。

3. 补贴标准。《办法》规定市、县人民政府确定本地每平方米租赁住房补贴标准时必须考虑的因素包括当地经济发展水平、市场平均租金、城市低收入住房困难家庭的经济承受能力等。对于城市居民最低生活保障家庭，可以按照当地市场平均租金确定租赁住房补贴标准；对于其他城市低收入住房困难家庭，可以根据收入情况等分类确定租赁住房补贴标准。

（二）实物配租保障方式

所谓实物配租是指县级以上地方人民政府向申请廉租住房保障的城市低收入住房困难家庭提供住房，并按照规定标准收取租金的保障方式。

根据《办法》第8条的规定，实物配租的配租面积为城市低收入住房困难家庭现住房面积与保障面积标准的差额。亦即，实物配租的配租面积 = 保障面积标准 - 城市低收入住房困难家庭现住房面积。保障面积标准由市、县人民政府依法确定。

依法享受实物配租保障的城市低收入住房困难家庭，就其所租赁的廉租住房，必须依特定标准缴纳租金，廉租住房的租金带有强烈的国家补贴性质，因此，要远远低于市场租金。根据《办法》第8条的规定，廉租住房的住房租金标准实行政府定价。廉租住房的租金，按照配租面积和市、县人民政府规定的租金标准确定。亦即，廉租住房租金 = 配租面积 × 市、县人民政府规定的租金标准。对于城市居民最低生活保障家庭，"有条件的地区"可以免收实物配租住房中住房保障面积标准内的租金。

■第二节　廉租住房保障资金及房屋来源

一、廉租住房保障资金的来源

廉租住房保障资金是指廉租住房保障法律制度运行所需的各类资金的总称，主要包括：货币补贴方式中所需的租赁补贴资金、实物配租方式中廉租住房的新建和购置资金、相关机构的运行费用等。

廉租住房保障资金来源渠道有5种：①年度财政预算安排的廉租住房保障资金；②提取贷款风险准备金和管理费用后的住房公积金增值收益余额；③土地出让净收益中安排的廉租住房保障资金；④政府的廉租住房租金收入；⑤社会捐赠及其他方式筹集的资金。在这5种来源中，年度财政预算安排的廉租住房保障资金应当是最主要的渠道，因为，只有财政预算才具有投入的长期稳定性和现实的可预期性，经权力机关审批的财政预算将会对作为预算执行主体的政府产生法定的约束力，规定具体的财政支出责任。

为了保证廉租住房保障资金来源的稳定性，《办法》第10条对政府设定了具体的财政收支职责，即提取贷款风险准备金和管理费用后的住房公积金增值收益余额，应当全部用于廉租住房建设。土地出让净收益用于廉租住房保障资金的比例，不得低于10%。政府的廉租住房租金收入应当按照国家财政预算支出和财务制度的有关规定，实行收支两条线管理，专项用于廉租住房的维护和管理。但该条对最具投入稳定性和可预期性的年度财政预算的支出责任额度未作规定。

二、实物配租的廉租住房来源

（一）实物配租的廉租住房来源

实物配租廉租住房是指以实物配租的方式租与城市低收入住房困难家庭的廉租住房。根据《办法》第12条的规定，实物配租的廉租住房来源主要包括：①政府新建、收购的住房；②腾退的公有住房；③社会捐赠的住房；④其他渠道筹集的住房。其中，政府新建的住房应当是最主要的住房来源。为此，《办法》对新建廉租住房作了较全面的规定，具体包括：①廉租住房建设用地，应当在土地供应计划中优先安排，并在申报年度用地指标时单独列出，采取划拨方式，保证供应。②廉租住房建设用地的规划布局，应当考虑城市低收入住房困难家庭居住和就业的便利。③廉租住房建设应当坚持经济、适用原则，提高规划设计水平，满足基本使用功能，应当按照发展节能省地环保型住宅的要求，推广新材料、新技术、新工艺，廉租住房应当符合国家质量安全标准。

（二）廉租住房建设的方式、面积结构

1. 新建廉租住房，应当采取配套建设与相对集中建设相结合的方式，主要在经济适用住房、普通商品住房项目中配套建设，即以配套建设为主要的建设方式。

2. 配套建设廉租住房的经济适用住房或者普通商品住房项目，应当在用地规划、国有土地划拨决定书或者国有土地使用权出让合同中，明确配套建设的廉租住房总建筑面积、套数、布局、套型以及建成后的移交或回购等事项。

3. 新建廉租住房，应当将单套的建筑面积控制在50平方米以内，并根据城市低收入住房困难家庭的居住需要，合理确定套型结构。

（三）廉租住房建设的优惠措施

1. 廉租住房建设免征行政事业性收费和政府性基金。

2. 政府或经政府认定的单位新建、购买、改建住房作为廉租住房，社会捐赠廉租住房房源、资金，按照国家规定的有关税收政策执行。这里的税收政策主要是指相关的税收优惠政策，主要规定在相关税收法律规范中。

■第三节　廉租住房的申请、核准与廉租住房保障协议

一、申请与审核程序

根据《办法》的规定，申请廉租住房保障，应当按照下列程序办理：

1. 申请廉租住房保障的家庭，应当由户主向户口所在地街道办事处或者镇人民政府提出书面申请，申请时应当提供下列材料：家庭收入情况的证明材料，家庭住房状况的证明材料，家庭成员身份证和户口簿，市、县人民政府规定的其他证明材料。

2. 街道办事处或者镇人民政府应当自受理申请之日起30日内，就申请人的家庭收入、家庭住房状况是否符合规定条件进行审核，提出初审意见并张榜公布，将初审意见和申请材料一并报送市（区）、县人民政府建设（住房保障）主管部门。

3. 建设（住房保障）主管部门应当自收到申请材料之日起15日内，就申请人的家庭住房状况是否符合规定条件提出审核意见，并将符合条件的申请人的申请材料转同级民政部门。

4. 民政部门应当自收到申请材料之日起15日内，就申请人的家庭收入是否符合规定条件提出审核意见，并反馈同级建设（住房保障）主管部门。

5. 经审核，家庭收入、家庭住房状况符合规定条件的，由建设（住房保障）主管部门予以公示，公示期限为15日，经公示无异议或者异议不成立的，作为廉租住房保障对象予以登记，书面通知申请人，并向社会公开登记结果。经审核，不符合规定条件的，建设（住房保障）主管部门应当书面通知申请人并说明理由；申请人对审核结果有异议的，可以向建设（住房保障）主管部门申诉。

二、申请与审核主体的权利（力）和义务（职责）

申请主体是依法向法定机关递交申请材料要求认定其符合廉租住房保障条件的城市家庭，其主要的权利有两项：一是申请权，即任何认为自己家庭符合廉租住房保障条件的城市家庭均可依法向主管机关申请资格认定，任何人不得阻止该权利的行使或为该权利的行使设定非法的或不合理的障碍；二是公法保护请求权，即申请者若认为审核机关有违法行为从而损害了自己的合法权益，或者对审核结果不服，依法享有申请行政复议、行政诉讼或申诉的权利。申请主体的主要义务是按照法定的程序、材料要求递交申请并积极配合审核机关的审核。

审核主体是依法对申请主体的申请材料进行审查，认定其是否符合廉租住房保障条件的国家机关，主要包括：①街道办事处和镇人民政府。根据《办法》第17条的规定，其享有对申请人的家庭收入、家庭住房状况是否符合规定条件进行初审的权力。②建设（住房保障）主管部门。根据《办法》第17条的规定，其享有对申请人的家庭住房状况是否符合规定条件的审核权。③民政部门。根据《办法》第17条的规定，其享有对申请人的家庭收入是否符合规定条件进行审核的权力。《办法》

第18条还赋予以上各审核主体通过入户调查、邻里访问以及信函索证等方式对申请人的家庭收入和住房状况等进行核实的实地调查权。

三、廉租住房保障协议

廉租住房保障协议包括租赁住房补贴协议和廉租住房租赁合同两种，它们是最终实施廉租住房保障方式的载体，也是实现廉租住房保障法律制度内容和目的的最直接的法律手段。

1. 廉租住房保障协议签订的前提。根据《办法》第19条的规定，廉租住房保障协议签订的前提是建设（住房保障）主管部门对经审核登记为城市低收入住房困难家庭的城市家庭，在综合考虑其收入水平、住房困难程度和申请顺序以及申请的保障方式等的基础上，确定相应的保障方式及轮候顺序，并向社会公开。即确定相应的保障方式及轮候顺序是签订廉租住房保障协议的前置程序，只有当轮候到位时，才能以已确定的保障方式签订相应的保障协议。

对已经登记为廉租住房保障对象的城市居民最低生活保障家庭，凡申请租赁住房货币补贴的，要优先安排发放补贴，基本做到应保尽保；实物配租应当优先面向已经登记为廉租住房保障对象的孤、老、病、残等特殊困难家庭，城市居民最低生活保障家庭以及其他急需救助的家庭。

可以看出，在该前置程序中，建设（住房保障）主管部门在确定保障方式和轮候顺序时享有较大的自由裁量权。对该权力行使的结果不服时，是否可以提起行政复议或行政诉讼？《办法》对此并未明确。从理论上分析，建设（住房保障）主管部门在此处的确定行为，是典型的具体行政行为，因该行为而受到权益损害的相对人当然享有行政复议权和行政诉讼权。

2. 廉租住房保障协议的签订。根据《办法》第20条的规定，对轮候到位的城市低收入住房困难家庭，建设（住房保障）主管部门或者具体实施机构应当按照已确定的保障方式，与其签订租赁住房补贴协议或者廉租住房租赁合同，予以发放租赁住房补贴或者配租廉租住房。发放租赁住房补贴和配租廉租住房的结果，应当予以公布。

根据该条规定，轮候到位的城市低收入住房困难家庭依法享有请求建设（住房保障）主管部门或具体实施机构按确定的保障方式签订租赁住房补贴协议或廉租住房租赁合同的权利，建设（住房保障）主管部门或者具体实施机构应当签订，不得拒绝。

3. 廉租住房保障协议的内容。根据《办法》第21条的规定，租赁住房补贴协议应当明确租赁住房补贴额度、停止发放租赁住房补贴的情形等内容。其中，停止发放租赁补贴的情形一般应包括：①补贴领受家庭已经不符合城市低收入住房困难家庭的条件和标准；②未按规定或约定使用补贴；③以欺诈等手段骗取城市低收入住房困难家庭的认定经查实的。

廉租住房租赁合同应当规定的内容包括：房屋的位置、朝向、面积、结构、附属设施和设备状况；租金及其支付方式；房屋用途和使用要求；租赁期限；房屋维修责任；停止实物配租的情形，包括承租人已不符合规定条件，将所承租的廉租住房转借、转租或者改变用途，无正当理由连续 6 个月以上未在所承租的廉租住房居住或者未交纳廉租住房租金等；违约责任及争议解决办法，包括退回廉租住房、调整租金、依照有关法律法规规定处理等；其他约定。

4. 廉租住房保障协议中双方的权利义务。廉租住房保障协议的双方分别为接受保障主体和保障提供主体，《办法》对双方的权利义务分别作出了规定。

《办法》虽未列明接受保障主体的权利，但根据理论可以推出，租赁住房补贴协议中的补贴领受主体，根据协议享有领取和按约定用途使用补贴的权利；廉租住房租赁合同中的承租方，根据合同享有使用租赁房屋的权利。

《办法》为接受保障主体设定了特殊的义务：①已领取租赁住房补贴或者配租廉租住房的城市低收入住房困难家庭，应当按年度向所在地街道办事处或者镇人民政府如实申报家庭人口、收入及住房等变动情况。②城市低收入住房困难家庭不得将所承租的廉租住房转借、转租或者改变用途。③城市低收入住房困难家庭违反该规定或者有下列行为之一的，应当按照合同约定退回廉租住房：无正当理由连续 6 个月以上未在所承租的廉租住房居住的，或者无正当理由累计 6 个月以上未交纳廉租住房租金的。

保障提供主体根据《办法》规定享有（负有）以下职权（责）：①情况了解权。《办法》第 23 条规定，市（区）、县人民政府建设（住房保障）主管部门应当按户建立廉租住房档案，并采取定期走访、抽查等方式，及时掌握城市低收入住房困难家庭的人口、收入及住房变动等有关情况。②调整权和停止保障权。《办法》第 24 条第 3 款规定，建设（住房保障）主管部门应当根据城市低收入住房困难家庭人口、收入、住房等变化情况，调整租赁住房补贴额度或实物配租面积、租金等；对不再符合规定条件的，应当停止发放租赁住房补贴，或者由承租人按照合同约定退回廉租住房。③违约处理权。《办法》第 26 条规定，城市低收入住房困难家庭未按照合同约定退回廉租住房的，建设（住房保障）主管部门应当责令其限期退回；逾期未退回的，可以按照合同约定，采取调整租金等方式处理。城市低收入住房困难家庭拒绝接受前款规定的处理方式的，由建设（住房保障）主管部门或者具体实施机构依照有关法律法规规定处理。

■参阅案例

如何确定廉租住房的供应对象

2008 年 1 月 11 日，《京华时报》第 13 版发表了题为"海淀有望为公务员建廉租房"的报道，其中写道："记者在海淀政协八届二次会议海淀园专题会议上获悉，海淀有望被全市列为试点地区，建设面向公务员、企业高端人士和教师等群体的廉租房，目前该工作正在论证。"海淀区副区长介绍说："面对目前住宅价格较高，一些优秀人才受到经济压力影响的现状，海淀区有望成为全市试点，建设一批政府廉租房，用来提供给高端人才、公务员、教师、留学人员等群体……"

针对上述报道，有人认为，在高房价的现实压力下，人人都是受害者，即使是收入尚可的公务员、教师也概莫能外。但考虑到廉租住房的政策本意以及住房压力的普遍性，政府为公务员、教师等群体建设专门的廉租住房还是出现了一些错位。[1]

围绕此报道，有以下值得思考的法律问题：

1. 廉租住房法律制度的主体既有社会普遍性又有特殊性。特殊性是针对社会成员中在城市生活的低收入住房困难家庭，而不是针对社会成员中的某个群体。

2. 廉租住房的供应对象是城市低收入住房困难家庭，而不是某个群体中的个人。

3. 廉租住房是社会公共福利和住房保障形式，属于社会保障体系的组成部分，它不属于吸引人才的优惠待遇政策。

【思考题】

1. 如何理解廉租住房的定义？
2. 廉租住房的保障方式有哪几种？
3. 廉租住房保障资金来源渠道有哪些？
4. 实物配租的廉租住房来源有哪些渠道？
5. 简述廉租住房保障协议双方当事人的权利义务。

---

[1] 参见"为公务员建廉租房，有没有搞错？"，载新华网，http：//news. xinhuanet. com/comments/2008 -01/12/content_ 7406100. htm，访问时间：2008 年 1 月 12 日。

第十三章

经济适用住房管理和公有住房出售法律制度

内容提要　经济适用住房管理法律制度是我国住房制度改革中产生的一种具有保障性质的政策性住房法律制度，它对于依法改善城市低收入家庭住房现状、保障住房供给、实现社会成员共享改革开放的成果，均具有重要的促进作用。本章主要阐述了我国经济适用住房管理法律制度的基本内容，同时介绍了我国公有住房出售方面的法律规定。

学习重点　经济适用住房的定义；经济适用住房管理体制；经济适用住房管理制度；公有住房出售法律制度。

■第一节　经济适用住房法律制度概述

一、经济适用住房的定义

经济适用住房，是指政府提供政策优惠，限定套型面积和销售价格，按照合理标准建设，面向城市低收入住房困难家庭供应，具有保障性质的政策性住房。此定义有以下几层含义：

1. 经济适用住房的建设和供给体现了强烈的政府干预性，这种政府干预性主要表现在两种措施上：①以政府提供优惠政策为内容的鼓励和促进措施；②对建设标准、价格、供应对象主体资格、交易等方面的强制性管理和监督措施。

2. 经济适用住房的供应对象为城市低收入住房困难家庭。城市低收入住房困难家庭，是指城市和县人民政府所在地镇范围内，家庭收入、住房状况等符合市、县人民政府规定条件的家庭。由于各地经济发展水平不同，居民收入差别较大，对于这类家庭的认定由市、县人民政府根据本地实际情况确定具体标准。

3. 经济适用住房是具有保障性质的政策性住房，这种政策性或保障性主要体现在其供应价格与商品房价格相比所具有的优惠性上。

在现行房地产法律法规体系中，全面规定经济适用住房管理法律制度的法律文件主要是《国务院关于解决城市低收入家庭住房困难的若干意见》（国务院于2007年8月7日发布）（以下简称《意见》）中关于改进和规范经济适用住房制度的内容和部门规章性质的《经济适用住房管理办法》（原建设部、发展改革委、监察部、财政部、国土资源部、人民银行、税务总局于 2007 年 12 月 1 日联合发布）（以下简称《办法》）。其中，《意见》分别对经济适用住房的供应对象、建筑标准、上市交易、单位集资合作建房等问题作了比较明确的规定，《办法》则对《意见》所规定的内容进一步地具体化和体系化。本节主要以《办法》的体系设置和制度内容为阐释和分析对象。

二、经济适用住房管理体制

根据《办法》第 5 条的规定，国务院建设行政主管部门对全国经济适用住房工作有指导和监督职权（责）。县级以上地方人民政府建设或房地产行政主管部门（以下简称"经济适用住房主管部门"）负责本行政区域内经济适用住房管理工作。县级以上人民政府发展改革（价格）、监察、财政、国土资源、税务及金融管理等部门根据职责分工，负责经济适用住房有关工作。可见，对经济适用住房的建设、供应、交易、使用等行为的具体监督和管理均以县级以上地方人民政府经济适用住房主管部门为主要管理主体，以经济适用住房建设、供应、交易等行为涉及的管理部门为辅助管理主体。

根据《办法》的规定，市、县人民政府对本行政区域内的经济适用住房相关工作有宏观规划和组织的职权（责）。具体表现为：①标准制定和组织实施权，即市、县人民政府有根据当地经济社会发展水平、居民住房状况和收入水平等因素，合理确定经济适用住房的政策目标、建设标准、供应范围和供应对象等，并组织实施的职权（责）；②规划（计划）权，即市、县人民政府有在解决城市低收入家庭住房困难发展规划和年度计划中，明确经济适用住房建设规模、项目布局和用地安排等内容，并纳入本级国民经济与社会发展规划和住房建设规划，及时向社会公布的职权（责）。

三、经济适用住房优惠措施

1. 经济适用住房建设用地供应方式的优惠。根据《办法》第 7 条的规定，经济适用住房建设用地以划拨方式供应。经济适用住房建设用地应纳入当地年度土地供应计划，在申报年度用地指标时单独列出，确保优先供应。这就意味着经济适用住房建设用地的使用权是国有划拨土地使用权，这种权利以无偿方式取得，无需交纳土地出让金，并且这种权利的存续一般也无期限限制。

2. 经济适用住房建设项目的税费优惠。根据《办法》第 8、11 条的规定，经济适用住房建设项目免收城市基础设施配套费等各种行政事业性收费和政府性基金；经济适用住房的建设和供应要严格执行国家规定的各项税费优惠政策。

3. 相关费用的政府负担。根据《办法》第 8 条的规定，经济适用住房项目外基础设施建设费用，由政府负担。

4. 以经济适用住房在建项目抵押贷款的法律允许。为了支持经济适用房建设，国家有关部门制定了相关法规。允许经济适用住房建设单位以在建项目作抵押向商业银行申请住房开发贷款。关于经济适用住房开发贷款，中国人民银行、中国银行业监督管理委员会于 2008 年 1 月 18 日发布的《经济适用住房开发贷款管理办法》作了详细规定。

■第二节　经济适用住房管理制度

一、经济适用住房建设管理

经济适用住房的建设需要遵从和符合法定的程序和强制性标准、条件的要求，主要表现为以下几方面：

1. 对经济适用住房建筑面积、规模的管理。经济适用住房单套的建筑面积控制在 60 平方米左右。具体面积由市、县人民政府根据当地经济发展水平、群众生活水平、住房状况、家庭结构和人口等因素，合理确定建设规模和各种套型比例。

2. 对经济适用住房开发建设的管理。经济适用住房的建设按照政府组织协调、市场运作的原则进行，具体的实施方式可有两种：①采取项目法人招标的方式，选择具有相应资质和良好社会责任的房地产开发企业实施；②由市、县人民政府确定的经济适用住房管理实施机构直接组织建设。二者可择一实行，选择权应当由市、县人民政府行使。在选择实施方式时，《办法》要求应注重发挥国有大型骨干建筑企业的积极作用。在经济适用住房的具体建设过程中，根据《办法》第 18 条的规定，经济适用住房的施工和监理，应当采取招标方式，选择具有资质和良好社会责任的建筑企业和监理公司实施。

3. 经济适用住房规划设计和建设标准。经济适用住房的规划设计和建设必须按照发展节能省地环保型住宅的要求，严格执行《住宅建筑规范》等国家有关住房建设的强制性标准，采取竞标方式优选规划设计方案，做到在较小的套型内实现基本的使用功能；积极推广应用先进、成熟、适用、安全的新技术、新工艺、新材料、新设备。

4. 经济适用住房建设单位对工程质量的责任。经济适用住房建设单位对其建设的经济适用住房工程质量负以下责任：①经济适用住房建设单位对其建设的经济适用住房工程质量负最终责任。《办法》要求建设单位向买受人出具《住宅质量保证书》和《住宅使用说明书》，由此可见，这里的"最终责任"主要是指对经济适用住房的买受人所负有的质量担保责任，一旦住房质量发生问题，买受人可依前述两份文件直接向建设单位主张违约责任。《办法》还要求对于有关住房质量和性能等方面的要求，应在建设合同中予以明确。这就意味着，与建设单位签订建设合同的政府及其相关部门也可以以违约为由，就房屋质量问题向建设单位主张相关权利。②经济适用住房建设单位对其建设的经济适用住房工程质量向买受人承担保修责任，确保工程质量和使用安全。

5. 物业服务方式的选择。经济适用住房项目的物业服务方式有两种：一种是采取招标方式选择物业服务企业实施前期物业服务；另一种是在社区居委会等机构的指导下，由居民自我管理，提供符合居住区居民基本生活需要的物业服务。

二、经济适用住房的价格管理

根据《办法》第4章的规定，经济适用住房实行政府指导价，即由有定价权的价格主管部门会同经济适用住房主管部门制定一定的基准价格及其浮动幅度并向社会公布，经济适用住房的供应必须依此价格形成机制，否则，即为价格违法行为。有定价权的政府主管部门在定价时必须依据原国家计委、原建设部于2002年11月17日发布的《经济适用住房价格管理办法》（以下简称《管理办法》），按照经济适用住房的建设、管理成本和一定的利润确定价格。《办法》第20条对利润也作了明确的限制性规定，即由房地产开发企业实施的经济适用住房项目利润率不得高于3%；由市、县人民政府直接组织建设的经济适用住房只能按成本价销售，不得有利润。这种对利润的限制性规定充分凸显了经济适用住房的政策性和保障性。

根据《管理办法》第6条的规定，经济适用住房基准价格主要由开发成本、税金和利润三部分构成。

开发成本主要包括：①按照法律、法规规定用于征收土地和拆迁补偿等所支付的征地和拆迁安置补偿费；②开发项目前期工作所发生的工程勘察、规划及建筑设计、施工通水、通电、通气、通路及平整场地等勘察设计和前期工程费；③列入施工图预（决）算项目的主体房屋建筑安装工程费，包括房屋主体部分的土建（含桩基）工程费、水暖电气安装工程费及附属工程费；④在小区用地规划红线以内，与住房同步配套建设的住宅小区基础设施建设费，以及按政府批准的小区规划要求建设的不能有偿转让的非营业性公共配套设施建设费；⑤管理费按照不超过①～④项费用之和的2%计算；⑥贷款利息按照房地产开发经营企业为住房建设筹措资金所发生的银行贷款利息计算。税金依照国家规定的税目和税率计算。利润按不超过上述开发成本①～④项总额的3%计算。

依《管理办法》第8～10条的规定，经济适用住房的价格应当在项目开工之前由有定价权的政府价格主管部门合同建设（房地产）主管部门确定并向社会公布，凡不具备在开工前确定公布新建经济适用住房价格的，以及已开发建设的商品房项目经批准转为经济适用住房项目的，房地产开发经营企业应当在经济适用住房销售前，核算住房成本并提出书面定价申请，按照价格管理权限报送有定价权的政府价格主管部门确定。

房地产开发经营企业申请定价时应附以下材料：①经济适用住房价格申报表和价格构成项目审核表；②经济适用住房建设的立项、用地批文及规划、拆迁、施工许可证复印件；③建筑安装工程预（决）算书及工程设计、监理、施工合同复印件；④政府价格主管部门规定的其他应当提供的材料。

政府价格主管部门在接到房地产开发经营企业的定价申请后，应会同建设（房地产）主管部门审查成本费用，核定销售（预售）价格。对申报手续、材料齐全的，应在接到定价申请报告后 30 个工作日内作出制定或调整价格的决定。

根据《管理办法》第 11 条的规定，由有定价权的政府价格主管部门确定或审批的经济适用住房价格，为同一期工程开发住房的基准价格；分割零售单套住房，应当以基准价格为基础，计算楼层、朝向差价。

对于经济适用住房政府指导价中的利润浮动幅度的上下限，《办法》未作明确规定，《管理办法》第 12 条则规定上浮幅度由有定价权的政府价格主管部门在核定价格时确定，下浮幅度则不限。由此可见，法律规范对利润浮动幅度的规制，只是对上限的限制。

根据《办法》第 21 条的规定，经济适用住房销售应当实行明码标价，销售价格不得高于基准价格及上浮幅度，不得在标价之外收取任何未予标明的费用。

为了防止对经济适用住房开发建设项目乱收费，《办法》第 22 条规定了"收费卡制度"，即经济适用住房实行收费卡制度，各有关部门收取费用时，必须填写价格主管部门核发的交费登记卡。任何单位不得以押金、保证金等名义，变相向经济适用住房建设单位收取费用。这一制度在《管理办法》第 16 条中被称为"负担卡制度"，适用对象被明确限制于经济适用住房项目的"房地产开发经营企业"。

三、经济适用住房的准入管理

准入管理，是指法律法规对经济适用住房供应对象获得经济适用住房的前提条件、具体程序、管理方式等的规定。根据《办法》第 24 条的规定，市、县人民政府有按限定的价格，统一组织出售经济适用住房的职权（责）；经济适用住房的供应应当实行申请、审核、公示和轮候制度，市、县人民政府有制定申请、审核、公示和轮候的具体办法的职权（责）。

（一）申请购买经济适用住房条件

城市低收入家庭申请购买经济适用住房应同时符合下列条件：①具有当地城镇户口；②家庭收入符合市、县人民政府划定的低收入家庭收入标准；③无房或现住房面积低于市、县人民政府规定的住房困难标准。《办法》第 25 条将具体认定标准的制定权授予了市、县人民政府，并就标准的制定和公布作了规定，即经济适用住房供应对象的家庭收入标准和住房困难标准，由市、县人民政府根据当地商品住房价格、居民家庭可支配收入、居住水平和家庭人口结构等因素确定，实行动态管理，每年向社会公布一次。

（二）经济适用住房的供应程序及其相关管理主体及其职权

1. 资格申请。经济适用住房资格申请采取街道办事处（镇人民政府），市（区）、县人民政府逐级审核并公示的方式认定。审核单位应当通过入户调查、邻里访问以及信函索证等方式对申请人的家庭收入和住房状况等情况进行核实。申请人及有关单位、组织或者个人应当予以配合，如实提供有关情况。

2. 审核、公示及轮候。经审核公示通过的家庭，由市、县人民政府经济适用住房主管部门发放准予购买经济适用住房的核准通知，注明可以购买的面积标准，然后按照收入水平、住房困难程度和申请顺序等因素进行轮候。

3. 权属登记。居民个人购买经济适用住房后，应当按照规定办理权属登记。房屋、土地登记部门在办理权属登记时，应当分别注明经济适用住房、划拨土地。

4. 购买面积限制。符合条件的家庭，可以持核准通知购买一套与核准面积相对应的经济适用住房。购买面积原则上不得超过核准面积。购买面积在核准面积以内的，按核准的价格购买；超过核准面积的部分，不得享受政府优惠，由购房人按照同地段同类普通商品住房的价格补交差价。

四、经济适用住房的产权[1]限制

经济适用住房的产权限制是指法律对经济适用住房产权人相关权利行使或处分行为的限制。按照物权法理论，依法购买并经过登记的经济适用住房应当为权利人的所有物，原则上权利人有对其进行全面支配的权利，即享有依其意志占有、使用、收益和处分经济适用住房的权利。但在房地产法理论中，经济适用住房作为国家保障城市居民基本生存权的物质基础，体现着强烈的国家干预性和政策导向性。基于社会公共利益的需求，国家对私权利必然要进行合理的干预或限制，这是现代经济和社会现实对法律所提出的新要求的必然结果。《办法》对经济适用住房的产权限制主要表现在以下几个方面：

（一）对经济适用住房转让的法律限制

这里所谓的"转让"是指已购经济适用住房的首次转让，之后的转让属于一般的买卖行为，适用民商事法律规则。根据《办法》第30条的规定，经济适用住房购房人拥有有限产权。购买经济适用住房不满5年，不得直接上市交易，购房人因特殊原因确需转让经济适用住房的，由政府按照原价格并考虑折旧和物价水平等因素进行回购。购买经济适用住房满5年，购房人上市转让经济适用住房的，应按届时同地段普通商品住房与经济适用住房差价的一定比例向政府交纳土地收益等相关价款，具体交纳比例由市、县人民政府确定，政府可优先回购；购房人也可以按照政府所定的标准向政府交纳土地收益等相关价款后，取得完全产权。所有这些限制性规定都应当在经济适用住房购买合同中予以载明，并明确相关违约责任。

由上述规定可见，《办法》对经济适用住房购买满5年的上市交易的规定仅是基础性的，可操作性不强，实际交易时可依照相关规章进行。

1. 关于应缴纳的土地收益问题。国土资源部1999年9月22日发布的《关于已购有公有住房和经济适用住房上市出售中有关土地问题的通知》中详细规定了已购

---

[1] 从严格意义上讲，"产权"不是一个法律概念，而是一个产权经济学概念，其原初含义是指"一群"或"一束"权利，它在产权经济学上的主要作用是使因市场失灵而产生的各种"外部性"进行内部化的重要前提。《办法》第30条明确使用了"有限产权"的概念，为了与法律规范保持一致，本教材依然使用"产权"这一概念，但我们理解的"产权"与法律上的"财产权"应是同一含义，在这里就是指房屋的所有权。

经济适用住房补交土地出让金或相当于土地出让金价款的计算公式和相应系数的确定标准，其中的相关规定可为市、县人民政府确定应缴土地收益提供参考。

2. 关于上市交易程序问题。原建设部于 1999 年 4 月 19 日发布了《建设部关于已购公有住房和经济适用住房上市出售管理暂行办法》。根据该暂行办法第 6～9 条的规定，已购经济适用住房的上市交易应按以下程序进行：

（1）申请。已购经济适用住房所有权人要求将已购经济适用住房上市出售的，应当向房屋所在地的县级以上人民政府房地产行政主管部门提出申请，并提交下列材料：职工已购公有住房和经济适用住房上市出售申请表；房屋所有权证书、土地使用权证书或者房地产权证书；身份证及户籍证明或者其他有效身份证件；同住成年人同意上市出售的书面意见；个人拥有部分产权的住房，还应当提供原产权单位在同等条件下保留或者放弃优先购买权的书面意见。

（2）审核。房地产行政主管部门对已购经济适用住房所有权人提出的上市出售申请进行审核，并自收到申请之日起 15 日内作出是否准予其上市出售的书面意见。

（3）交易过户和补缴土地收益。经房地产行政主管部门审核，准予出售的房屋，由买卖当事人向房屋所在地房地产交易管理部门申请办理交易过户手续，如实申报成交价格，并按照规定到有关部门缴纳有关税费和土地收益。成交价格按照政府宏观指导下的市场原则，由买卖双方协商议定。房地产交易管理部门对所申报的成交价格进行核实，对需要评估的房屋进行现场查勘和评估。

（4）登记。买卖当事人在办理完毕交易过户手续之日起 30 日内，应当向房地产行政主管部门申请办理房屋所有权转移登记手续，并凭变更后的房屋所有权证书向同级人民政府土地行政主管部门申请土地使用权变更登记手续。

（二）保持经济适用住房的法律限制

根据《办法》第 31、32 条的规定，已经购买经济适用住房的家庭又购买其他住房的，原经济适用住房由政府按规定及合同约定回购。政府回购的经济适用住房，仍应用于解决低收入家庭的住房困难。已参加福利分房的家庭在退回所分房屋前不得购买经济适用住房，已购买经济适用住房的家庭不得再购买经济适用住房。

（三）经济适用住房出租的法律限制

经济适用住房是为住房困难家庭而建造的，目的是解决"住房难"或"无房住"问题。它只能供购房人自己使用，因此《办法》第 33 条规定，个人购买的经济适用住房在取得完全产权以前不得用于出租经营。

五、单位集资合作建房的管理

（一）单位集资合作建房的限制条件

《办法》第 34 条规定："距离城区较远的独立工矿企业和住房困难户较多的企业，在符合土地利用总体规划、城市规划、住房建设规划的前提下，经市、县人民政府批准，可以利用单位自用土地进行集资合作建房。参加单位集资合作建房的对象，必须限定在本单位符合市、县人民政府规定的低收入住房困难家庭。"

分析该条规定，笔者为单位集资合作建房的限制主要表现为：①单位集资合作建房的主体局限于距离城区较远的独立工矿企业和住房困难户较多的企业，国家机关、事业单位、社会团体及其他企业等均排除在外；②单位集资合作建房的前提条件是符合土地利用总体规划、城市规划、住房建设规划，经市、县人民政府批准并且利用单位自用土地；③单位集资合作建房的对象限于本单位符合市、县人民政府规定的低收入住房困难家庭，并非本单位所有职工家庭均可参加。

《办法》第36、39条对单位集资合作建房作了禁止性规定：任何单位不得利用新征收或新购买土地组织集资合作建房；各级国家机关一律不得搞单位集资合作建房。单位集资合作建房不得向不符合经济适用住房供应条件的家庭出售。已参加福利分房、购买经济适用住房或参加单位集资合作建房的人员，不得再次参加单位集资合作建房。严禁任何单位借集资合作建房名义，变相实施住房实物分配或商品房开发。

（二）单位集资合作建房适用经济适用住房的相关规定

单位集资合作建房具有经济适用住房特征和性质，属于经济适用住房的组成部分，其建设标准、优惠政策、供应对象、产权关系等均按照经济适用住房的有关规定严格执行。单位集资合作建房应当纳入当地经济适用住房建设计划和用地计划加以管理。

（三）单位集资合作建房剩余房源的处理

由于单位集资合作建房的购买是有限定条件的，因此单位集资合作建房在满足本单位低收入住房困难家庭购买需求后，房源仍有少量剩余的，集资建房单位无权处理，应由市、县人民政府统一组织向符合经济适用住房购房条件的家庭出售，或由市、县人民政府以成本价收购后用作廉租住房。

（四）单位集资合作建房的房款管理和供应原则

根据《办法》第38、40条的规定，向职工收取的单位集资合作建房款项实行专款管理、专项使用，并接受当地财政和经济适用住房主管部门的监督。单位集资合作建房原则上不收取管理费用，不得有利润。

■第三节　公有住房出售法律制度

一、公有住房出售的定义

公有住房出售是指国家将公有住房按照有关规定的优惠价格出售给在城镇居住、有正式户口的在职职工或离退休职工中的现住户。这是我国住房改革中的一项主要制度。

新中国成立以后的很长时间，我国实行了以实物分配为特征的住房供给制。房屋由单位（国家）出资建设，单位职工无偿（或低租）取得住房。改革开放以后，我国开始住房制度改革，1986年2月国务院成立了住房制度改革领导小组，统一协调、指导全国的住房改革工作；1988年2月，国务院发布《关于在全国城镇分期分批推行住房制度改革的实施方案》，开始实行以职工住房货币工资分配为特征的住房商品化；1991 年 12 月，国务院办公厅转发了国务院住房制度改革领导小组发布的《关于全面推进城镇住房制度改革的意见》，进一步明确了我国住房改革的总体目标、基本原则和一系列重要政策；1994 年 7 月 18 日，国务院发布了《国务院关于深化城镇住房制度改革的决定》（以下简称《决定》）。[1]此后原建设部等部门根据《决定》出台了具体规制公有住房出售及售后上市交易等相关行为的专门部门规章及其他规范性文件，主要包括：原建设部 1999 年 4 月 19 日公布的《建设部关于已购公有住房上市和经济适用住房上市出售管理暂行办法》，1997 年发布的《关于加强公有住房售后维修养护管理工作的通知》，财政部、原国土资源部、原建设部于 1999 年 7 月 15 日联合发布的《已购公有住房和经济适用住房上市出售土地出让金和收益分配管理的若干规定》中关于已购公有住房上市交易的规定。本节的内容主要是以《决定》的规范和框架为基础，辅以各专门性部门规章及其他规范性文件所进行的阐释和分析。

二、公有住房出售的法律规制

（一）公有住房出售的前提和原则

根据《决定》的规定，城镇公有住房，除市（县）级以上人民政府认为不宜出售的外，均可向城镇职工出售。职工购买公有住房要坚持自愿的原则，新建公有住房和腾空的旧房实行先售后租，并优先出售给住房困难户。从该规定的用语和内容分析，有两点值得注意：①城镇公有住房的出售对象限于原先拥有公有住房管理权的企业内的职工，企业内的住房困难户有优先购买权，在公房出售实践中，这类企业一般都是原国有企业；②鼓励公房出售，尽量减少公房出租。

（二）公有住房出售的价格管理

根据《决定》的规定，公有住房出售的价格有 3 种形式，分别适用不同的对象和条件：

1. 第一种价格是市场价，适用于向高收入职工家庭出售公有住房的情形。

2. 第二种价格是成本价，适用于向中低收入职工家庭出售公有住房的情形，这是公有住房出售实践中最普遍适用的价格。《决定》还明确规定了成本价的构成因素，具体而言，成本价一般应包括住房的征地和拆迁补偿费、勘察设计和前期工程费、建安工程费、住宅小区基础设施建设费（小区级非营业性配套公建费是否列入成本由各地自行确定）、管理费、货款利息和税金等 7 项因素。旧房的成本价则按售房当年新房的成本价成新折扣（折旧年限一般为 50 年）计算，使用年限超过 30 年的，以 30 年计算；经过大修或设备更新的旧房，按有关规定评估确定。

---

[1] 公有住房出售法律制度是于我国公房改革过程中在特定时期制定的过渡性法律制度。公有住房出售已经结束，《决定》也于 2016 年被废止，但出售以后的纠纷至今还在大量发生。为了便于读者了解这一特殊时期的法律制度，本教材对该部分仍旧予以保留。

3. 第三种价格是标准价，用于以成本价售房确有困难的市（县）作为向成本价过渡之用，即标准价将来必须转变为成本价或市场价，所以这种价格只是公有住房出售过程中的一种临时性价格。《决定》明确要求各市（县）要从本地实际出发，加快标准价向成本价的过渡。《决定》还规定了标准价的确定方式，即标准价按负担价和抵交价之和测定，《决定》对新房和旧房的负担价与抵交价的确定和计算作了较详细的规定。

根据《决定》的规定，出售公有住房的成本价和标准价由市（县）人民政府逐年测定，报省、自治区、直辖市人民政府批准后公布执行。公有住房的出售，应坚持先评估后出售的原则。住房的实际售价应根据所处地段、结构、层次、朝向、设施和装修标准等因素区别计价。

（三）按成本价或标准价购买公有住房的限制

由于按成本价或标准价购买公有住房是对国有企业职工的一种福利，成本价或标准价实际上就是一种国家保障中低收入职工家庭生存权基础的法律手段，因此，有必要对取得资格和相关行为作出相应的限制性规定。《决定》中的限制性规定主要体现在对购房次数和数量的限制上，具体而言，职工按成本价或标准价购买公有住房，每个家庭只能享受 1 次，购房的数量必须严格按照国家和各级人民政府规定的分配住房的控制标准执行，超过标准部分一律执行市场价。

（四）付款方式

《决定》中规定了两种付款方式，并规定了相应的优惠措施：第一种是一次付款方式，《决定》规定售房单位可对一次付款的购房职工给予一次付款折扣，折扣率参考当地购房政策性贷款利率与银行储蓄存款利率的差额，以及分期付款的控制年限确定。第二种是分期付款方式，《决定》规定，实行分期付款的，首期付款不得低于实际售价的30%，分期付款的期限一般不超过 10 年，分期交付的部分要计收利息，单位不得贴息，利率按政策性抵押贷款利率确定。经办政策性住房金融业务的银行，应充分利用政策性住房资金，向购房职工提供政策性抵押贷款。

（五）房屋产权

《决定》按照公有住房出售价格的不同，分别规定了不同的房屋产权形式，主要是完全产权和有限产权两种。前者是不受任何特殊限制的、权能充分、权利人可依其意志处分的财产权；后者则是要受到特殊规则的限制，不能完全依权利人意志处分的财产权，限制主要表现在对收益和处分权能实现的限制上。

职工以市场价购买的住房，产权归个人所有，这种产权是完全产权，可以依法转让，按规定交纳有关税费后，收入归个人所有。职工以成本价购买的住房，产权归个人所有，但这种产权是有限产权，一般住用 5 年后才可以依法转让。转让时，必须以特定方式补交土地使用权出让金或所含土地收益和按规定交纳有关税费，剩余的收入归个人所有。职工以标准价购买的住房，也只拥有有限产权，而且这种有限产权受限制的程度还要甚于以成本价购买的公有住房的有限产权。具体表现在权利人只拥有部分产权，即占有权、使用权、有限的收益权和处分权，但可以继承；权利人（职工）的产权比例按售房当年标准价占成本价的比重确定，剩余的产权比例则为售房单位拥有；职工以标准价购买的住房，一般住用 5 年后方可依法转让、出租，在同等条件下，原售房单位有优先购买和优先租用权；售、租房收入在补交土地使用权出让金或所含土地收益和按规定交纳有关税费后，单位和个人按各自的产权比例进行分配。

对于职工在以成本价或标准价购买的公有住房住用 5 年后进行出租和首次转让时补交土地出让金或所含土地收益的计算和分配的规制，主要体现在财政部、原国土资源部、原建设部于 1999 年 7 月 15 日联合发布的《已购公有住房和经济适用住房上市出售土地出让金和收益分配管理的若干规定》中，即规定：已购公有住房和经济适用住房上市出售时，由购房者按规定缴纳土地出让金或相当于土地出让金的价款，缴纳标准按不低于所购买的已购公有住房坐落位置的标定地价的 10% 确定。购房者缴纳土地出让金或相当于土地出让金的价款后，按出让土地使用权的商品住宅办理产权登记。

从现行的房改政策和相关法律文件的精神来看，对于已购公有住房住用 5 年后的首次转让，国家倾向于鼓励在专门而有序的出售市场中进行。对于在这种市场中的上市出售（转让）予以专门管理的规范，主要体现在原建设部 1999 年 4 月 19 日公布的《关于已购公有住房和经济适用住房上市出售管理暂行办法》中，该暂行办法对已购公有住房上市出售交易市场的建立、不得上市出售的具体情形、上市出售的程序等均作了详细规定。

（六）产权登记和税费管理

根据《决定》的规定，职工购买住房都要由房产管理部门办理住房过户和产权转移登记手续，同时要办理相应的土地使用权变更登记手续，并领取统一制定的产权证书，产权证书应注明产权属性，按标准价购买的住房应注明产权比例。出租、出售、赠与、继承及以其他形式转让购买住房，应按国家规定交纳有关税费。

（七）售后房屋维修和管理服务

公有住房出售后，房屋的所有权结构发生了变化，除个人专有部分外，还有楼房的共有部分和住宅区内的公有部分，因权属不同，维修养护费用的负担主体也不同。《决定》规定，职工购买的住房，室内各项维修开支由购房人负担。楼房出售后应建立共用部分、共用设施维修基金。

至于公有住房售后的管理模式如何建立，《决定》设定的目标是：发展多种所有制形式的物业管理企业和社会化的房屋维修、管理服务。建设部于 1997 年发布的《关于加强公有住房售后维修养护管理工作的通知》对公有住房售后维修养护管理的主管部门和相应职权、社会化、专业化的管理模式，业主公约或房屋使用公约的订立及遵守，业主委员会的组建，住宅共用部位和共用设施设备的维修养护，公房出售后的装饰装修管理等内容作了全面规定。

第十三章

■参阅案例

××省××市建筑工程公司诉张某公有住房出售协议违约纠纷案[1]

【阅读要点提示】

公有住房售出单位对公有住房的共用部位承担着维修责任。售出单位在与公有住房买受人签订的售房协议中，为了不加重自己一方在住房售出后的维修负担，约定买受人不得实施有碍公有住房共用部位安全的行为，这样的约定没有限制买受人正当行使自己的权利，因此是合法有效的。

原告：××省××市建筑工程公司（下称××公司）

被告：张某

原告××公司因与被告张某发生公有住房出售协议违约纠纷，向××市××区人民法院提起诉讼。

原告诉称：被告违反协议约定且未经原告同意，趁长江路改造之机，在其从原告处购买的黄河路1号楼11号住房内擅自开窗扒门，其行为严重影响1号楼的房屋质量和其他住户安全。作为1号楼的建设者和管理者，原告曾向被告发出通告，限令其将改动的房屋恢复原状，但被告置之不理。原告请求判令被告遵守协议约定，立即将擅自改动的房屋恢复原状。

被告辩称：1号楼虽然由原告建设，但原告已将该楼房出售，现在原告既不是1号楼的业主委员会，也不是1号楼的物业管理者，更不是1号楼的房屋所有权人，无权因1号楼的使用问题起诉被告。原告向被告出售1号楼11号住房时，双方确实签订过协议，该协议第6条里也确实有"不准开门、挖窗"等规定。房屋既然出售，买受人就是房屋新的所有权人，依照《中华人民共和国民法通则》（以下简称《民法通则》）第71条规定，有权对自己的财产行使占有、使用、收益和处分的权利。协议第6条侵害买受人对房屋的所有权，违反了《民法通则》的规定，是无效条款，没有法律约束力。被告只是对自己的房屋依法行使所有权，并不违约，应当驳回原告的起诉。

××市××区人民法院经审理查明：黄河路1号楼，是原告××公司于1980年底建设的五层公有住宅楼房，其中的11号房间位于一层且临街，分配给本公司职工被告张某居住。1996年住房制度改革中，××公司以成本价每平方米649元向职工出售公有住宅楼房。在折算了工龄等项优惠后，张某以10 540.29元价款购买了建筑面积56.82平方米的11号房间。

公有住房出售并由买受人住用5年后，依法可以进入市场流通。2000年9月1日，为办理房屋进入市场流通所需的房屋所有权证，以原告××公司为甲方，被告

张某为乙方，双方补签了一份《公有住房出售协议书》。协议书除约定由乙方享有 11 号房间的所有权外，还在第 5 条约定：住房售出后，甲方负责国家规定保修期内的正常维修；保修期过后，乙方负责自用部分的维修，甲方负责 1 号楼外墙面、走廊通道及其他共用部位的维修。第 6 条约定了售出房屋的管理办法：①未经甲方同意，乙方不得实施挖门、开窗、打隔墙等改变房屋结构的行为，不得移动设备位置，不得在房上加层，否则应负责恢复原状，拆除违章建筑；②售出的房屋不得出租，乙方要改变房屋使用性质，必须经甲方同意，并办理有关手续；③乙方要爱护房屋共用部分，不得侵占房屋共用部分，也不得妨碍他人对房屋共用部分的正常使用。

签订协议后，被告张某取得了 1 号楼 11 号房间的所有权证。2004 年，张某在 11 号房间的临街墙上开挖了门窗。原告××公司认为张某的行为违约，在劝阻无效后提起本案诉讼，要求张某将该房屋恢复原状。

××市××区人民法院认为：双方当事人所签的《公有住房出售协议书》，是双方当事人的真实意思表示，且不违背法律规定，应当认定合法有效。《中华人民共和国合同法》第 8 条规定："依法成立的合同，对当事人具有法律约束力。当事人应当按照约定履行自己的义务，不得擅自变更或者解除合同。依法成立的合同，受法律保护。"被告张某在取得 1 号楼 11 号房间的所有权后，违反双方所签协议的约定，未经原告公司许可，任意在 11 号房间墙上开挖门、窗，改变了 1 号楼的承重结构，且对楼上住户造成安全隐患。《民法通则》第 111 条规定："当事人一方不履行合同义务或者履行合同义务不符合约定条件的，另一方有权要求履行或者采取补救措施，并有权要求赔偿损失。"在张某违约后，××公司有权要求张某依照《民法通则》第 134 条第 1 款第 5 项的规定，恢复 11 号房间的原状。

据此，××市××区人民法院于 2005 年 9 月 25 日判决：被告张某于本判决书生效后 10 日内，将位于黄河路 1 号楼 11 号房间的私自开挖门窗的改动部分恢复原状。案件受理费 50 元，由被告张某负担。

一审宣判后，张某不服，向××市中级人民法院提起上诉称：①《公有住房出售协议书》第 6 条明显与《民法通则》第 71 条关于财产所有权的规定相抵触，因此不具有法律效力。该协议书是被上诉人提供的格式合同，因双方买卖的是公有住房，且上诉人是被上诉人的职工，不敢直接公开拒绝格式合同中的不合理条款，故才在该格式合同上签字。一审未查明协议签订的真实情形，将协议中的无效条款认定为合法有效，是认定事实错误。②11 号房间的所有权已归上诉人所有，被上诉人现与该房屋无任何关系，无权干涉上诉人处置自己房屋的行为。③上诉人在 11 号房间开挖门窗是否会对楼上住户的安全形成隐患，不能空口无凭地予以推断。一审中，关于上诉人开挖门窗是否会给楼上住户造成安全隐患，被上诉人没有提供证据证明。一审在没有任何证据的情况下，推断上诉人开挖门窗给楼上住户造成安全隐患，这一推断不能成立。④在被上诉人出售的公有住房中，对住房进行过改动的共有 20 余户，但被上诉人仅对上诉人提起诉讼，明显是不平等待遇，是欺压上诉人等弱小群体的表现。综上，一审判决确有错误，请求二审改判维护上诉人的合法权益。

被上诉人××公司辩称：①被上诉人出售给上诉人的住房，是整幢楼房的一部分。为了保证买受人在购买房屋后不实施危害整幢楼房以及楼上其他住户安全的行为，《公有住房出售协议书》第6条才对买受人购买房屋后不得实施的一些行为作出约定。②《中华人民共和国建筑法》第58条第1款规定："建筑施工企业对工程的施工质量负责。"第62条第1款规定："建筑工程实行质量保修制度。"第70条规定："违反本法规定，涉及建筑主体或者承重结构变动的装修工程擅自施工的，责令改正，处以罚款；造成损失的，承担赔偿责任；构成犯罪的，依法追究刑事责任。"第71条第1款规定："建筑施工企业违反本法规定，对建筑安全事故隐患不采取措施予以消除的，责令改正，可以处以罚款；情节严重的，责令停业整顿，降低资质等级或者吊销资质证书；构成犯罪的，依法追究刑事责任。"第75条规定："建筑施工企业违反本法规定，不履行保修义务或者拖延履行保修义务的，责令改正，可以处以罚款，并对在保修期内因屋顶、墙面渗漏、开裂等质量缺陷造成的损失，承担赔偿责任。"第80条规定："在建筑物的合理使用寿命内，因建筑工程质量不合格受到损害的，有权向责任者要求赔偿。"被上诉人不仅是1号楼的建设单位，而且是1号楼的建筑施工企业，依法对1号楼负有保修责任，并非是将1号楼出售后就可以不承担这些责任。上诉人购买了11号住房后，虽然对该住房享有所有权，但权利的行使不能不受限制，必须顾及国家、社会、集体的利益和其他公民的合法的自由和权利。《公有住房出售协议书》确实是被上诉人提供的格式合同，但这个格式合同的内容符合建筑法及其他行政规章的相关规定，因此是合法有效的。③上诉人在楼房上任意开挖门窗，破坏了建筑物原来设计的承重结构。这个违约行为当然会给建筑物的安全留下隐患，这是根据日常生活经验法则能推定出的、众所周知的事实，无需举证证明。④至于还有多少户人家与上诉人一样有违约行为，被上诉人对这些人家是同时起诉还是嗣后起诉，抑或不起诉，都是被上诉人的诉讼权利，不涉及不平等待遇或者欺压弱小群体。一审对本案的判决正确，二审应当维持。

××市中级人民法院经审理，确认了一审查明的事实。

本案的争议焦点是：①《公有住房出售协议书》的第6条是否合法有效？②张某对其开挖门窗的行为应否承担责任，承担何种责任？③对张某在11号房间开挖门窗的行为，××公司能否起诉？

××市中级人民法院认为：

1. 黄河路1号楼，是被上诉人××公司建设的一幢五层公有住宅楼房。公司既是1号楼的建设单位，也是1号楼的售房单位。任何一幢楼房，都由各个房间等可供独立使用部分以及楼盖、屋顶、梁、柱、内外墙面、基础和上下水管道等整幢楼房的共用部分组成。建设部1992年6月15日发布的《公有住宅售后维修养护管理暂行办法》第4条第2款规定："住宅的共用部位，是指承重结构部位（包括楼盖、屋顶、梁、柱、内外墙体和基础等）、外墙面、楼梯间、走廊通道、门厅、楼内自行车存车库等。"第 6 条规定："公用住宅出售后，住宅共用部位和共用设施设备的维修养护由售房单位承担维修养护责任，也可以由售房单位在售房时委托房地产经营管理单位承担维修养护责任。"根据这一规定，××公司在《公有住房出售协议书》的第 5 条中明确了自己对 1 号楼共用部位的维修责任，在第 6 条中从楼房维修者的角度出发，明文禁止楼房使用者实施有碍楼房安全的行为。这一条规定有利于延长楼房的使用寿命，且不影响楼房使用者依法正确行使自己的权利，因此是合法有效的协议条款。

2. 被上诉人公司出售给上诉人张某的 11 号房间，位于 1 号楼一层，是 1 号楼的组成部分，并非独立房屋。鉴于楼房的建筑特性，张某对 11 号房间享有的所有权，并非独立、完整的所有权，而是建筑物区分所有权。建筑物区分所有权人，只是对整幢建筑物中属于其专用的部分享有包括占有、使用、收益和处分四项权能在内的完整所有权；而对于整幢建筑物中的共用部位，则由整幢建筑物的全部区分所有权人共有。11 号房间的临街墙，是 1 号楼不可或缺的共用部位，不能由张某专有。张某未经许可在此墙上开挖门、窗，此举不仅侵犯 1 号楼中其他共有权人的共有权利，也因违反了《公有住房出售协议书》第 6 条的约定，而应当对××公司承担违约责任。

3. 根据《公有住宅售后维修养护管理暂行办法》第 6 条规定，被上诉人××公司虽然不是 1 号楼的物业经营管理单位，也不是 1 号楼的业主委员会或者房屋所有权人，但在 1 号楼售出后至新的物业经营管理单位接手前，作为 1 号楼的建设单位、售房单位，××公司对 1 号楼的共用部位承担着维修责任。上诉人张某在 1 号楼 11 号房间临街墙上开挖门窗，加重了××公司的维修负担，直接影响到公司利益，××公司有权依照《公有住房出售协议书》起诉张某的违约行为。

综上所述，《公有住房出售协议书》是双方当事人的真实意思表示，不违反法律规定，应认定真实有效。上诉人张某违反协议约定，在 1 号楼共用部位擅自开挖门窗，应当承担违约责任。××公司以《公有住房出售协议书》的签约方、1 号楼维修管理者的身份，起诉追究张某的违约责任，要求张某恢复原状，并无不当。一审判决认定事实清楚，适用法律正确，应当维持。张某的上诉理由不能成立，应当驳回。据此，××市中级人民法院依照《中华人民共和国民事诉讼法》第 153 条第 1 款第 1 项规定，于 2006 年 4 月 4 日判决：驳回上诉，维持原判。二审案件受理费 50 元，由上诉人张某负担。

【思考题】

1. 何谓经济适用住房？
2. 政府为何要加强经济适用住房管理？
3. 申请购买经济适用住房的条件是什么？
4. 如何理解公有住房出售法律行为？

第十三章

第
十
四
章

第十四章

房地产市场管理法律制度

> **内容提要**　房地产市场管理制度是我国房地产法的重要组成部分，它对于规范房地产交易行为、促进房地产市场的有序发展具有重要作用。本章主要阐述房地产市场管理的具体法律规定，包括房地产市场的计划调控、房地产价格管理、房地产税收管理等。
>
> **学习重点**　房地产市场管理的定义；实现房地产市场调控的手段；房地产价格评估制度；房地产税收管理。

■第一节　房地产市场管理制度概述

一、房地产市场的定义及特征

房地产市场有狭义和广义之分。狭义上的房地产市场是指房地产交易的场所。广义上的房地产市场是指房地产全部流通过程的总和，包括房地产买卖、租赁、抵押、典当市场，房地产金融市场以及房地产劳动力市场等。房地产市场不仅是市场体系的重要组成部分，而且是市场体系中举足轻重的部分。

房地产市场不仅能够反映国民经济发展的态势，成为经济变化的先导，而且同其他市场，如劳动力市场、资本市场、建材市场等休戚相关。房地产市场的运行及其发展状况，直接关系到国家经济的繁荣与发展，以及人民生活的丰富与生活水平的提高。因此，政府一直重视对房地产市场的调控，并使之成为政府的一项职责。房地产市场具有以下几个方面的特征：

1. **市场供给的稀缺性。**我国的房地产市场是一个供应弹性较小、供给稀缺的市场。这一特点主要是由土地的有限性和人口增长与耕地减少的矛盾日益加深决定的。一方面，随着城市的现代化、国际化及其人口的剧增和乡（镇）村企业的发展，人们对土地的需求量不断增长；另一方面，土地的供应量是一个常量，缺少弹性，不能随需求的增加而无限扩大。这种需求增长、供给紧缺的情况，使我国房地产市场成为一个供给稀缺的市场。

2. **市场需求的多样性。**这一特点是由房地产自身的性质与功能决定的。房地产不仅是人们生产和生活必不可少的物质条件，而且也是一种财产。房地产作为人们生产和生活必不可少的物质条件，任何单位和个人都要通过房地产市场满足自己的需要；作为一种财产，它具有保值和增值的作用，因而有人就把货币资本通过投资的形式转化为房地产。房地产的这种性质和功能，决定了参与房地产市场主体的广泛性及需求的多样性。

3. 市场供求的区域性。这一特点是由房地产的财产性质决定的。房地产作为不动产，具有不能空间移位的属性，这一属性使房地产的供给和需求都无法发生地区转移，在一般情况下，某地的房地产不能满足异地房地产需求者的需要。所以，供求是受地域限制的，供求双方的交易总是在一定区域内进行的。

二、房地产市场管理的定义

房地产市场管理，是指房地产市场管理机构按照房地产经济的客观规律和国家的政策、法律、法规、规章等，对房地产市场经营活动进行计划、组织、指挥、协调和监督的活动。房地产市场管理包括房地产计划管理、价格管理、税收管理等。

我国政府在房地产市场的建设和培育过程中，非常重视房地产市场的管理，先后颁布了一系列法规。1983 年 12 月 17 日国务院发布的《城市私有房屋管理条例》，对城市私房买卖、租赁的管理作了规定。1984 年 12 月 12 日原城乡建设环境保护部印发的《经租房屋清产估价原则》，规定了房屋清产估价的原则和方法。1988 年 8 月 8 日原建设部、原物价局和工商行政管理局联合下发了《关于加强房地产交易市场管理的通知》，对加强房地产经营单位、房地产价格的管理以及开展房地产价格的评估等工作作了明确规定。1992 年，原建设部又发布了《城市房地产市场估价管理暂行办法》，对房地产市场估价的管理机构、评估机构、评价程序、评估收费、评估人员的资格认定等作了规定。2003 年 8 月 12 日，国务院发布了《国务院关于促进房地产市场持续健康发展的通知》，分别从指导思想（坚持住房市场化、更大程度地发挥市场在资源配置中的基础作用），完善住房供应政策，加强经济适用房的建设和管理，建立和完善廉租房制度，控制高档商品房建设，推进公房出售，完善住房补贴，规范房地产市场服务、住房信贷，控制土地供应规划等方面提出了制度建设和完善的方向和重点。2006 年 7 月 11 日，原建设部、商务部、国家发展和改革委员会、中国人民银行、国家工商行政管理总局、国家外汇管理局联合发布了《关于规范房地产市场外资准入和管理的意见》，对外商投资房地产的市场准入标准、审批机关和审批权限、外商投资企业房地产开发经营的监督管理、境外机构和个人购房的管理等方面作了较全面并具可操作性的规定。《房地产法》设专章对房地产交易管理作了规定，这些政策和法律法规规定对于规范房地产交易行为，促进房地产市场的有序发展起了积极作用。

三、房地产市场管理的任务和内容

根据我国房地产业发展的客观要求和房地产市场活动的实际情况，我国房地产市场管理的任务为：建立房地产市场管理机构，加强行政管理机关对房地产市场的宏观管理；健全和完善房地产市场管理的各项法律法规，规范房地产交易行为，使房地产市场的管理活动有法可依。

房地产市场管理的主要内容是：①限制房地产交易的客体，主要是指对不符合房地产法规定的房地产商品不允许买卖、租赁、抵押等；②规范交易行为，如审查进行交易的房地产权属是否清楚，转租房地产是否经过出租人的同意等；③调控房地产价格，主要是为政府制定基准地价、标定地价和各类房屋的重置价格提供服务，开展房地产价格评估业务，为房地产交易双方当事人提供服务等；④保证国家相关的房地产税收入。

■第二节　房地产市场计划调控法律制度

一、房地产市场计划调控的定义

房地产市场计划调控是指国家运用计划手段对房地产的开发、经营等活动进行宏观管理和调控。

政府对房地产市场的计划调控表现在两个方面：一方面要向市场有计划地投放一定量的土地，满足经济发展对土地的需求；另一方面要从整个社会利益出发，从国家的均衡发展、产业结构的合理发展出发，有计划地调控各地的房地产发展态势。

世界其他国家或地区的政府对房地产市场的计划调控及其立法也非常重视。日本作为世界上人均耕地较少的国家，政府非常重视对有限的土地资源进行有计划地综合开发，谋求均衡发展。1950 年，日本制定了《国土综合开发法》，规定了综合开发计划的体系及内容，并依据此法先后于 1962 年、1969 年、1977 年、1987 年、1998 年和 2005 年分 6 次制定了全国综合开发计划。1974 年，日本制定了旨在加强土地交易管理的《国土利用计划法》，并以此法为依据在 1976 年 5 月 18 日公布了"国土利用计划"。1985 年 12 月 20 日，日本内阁会议对计划进行了全面修改，通过了以 1995 年为目标的第二次全国国土利用计划。[1]另外日本还制定了《国土利用规划法》《都市计划法》等。新加坡政府通过制定土地开发供应计划，规定每年向社会供应的土地数量和大致范围。我国香港特别行政区不仅重视土地规划，而且也重视土地年度供应计划，早在 1939 年 6 月 23 日，港英政府就颁布了《城市规划条例》，[2]开始了城市规划工作。香港地区的城市土地规划可以分为 4 个层次：①城市规划标准与准则，其中包括规划各种用途的土地标准、位置因素、地盘要求准则；②城市建设的规划总纲，以图文并茂的形式说明城市各地段的地理环境、土地用途等；③区域发展大纲图，对各土地划线编号标明用途，并公之于世；④土地发展蓝图，主要是对每一块土地的详细发展规划，包括土地方位、面积、用途、建筑配套

---

〔1〕　陈光远："日本国土综合开发和利用计划"，载《中国土地科学》1993 年第 2 期。
〔2〕　该条例后经 1950 年、1956 年、1974 年、1982 年、1986 年多次修正补充。

设置的位置等。该规划蓝图是政府批租土地的必备文件，它充分体现政府有计划地
分配土地以及规划使用土地的土地政策。地产商的所有发展计划必须符合上述法定
要求。[1]香港特别行政区政府在编制土地规划的同时，每年都编制土地批租计划，
确定该年度有多少土地向社会批租。我国台湾地区也非常重视对土地使用的计划管
理。由此可见，对房地产市场的计划调控是市场经济国家或地区的政府所采取的一
种主要措施，也是政府职能的一种表现方式。我国在确立市场经济体制后，政府对
房地产市场的计划调控仍是十分必要的。

二、实现房地产市场计划调控的手段

政府对房地产市场的计划调控主要是通过规划和土地供给计划来实现的。规划
是制定土地供给计划的前提和重要依据，它包括土地利用总体规范和城市规划。根
据我国目前房地产市场发展的状况，城市规划和土地供给计划是我国政府对房地产
市场进行宏观调控的主要手段。

（一）城市规划

城市规划是政府对城市的规模、容量、各项建设用地及各项基础设施的配置在
时间和空间上进行综合构思、布置的行为。它是城市建设的蓝图，也是指导房地产
开发的依据。现行的规制城市规划的主要法律是 2007 年 10 月 28 日由第十届全国人
大常委会第三十次会议审议通过，自 2008 年 1 月 1 日起施行的《中华人民共和国城
乡规划法》（以下简称《城乡规划法》）。2015 年 4 月 24 日，第十二届全国人民代表
大会常务委员会第十四次会议对该法进行第一次修正。2019 年 4 月 23 日，第十三届
全国人民代表大会常务委员会第十次会议作了第二次修正。该法对城市规划的制定、
实施修改、监督检查等作了全面规定。

1. 关于城市总体规划的编制和审批。根据《城乡规划法》第 14 条的规定，城
市人民政府组织编制城市总体规划。直辖市的城市总体规划由直辖市人民政府报国
务院审批。省、自治区人民政府所在地的城市以及国务院确定的城市的总体规划，
由省、自治区人民政府审查同意后，报国务院审批。其他城市的总体规划，由城市
人民政府报省、自治区人民政府审批。为了加强立法机关对城市总体规划的审查，
《城乡规划法》第 16 条赋予了同级人民代表大会常务委员会在城市人民政府将城市
总体规划报送上一级人民政府审批前的审议权。根据该条规定，审议权行使的法律
后果是：常委会组成人员的审议意见交由本级人民政府研究处理。结合该法第 16 条
第 3 款要求将代表审议意见及根据审议意见修改规划的情况一并报送的法律规定，
可以认为，法律对权力机关的审议意见高度重视，同级人民政府应认真吸纳，即人
大常委会审议后，对城市总体规划提出修改意见的，本级人民政府必须根据该意见
进行相应修改。

2. 关于城市总体规划的内容。根据《城乡规划法》第 17 条的规定，城市总体

〔1〕　徐静琳："香港房地产业的管理及其立法"，载《上海大学学报（社会科学版）》1993 年第 3 期。

规划应当包括城市的发展布局，功能分区，用地布局，综合交通体系，禁止、限制和适宜建设的地域范围，各类专项规划等内容。同时又规定，规划区范围、规范区内建设用地规模、基础设施和公共服务设施用地、水源地和水系、基本农田和绿化用地、环境保护、自然与历史文化遗产保护以及防灾减灾等内容是城市总体规划的强制性内容。亦即，在城市总体规划中，必须对这些强制性内容予以相应统筹计划和安排。城市总体规划的期限一般为 20 年。

3. 关于城市控制性详细规划的编制和审批。《城乡规划法》第 19 条规定，城市人民政府城乡规划主管部门根据城市总体规划的要求，组织编制城市的控制性详细规划，经本级人民政府批准后，报本级人民代表大会常务委员会和上一级人民政府备案。由此可见，在城市控制性详细规划的审批中，立法机关并无事前的审议权。

4. 关于城市规划（城市总体规划、控制性详细规划）的实施。根据《城乡规划法》第三章的相关规定，城市规划主要以四种方式使其规划内容得以实施。第一种方式是根据城市总体规划由相关机关制定近期建设规划，并予以实施。根据《城乡规划法》第 34 条的规定，城市人民政府应当根据城市总体规划、土地利用总体规划和年度计划以及国民经济和社会发展规划，制定近期建设规划，报总体规划审批机关备案；近期建设规划应当以重要基础设施、公共服务设施和中低收入居民住房建设以及生态环境保护为重点内容，明确近期建设的时序、发展方向和空间布局。近期建设规划的规划期限为 5 年。第二种方式是城市总体规划中所确定的一些内容、范围和标准，经法律确认为强制性标准，相关主体进行城市开发、建设行为时必须遵守。如《城乡规划法》第 30 条第 2 款规定，在城市总体规划确定的建设用地范围以外，不得设立各类开发区和城市新区。这一条是法律为政府部门设定的禁止性义务。该法第 33 条规定，城市地下空间的开发和利用，应当符合城市规划，履行规划审批手续。这是法律为开发利用主体设定的义务。第三种方式是城市规划中规定的项目、条件等成为相关机关颁发建设工程规划许可证的审核条件。根据《城乡规划法》第 40 条的规定，在城市规划区内进行建筑物、构筑物、道路、管线和其他工程建设的，建设单位或个人应当向城市人民政府城乡规划主管部门申请办理建设工程规划许可证。对符合控制性详细规划和规划条件的，由城市人民政府城乡规划主管部门核发建设工程规划许可证。第四种方式是将城市规划的内容具体化为规划条件，并将其作为国有土地使用权出让合同的必备内容和组成部分，将规划条件转变为国有土地使用权人的合同义务。根据《城乡规划法》第 38 条的规定，在城市规划区内以出让方式提供国有土地使用权的，在国有土地使用权出让前，城市人民政府城乡规划主管部门应当依据控制性详细规划，提出出让地块的位置、使用性质、开发强度等规划条件，作为国有土地使用权出让合同的组成部分。未确定规划条件的地块，不得出让国有土地使用权。第 39 条规定，规划条件未纳入国有土地使用权出让合同的，该国有土地使用权出让合同无效。

（二）土地供给计划

土地供给计划是政府制订的一定时间内向市场投放各类用途土地数量的计划。它是保障土地供求基本平衡的重要措施，是国家调控房地产市场的重要手段之一。国家作为土地所有者垄断了国有土地使用的出让权。这在客观上为政府制定切实可行的土地供给计划提供了必要性和可能性。但由于我国社会主义市场经济体制还在不断完善之中，计划与市场的关系问题还需深刻认识、充分论证。土地供给计划在立法方面还存在很多问题，尚待厘清和完善。主要表现在：①政府关于土地使用方面的计划名称繁多，土地供应计划的地位和作用还未明确。目前，我国土地使用方面的计划有：建设用地计划（有的叫非农业建设占用耕地年度计划）、土地出让计划、开发区用地计划、土地供给计划，等等。至于诸多计划之间是一种什么关系，法律上没有明确。②计划的制订与审批机关的法律规定不一致。我国的建设用地计划从 1987 年开始列入国民经济和社会事业发展计划之中，该计划由政府制订，权力机关审批；而关于土地供给计划，国家没有规定其制订与审批机关，各地的土地供给计划一般由县级以上人民政府的职能部门制订，同级人民政府审批。这种计划出自多门的做法，容易使我国土地供应总量失控，计划调控手段失灵。③现行土地使用计划制度不利于土地需求者平等竞争。我国的土地使用只有指标，没有如何用地的内容，并且实行立项申报用地优先原则，往往出现先立项申报用地者先有地，后申报者因指标所限无地可供，而在后申报者中有的却是国家急需发展的产业的现象，这种现象造成了产业用地结构不合理、土地需求者不能公平竞争的结果。

根据上述存在的问题，笔者认为，政府应适应培育和发展房地产市场的要求，加强和完善土地供应计划方面的立法。

1. 明确土地供应计划的法律地位。土地供给计划的法律地位涉及两个方面的问题：一个是土地供应计划在各种用地计划中的地位，另一个是土地供应计划在国民经济与社会事业发展计划中的地位。①土地供应计划作为政府一定时间内对房地产市场投放的各类用地数量的计划，应是一个总计划。它包括房地产开发用地计划（含旧城市改造计划）、土地使用权出让计划、开发区用地计划、行政配置土地计划（指党政机关、事业单位、军事设施用地、国家扶植的重点企业用地）。②土地供应计划应作为国民经济与社会事业发展计划体系的组成部分。土地作为三大生产要素之一，其供应量的大小和配置是否合理，直接影响着国民经济和社会事业发展计划体系中的其他计划的制订，如投资计划、住宅建设计划等。因此，应把土地供应计划纳入到国家的整个计划体系之中。

2. 确定土地供应计划的内容和取得用地原则。①土地供应计划应根据市场需要和国家产业政策定数量、定位置、定用途，有的还应包括制定出让基准价。政府在保证土地供求总量基本平衡的同时，应考虑各行业用地需求，在某一时期，对有的行业可以增加土地供应数量指标，对有的行业应减少土地供应数量指标，对有的行业还可以不投放，但规定不宜太具体，应具有一定的弹性。总之，通过计划调控不同行业的土地投放量，以达到产业结构的合理、均衡，使各产业都能健康发展。②改革土地需求者取得土地的原则，应按照平等、公平、竞争的市场经济法则确定土地需求者。政府在保证国家重点建设项目用地以外，根据产业政策决定给某一行业投放的土地数量，土地需求者通过竞争的方式取得国有土地使用权。这不仅有利于增加政府的财政收入，而且有利于房地产市场的健康发展。

3. 确定土地供应计划的编制和审批机关。土地供应计划纳入国民经济和社会事业发展计划体系之后，其编制程序、制定机关和审批机关，应予明确。该计划应由各级人民政府的职能部门负责编制，由各级人民代表大会及其常务委员会进行审批和监督执行，交人民政府负责执行和管理。计划应向社会公开，其执行情况受广大人民群众监督。

4. 关于土地供应计划的法律约束力问题。在市场经济体制下，土地供应计划仍应分为指令性计划和指导性计划。对于占用耕地必须实行指令性计划指标，对于占用非耕地（如旧城改造等）则实行指导性计划指标。对于指令性计划指标应明确规定只能节约，不得突破；对于违反指令性计划指标非法批地、越权批地者，必须追究直接责任者的行政责任或刑事责任，这是由我国国情和土地的特殊性决定的。我国是一个农业大国，十多亿人仍依赖土地解决温饱问题，而土地又不像其他生产资料可以再生，或通过科学技术创造，它永远是一个常量，只能随占用而减少。计划突破以后，国家不可能通过追加投资、提高劳动生产率来增加土地的总量，也不可能通过进口"填平补齐"。因此，对于占用耕地部分的计划，必须实行指令性指标，并以严格的法律责任保证其实施。

三、房地产市场计划调控与市场调节的协调

房地产市场的培育和发展，为土地需求者取得土地使用权提供了许多新的渠道，政府有计划的出让仅是土地需求者取得土地使用权的一种形式，除此而外，土地需求者还可以通过房地产市场的交易活动（如买卖、互易等）取得土地使用权，即从其他土地使用者或经营者手中取得土地使用权，从而在房地产市场中形成土地供应计划与市场相互作用、共同调节供需关系的机制。

土地供应计划与市场相互作用主要表现在两个方面：一方面，房地产市场的需求变化，为政府有计划地投入土地提供了信息资料，使政府土地供应计划的实施有了反馈渠道，从而便于政府适时调整计划。另一方面，土地供应计划可以有效地调控房地产市场，影响土地使用权的交易活动。具体表现为：①当某一行业的土地需求增加、地价上涨，政府应调整计划，增加投放量，也可以通过改变行业之间的计划投放量，将供给大于需求的其他行业用地指标转为该行业的指标，达到平抑地价、平衡供求关系的目的。②当某一行业的供给大于需求，地价下跌时，政府也应调整计划，或减少该行业的计划投放量，或将该行业的土地指标转为其他行业的指标。如果采取这两种措施仍不能扭转市场疲软现象，价格继续下跌，政府应当享有优先收购权，可以收购一部分土地。

政府行使上述对房地产市场的计划调控职能时，还必须通过法律解决以下两个问题：

1. 政府拥有足够的储备土地。储备土地，是政府运用土地供应计划进行宏观调控房地产市场的前提条件。目前规制土地储备的文件是国土资源部、财政部、中国人民银行于 2007 年 11 月 19 日联合公布的《土地储备管理办法》（以下简称《办法》），该《办法》于 2018 年 1 月 3 日进行了修订。根据该《办法》第二部分的规定，土地储备实行计划管理。各地应根据国民经济和社会发展规划、国土规划、土地利用总体规划、城乡规划等编制土地储备 3 年滚动计划。各地应根据城市建设发展以及土地市场调控的需要，结合当地社会发展规划、土地储备 3 年滚动计划、年度土地供应计划、地方政府债务限额等因素，合理制定年度土地储备计划。根据《办法》第三部分的规定，储备土地的来源主要有：①依法收回的国有土地。这又分为依法无偿收回的土地和有偿收回的土地，前者是指依据《出让和转让暂行条例》（以下简称《出让和转让条例》）第 17 条规定的土地使用权受让人未按出让合同规定的条件和期限经营利用开发土地而无偿收回的土地和依据《出让和转让条例》第 39 条规定的土地使用权期限届满后而无偿收回的土地；后者是指因实施城市规划进行旧城区改建需要调整使用土地的，经有批准权的人民政府批准，依法给予土地使用权人补偿后收回的土地。②收购的土地。收购土地的补偿标准，由土地储备机构与土地使用权人根据土地评估结果协商后，经国土资源管理部门、财政部门或者地方法规规定的其他机构确认。③行使优先购买权取得的土地。④已办理农用地转用、土地征收批准手续并完成征收的土地。⑤其他依法取得的土地。

2. 减少土地使用者或经营者的土地存量。土地使用者或经营者的土地存量过多，会减弱政府的计划调控职能。在我国行政划拨土地时期，有些单位宽打窄用，形成了一定量的闲置土地。土地使用权允许流动以后，这些单位擅自进行转让或变相转让，这在一定程度上影响了房地产市场的规范运行。因此，国家应制定相应的法律制度，对土地经营者的土地存量作出一定限制，对划拨土地使用权的流转作出具体规定。只有这样，才能有效地发挥土地供应计划对房地产市场的调控作用，确保政府对房地产市场调控权的实现。关于闲置土地处置问题，国土资源部 1999 年 4 月 26 日通过、2012 年 5 月 22 日修订的《闲置土地处置办法》作了相关规定。[1]

■第三节 房地产价格管理制度

一、房地产价格管理的定义

房地产价格管理是指房地产价格管理部门依据国家的价格政策，按照市场经济

---

〔1〕 黄河："政府对房地产市场的计划调控及其立法"，载《法律科学（西北政法学院学报）》1994 年第 4 期。

客观规律的要求，对房地产价格及其评估进行指导、监督等活动。在房地产交易中，价格问题是一个至关重要的问题，它不仅涉及房地产交易双方当事人的利益，而且涉及国家税收和宏观调控政策的落实。因此，为了加强国家对房地产价格的管理，维护房地产市场秩序，促进房地产业的健康发展，我国房地产法对房地产价格管理的内容、形式等问题作了规定。1990年8月18日原国家计委、原建设部、中国人民建设银行、审计署、国家统计局、国家物价局发布的《关于加强商品住宅建设管理的通知》第9条规定："商品住宅价格的制定应以成本为主要依据，严格按照国家有关作价办法，由省、自治区、直辖市物价部门会同计划、建设、审计部门，并请建设银行参加制定。商品住宅的售价均不得高于物价部门规定的价格，严禁乱涨价。"1992年7月原国家物价局、原建设部、财政部、中国人民建设银行联合发布了《商品住宅价格管理暂行办法》（该办法已于2012年12月12日被废止），这是我国第一部有关商品房价格管理的部门规章。该办法规定，商品住宅价格应以合理成本为基础，有适当利润，结合供求状况和国家政策的要求制定，并根据楼层、朝向和所处地段等因素，实行差别价格。《房地产法》对房地产价格管理也作了规定，主要有：①实行基准地价、标定地价和各类房屋重置价格定期确定并公布制度；②实行房地产价格评估制度；③实行成交价格申报制度。这些规定，对国家加强对房地产市场的宏观管理和调控具有重要的意义和作用。

二、基准地价、标定地价和各类房屋重置价格定期确定并公布制度

《房地产法》第33条规定，"基准地价、标定地价和各类房屋的重置价格应当定期确定并公布。"这是我国房地产法对房地产价格管理的范围和内容所作的基本规定。

所谓基准地价，是指按照不同的土地级别、区域分别评估和测算的商业、工业、住宅等各类用地的使用权的平均价格。基准地价主要反映地价总体变化趋势和较稳定的各级、各类土地使用权的平均价格，是国家对土地使用权价格进行宏观控制、管理和引导的依据；同时又是国家征收土地使用税、参与土地收益分配、防止各地竞相压价和地价狂涨的衡量标准。

所谓标定地价，是指对需要进行土地使用权出让、转让、抵押的地块评定的具体价格。它是以基准地价为依据，根据市场行情、地块大小、形状、容积率和土地使用年限等条件评定的具体某一地块在某一时间的价格。标定地价为地方人民政府管理土地使用权价格、防止土地使用权价格的暴涨暴跌、维持合理的地价水平提供了依据。标定地价要求准确，尽量接近市场价格。

所谓房屋的重置价格，是指按照当前的建筑技术、工艺水平、建筑材料价格、人工和运输费用等条件，重新建造同类结构、式样、质量标准的房屋的价格。

所谓定期确定和公布，是指城市人民政府或其授权的部门，每隔一段时间，按照不同的土地级别、区域分别评估和测算商业、工业、住宅等各类用地的使用权的平均价格，并予以公布，即定期确定和公布基准地价；根据市场行情、地块区位和土地使用年限等条件评定具体某一地块在某一时间的价格，并予以公布，即定期确定和公布标定地价；按照当前建造同类结构、式样、质量标准确定各类房屋价格，并予以公布，即定期确定和公布各类房屋的重置价格。实行基准地价、标定地价和各类房屋的重置价格定期确定并公布制度，对于规范房地产交易行为、依法管理房地产交易价格、促进房地产业的健康发展等都具有重要的意义。

三、房地产价格评估制度

（一）房地产价格评估的定义

房地产价格评估，是指房地产价格评估机构根据市场经济的客观规律，测算物化于房地产商品中的社会必要劳动量，并参照市场供求、社会环境、区位等因素，科学、真实地以货币形态反映房地产商品的现值。房地产价格评估是国家对房地产资产进行管理的可靠依据，是国家对房地产经营活动的有效管理手段，它贯穿于房地产生产、流通、消费的整个过程。根据市场经济发展的要求和我国相关政策、法规的规定，房地产评估的主要范围包括：集体土地及其上房屋征收中的土地与房屋价格评估；国有土地上房屋征收补偿中的房价评估；国有土地有偿使用中的地价评估；集体经营性土地有偿使用中的地价评估；城市住房制度改革中，有关出售公房房价的评估；房地产交易中的价格评估；房地产抵押、贷款、投保等活动所需的价格评估；企业合并、破产、入股中固定资产（包括房地产）的价格评估；房地产纠纷的仲裁和诉讼中的价格评估。

实行房地产价格评估制度，有利于国家的税收征收和房地产抵押业务的发展，对于维护房地产权利人的合法利益、防止国有资产的流失都具有重要的意义和作用。

（二）房地产价格评估的原则

1. 公正性原则。房地产价格评估的公正性，是指房地产价格评估机构在进行房地产价格评估的过程中，应当公正地对待每一个要求房地产价格评估的委托人，不得有所偏向。公正性原则要求房地产价格评估机构做到公正地受理房地产价格评估的委托、公正地反映房地产价格评估委托人的情况、公正地办理房地产价格评估事务。

2. 公平性原则。房地产价格评估的公平性，是指房地产价格评估中的各方享有平等的权利和承担平等的义务。房地产价格评估机构在受理房地产价格评估的委托时，不得要求委托人承担不公平的义务；同时，委托房地产价格评估机构进行房地产价格评估的当事人，特别是行政机关作委托人的，不得要求房地产价格评估机构承担不公平的义务。

3. 公开性原则。房地产价格评估的公开性，是指房地产价格评估的程序、标准等应当向社会公开，以便社会公众知晓，从而保证房地产价格评估的公正。

（三）房地产价格评估的程序

1. 提出申请。委托人向房地产价格评估机构提出申请时，应当递交评估申请书。评估申请书应当载明下列内容：作为自然人的委托人的姓名、职业、住所，或者作为法人、其他经济组织的委托人的名称、住所及其法定代表的姓名、职业、住所；标的物的名称、面积、坐落；申请评估的理由、项目和要求；委托人认为需要说明的其他内容。同时，委托人递交的评估申请书应当附有标的物的产权证书和有关的图纸、资料或影印件。

2. 评估受理。房地产价格评估机构收到评估申请书后，应当对委托人的身份证件、标的物的产权证书及评估申请书进行审查。符合条件的，交由评估人员承办；不符合条件的，要求委托人补正或者不予受理。

3. 现场勘估。房地产价格评估机构的承办人员应当制订评估方案，到标的物所在地进行实地勘丈测估，核对各项数据和有关资料，调查标的物所处环境的状况，并做好详细记录。

4. 综合作业。房地产价格评估机构的承办人员应当综合各种因素进行全面分析，提出评估结果。承办人员所提出的书面评估结果应当包括以下内容：评估的原因，标的物名称、面积、结构、地理位置、环境条件、使用情况、所处区域城市规划现状及发展前景，房地产市场行情；标的物及其附着物质量等级评定；评估的原则、方法、分析过程和评估结果；必要的附件，包括评估过程中作为评估依据的有关图纸、照片、背景材料、原始资料及实际勘测数据等；以及其他需要说明的问题。

评估结果书，应由承办人员签名。承办评估业务的机构签署意见和加盖单位公章后，书面通知当事人。

房地产价格评估应当以上述的基准地价、标定地价和各类房屋的重置价格为基础，参照当地的市场价格进行。

四、房地产成交价格申报制度

房地产成交价格申报是指房地产权利人在转让房地产时，应当依法如实向国家申报成交价格。《房地产法》第35条第2款规定："房地产权利人转让房地产，应当向县级以上地方人民政府规定的部门如实申报成交价，不得瞒报或者作不实的申报。"实行房地产成交价格申报制度，不仅有利于国家加强税收管理，保障国家税收收入，而且有利于国家了解和掌握房地产市场的行情，实施必要的宏观调控。

■第四节　房地产税收法律制度

一、耕地占用税

（一）耕地占用税的定义及特征

耕地占用税，是指对占用耕地建造建筑物、构筑物或从事其他非农业建设的单位或个人，按其实际占用耕地面积所征收的一种税。

耕地占用税是土地税收的一种，它的征税对象是耕地，而不是指所有土地。按照2018年12月29日第十三届全国人民代表大会常务委员会第七次会议通过的《中华人民共和国耕地占用税法》（以下简称《耕地占用税法》）第2条的规定，耕地是指用于种植农作物的土地。国家制定并征收耕地占用税的目的是合理利用土地资源，节约用地，保护耕地。

耕地占用税有以下几个方面的特点：

1. 耕地占用税是一种从量定额税。耕地占用税以纳税人实际占用的耕地面积计税。这种税不因耕地价格的高低而发生变化。

2. 耕地占用税按人均耕地面积的多少实行差别幅度税额。耕地占用税根据人均耕地占有量的多少而分别确定税额，人均耕地面积多的地区，税额较低；人均耕地面积少的地区，税额较高。因此，耕地占用税税额的大小因各地人均耕地面积的不同而有所区别。国家根据人均耕地面积和经济发展情况确定各省、自治区、直辖市的平均税额。具体税额的规定，由地方人民政府在国家规定的幅度范围内核定提出，报同级人民代表大会常务委员会决定，并报全国人民代表大会常务委员会和国务院备案。各省、自治区、直辖市耕地占用税适用税额的平均水平，不得低于国家确定的各省、自治区、直辖市的平均税额。

3. 耕地占用税采用一次性征收的办法。耕地占用税按纳税人实际占用的耕地面积一次征税，纳税人在纳税以后，不论其使用土地时间的长短，均不再征收。

（二）耕地占用税的主要内容

1. 纳税义务人。根据《耕地占用税法》的规定，占用耕地建房或者从事其他非农业建设的单位和个人，都是耕地占用税的纳税义务人。单位包括国有企业、集体企业、私营企业、股份制企业、外商投资企业、外国企业以及其他企业和事业单位、社会团体、国家机关、部队以及其他单位；个人包括个体工商户及其他个人。

2. 征税对象。征税对象是耕地，即用于种植农作物的土地。占用园地、林地、牧草地、农田水利用地、养殖水面以及渔业水域滩涂等建房或从事非农建设的，也要征收耕地占用税。

3. 税额。根据《耕地占用税法》第 4 条的规定，耕地占用税的税额如下：①以县、自治县、不设区的市、市辖区为单位（以下同），人均耕地不超过 1 亩的地区，每平方米为 10 ~ 50 元；②人均耕地超过 1 亩但不超过 2 亩的地区，每平方米为 8 ~ 40 元；③人均耕地超过 2 亩但不超过 3 亩的地区，每平方米为 6 ~ 30 元；④人均耕地在 3 亩以上的地区，每平方米为 5 ~ 25 元。

根据《耕地占用税法》第 5 条的规定，人均耕地低于 0.5 亩的地区，省、自治区、直辖市可以根据当地经济发展情况，按照该法的规定适当提高耕地占用税的适用税额。第 6 条规定，占用基本农田的，按照该法规定，加按 150% 征收。

4. 耕地占用税的减免。根据《耕地占用税法》第 7 条规定，军事设施、学校、幼儿园、社区福利机构、医疗机构占用耕地，免征耕地占用税。铁路线路、公路线路、飞机场跑道、停机坪、港口、航道、水利工程占用耕地，减按每平方米 2 元的税额征收耕地占用税。农村居民在规定用地标准以内占用耕地新建自用住宅，按照当地适用税额减半征收；其中农村居民经批准搬迁，新建自用住宅占用耕地不超过原宅基地面积的部分，免征耕地占用税。农村烈士遗属、因公牺牲军人遗属、残疾

第十四章

军人以及符合农村最低生活保障条件的农村居民，在规定用地标准以内新建自用住宅，免征耕地占用税。

5. 计税依据与纳税期限。耕地占用税以纳税人实际占用的耕地面积计税。耕地占用税由税务机关负责征收。耕地占用税的纳税义务发生时间为纳税人收到自然资源主管部门办理占用耕地手续的书面通知的当天。纳税人应当自纳税义务发生之日起 30 日内申报交纳耕地占用税。自然资源管理部门凭耕地占用税完税凭证或者免税凭证和其他有关文件发放建设用地批准书。

二、城镇土地使用税

（一）城镇土地使用税的定义及特征

城镇土地使用税（以下称土地使用税），是指国家向在城市、县城、建制镇、工矿区范围内使用土地的单位和个人，按占用土地面积分等定额征收的一种土地税。国家征收土地使用税，既有利于保证城市建设对土地的需求，也有利于杜绝多占少用、浪费土地的现象。我国从 1988 年 11 月 1 日起，开始征收土地使用税。

新中国成立后，我国比较重视对土地课税的立法。1950 年 1 月，在政务院颁布的《全国税政实施要则》中，曾规定有以地产为课税对象的地产税。1951 年 8 月，在政务院颁布的《中华人民共和国城市房地产税暂行条例》中，又把地产税和房产税合并征收，通称为城市房地产税。1973 年，国家把城市房地产税又并入到工商税中。1982 年《宪法》公布以后，由于规定了城市土地属于国家所有，原以地产所有人为纳税义务人的地产税的税名，已与现实不符合。随着经济体制改革的深入进行和第二步利改税的推进，国务院决定增加土地使用税，并于 1988 年 9 月 27 日发布了《中华人民共和国城镇土地使用税暂行条例》（以下简称《城镇土地使用税暂行条例》），对该条例于 2006 年、2011 年、2013 年、2019 年进行过 4 次修订。

土地使用税有以下特点：

1. 土地使用税是一种从量定额税。土地使用税以纳税人实际占用土地面积为计税依据，依照规定税额计算征收。这一点，土地使用税与耕地占用税相同，但按占用土地面积计税，不是确定土地使用税税额的唯一依据，还须综合考量土地质量、位置等因素。

2. 土地使用税采取地区差别分等定额。由于土地的地理位置、地理环境、交通设施、经济繁荣程度等因素的不同，土地的级差收入差别很大。一些企业凭借优越的地理位置，获得较高的经济利益。国家为了消除或减少因级差收入不同而带来的不平等因素的影响，保障企业公平竞争，对不同城市以及同一城市不同地区的土地分等定额，并征收土地使用税。

3. 土地使用税按年计算，分期缴纳。土地使用税以年为时间单位计算税款数额，并分期向税务机关缴纳税款。

（二）土地使用税的主要内容

1. 纳税义务人。土地使用税的纳税义务人是指在城市、县城、建制镇、工矿区范围内使用土地的单位和个人。

根据 1988 年 10 月 24 日财政部、国家税务总局发布的《关于城镇土地使用税若干具体问题的解释和暂行规定》的规定,《城镇土地使用税暂行条例》中所说的城市是指经国务院批准设立的市;县城是指县人民政府所在地;建制镇是经省、自治区、直辖市人民政府批准设立的建制镇;工矿区是指工商业比较发达、人口比较集中,符合国务院规定的建制镇标准,但尚未设立建制镇的大、中型工矿企业所在地。工矿区需经省、自治区、直辖市人民政府批准。

2. 税额。土地使用税每平方米年税额为:大城市 1.5～30 元;中等城市 1.2～24 元;小城市 0.9～18 元;县城、建制镇、工矿区 0.6～12 元。

省、自治区、直辖市人民政府,应当在前面所列税额幅度内,根据市政建设状况、经济繁荣程度等条件,确定所辖地区的适用税额幅度。市、县人民政府应当根据实际情况,将本地区土地划分为若干等级,在省、自治区、直辖市人民政府确定的税额幅度内,制定相应的适用税额标准,报省、自治区、直辖市人民政府批准执行。经省、自治区、直辖市人民政府批准,经济落后地区土地使用税的适用税额标准可以适当降低,但降低额不得超过上述最低税额的 30%。经济发达地区土地使用税的适用税额标准可以适当提高,但须报经财政部批准。

3. 征税对象及征税范围。土地使用税的征税对象是城市、县城、建制镇、工矿区范围内土地使用者使用的土地,不仅包括生产用地,也包括生活用地;不仅包括在这些范围内的国有土地,而且也包括集体所有的土地。土地使用税的征税范围:城市的征税范围为市区和郊区;县城的征税范围为县人民政府所在的城镇;建制镇的征税范围为镇人民政府所在地。城市、县城、建制镇、工矿区的具体征税,由省、自治区、直辖市人民政府确定。

4. 免税范围。下列土地免缴土地使用税:①国家机关、人民团体、军队自用的土地;②由国家财政部门拨付事业经费的单位自用的土地;③宗教寺庙、公园、名胜古迹自用的土地;④市政街道、广场、绿化地带等公共用地;⑤直接用于农、林、牧、渔业的生产用地;⑥经批准开山填海整治的土地和改造的废弃土地,从使用的月份起免缴土地使用税 5～10 年;⑦由财政部门另行规定免税的能源、交通、水利设施用地和其他用地。此外,纳税人缴纳城镇土地使用税确有困难需要定期减免的,由省、自治区、直辖市税务机关审核后,报国家税务总局批准。

此外,国家税务总局在《关于城镇土地使用税若干具体问题的解释和暂行规定》中规定,下列土地的征免税,由省、自治区、直辖市税务局决定:①个人所有的居住房屋及院落用地;②房产管理部门在房租调整改革前经租的居住房用地;③免税单位职工家属的宿舍用地;④民政部门举办的安置残疾人占一定比例的福利工厂用地;⑤集体和个人办的各类学校、医院、托儿所、幼儿园用地。

5. 纳税方法与纳税期限。土地使用税按年计算、分期缴纳,具体缴纳期限由省、自治区、直辖市人民政府确定。新征收的土地,依照下列规定缴纳土地使用税:

①征收的耕地，自批准征收之日起满 1 年时开始缴纳土地使用税；②征收的非耕地，自批准征收次月起缴纳土地使用税。

土地使用税由拥有土地使用权的单位或个人缴纳。拥有土地使用权的纳税人不在土地所在地的，由代管人或实际使用人纳税；土地使用权未确定或权属纠纷未解决的，由实际使用人纳税；土地使用权共有的，由共有各方分别纳税。

三、与房地产转让有关的税种

（一）土地增值税

土地增值税是对单位和个人有偿转让土地使用权、地上建筑物及其附着物所有权的增值收益进行征收的一个税种。

随着社会主义市场经济体制的深入发展，我国对土地使用制度进行了改革，实行国有土地使用权的出让、转让制度。1992 年，房地产业发展迅速，房地产市场也逐步建立、发展起来，由过去城镇土地的指令性划拨无偿使用改为有偿出让、转让，这不仅强化了城市土地管理，也对改善人民居住条件、增加国家财政收入等方面起到很大作用。但是，由于我国的房地产管理制度不健全，国家税收杠杆没有发挥应有的作用，出现了"圈地热""批地热"等现象，有些沿海城市和内地大城市炒卖土地及炒卖"楼花"的现象十分严重，造成各地争置开发区，国家土地资产应该收到的利益大量流失，而有些单位和个人却获取暴利。为了有力抑制对房地产的投机、炒卖活动，防止国家土地收益的流失，同时增加财政收入，国家决定开征土地增值税，调节和加大对土地增值收益征税数量以及强度，以促进房地产业的健康发展，完善土地产业的有关税收制度。土地增值税的特点是：增值多的多征，增值少的少征，无增值的不征。1993 年 12 月 13 日，国务院发布了《中华人民共和国土地增值税暂行条例》（以下简称《土地增值税条例》），自 1994 年 1 月 1 日起施行。1995 年 1 月 27 日，财政部发布《土地增值税暂行条例实施细则》（以下简称《土地增值税条例实施细则》）。国务院于 2011 年 1 月 8 日根据《国务院关于废止和修改部分行政法规的决定》修订了《土地增值税条例》。其主要内容如下：

1. 纳税义务人。《土地增值税条例》第 2 条规定，转让国有土地使用权、地上建筑物及其附着物（以下简称转让房地产）并取得收入的单位和个人（以下简称纳税人），为土地增值税的纳税义务人。这里规定的转让房地产是转让国有土地使用权、地上建筑物和其他附着物产权的行为。通过继承、赠与等方式没有取得商业性收入的流转行为不在征税范围之内。

《土地增值税条例》和《土地增值税条例实施细则》所称的"地上建筑物及其附属物"是指建于土地上的一切建筑物，地上地下的各种附属设施及附着于该土地上的不能移动、一经移动即遭损坏的物品。这里所称的"单位和个人"，既包括国家机关、社会团体、部队、企事业单位、个体工商户及其他单位和个人；也包括外商投资企业、外国企业及外国驻华机构以及外国公民、华侨和港澳同胞等。

2. 计税依据和扣除项目。根据《土地增值税条例》的规定，土地增值税是以纳税人转让房地产所得的增值额作为计税依据的。所称"增值额"为纳税人转让房地产所得的收入减除税法规定扣除项目金额后的余额。纳税人转让房地产取得的收入是指取得的全部收入，包括货币收入、实物收入和其他收入等。

根据《土地增值税条例》第6条的规定，计算增值额的扣除项目是：

（1）取得土地使用权所支付的金额。即纳税人受让土地使用权时已支付的出让金。凡通过行政划拨方式无偿取得土地使用权的，取得土地使用权所支付的金额是指在转让土地使用权时按规定已补交的出让金。

（2）开发土地的成本、费用。

（3）新建房及配套设施的成本、费用，或者旧房及建筑物的评估价格。

在第（2）、（3）项两项扣除项目中，开发土地的成本、费用和新建房及配套设施的成本、费用，是指纳税人在开发土地和建房及配套设施过程中实际发生的成本费用支出，包括土地征收及拆迁补偿费、前期工程费、建筑安装工程费、基础设施费、公共配套设施费、开发间接费用以及建造期间发生的利息支出。其中：①土地征收费及拆迁费，包括土地征收费，耕地占用税，劳动力安置及有关地上、地下附着物拆迁补偿的净支出，安置拆迁用房支出等。②前期工程费，包括用于规划、设计、项目可行性研究、水文、地质、勘探、测绘、"三通一平"等支出。③建筑安装工程费，包括以承包方式支付给承包单位的建筑安装工程费和以自营方式发生的建筑安装费。④基础设施费，包括用于开发小区内道路、供水、供电、供气、排污、排洪、通讯、照明、环卫、绿化等工程发生的支出。⑤公共配套设施，包括开发小区内不能有偿转让的公共配套设施发生的支出。⑥开发间接费用，是指直接组织、管理开发项目发生的费用，包括工资、职工福利、修建费、折旧费、办公费、水电费、劳动保护费、周转房摊销费等。⑦建造期间发生的利息支出，是指与开发土地和新建房及配套设施直接有关的贷款利息支出。

关于第（3）项中扣除的旧房及建筑物的评估价格，是指已使用的房屋及建筑物出售时，由政府指定的评估部门评定的重置成本价乘以成新度折扣率后的价格。

（4）与转让房地产有关的税金。

（5）财政部规定的其他扣除项目。《土地增值税条例实施细则》第9条规定，如果纳税人成片受让土地使用权后，分期分批开发、房地产转让的，对允许扣除项目的金额，应按转让土地使用权的面积占总面积的比例计算分摊。若按此办法仍难以计算的，也可以按建筑面积计算分摊。如果纳税人对项目完全竣工前无法按实际成本计算的，可以先按建筑面积预算成本计算，待项目完工后再按实际发行数进行清算，多退少补。

3. 税率。《土地增值税条例》第7条规定，土地增值税税率实行四级超率累进税率：

（1）增值额未超过扣除项目金额50%的部分，税率为30%。

（2）增值额超过扣除项目金额50%、未超过扣除项目金额的100%的部分，税率为40%。

（3）增值额超过扣除项目金额100%、未超过扣除项目金额200%的部分，税率为50%。

（4）增值税额超过扣除项目金额200%的部分，税率为60%。

4. 房地产价格的评估。《土地增值税条例》第9条规定，纳税人有下列情形之一的，按照房地产评估价格计算征收土地增值税款：

（1）隐瞒、虚报房地产成交价格的。

（2）提供扣除项目金额不实的。

（3）转让房地产的成交价格低于房地产评估价格，又无正当理由的。

上述规定是针对一些收入和扣除项目申报不实或无法掌握准确资料的行为的，为此必须参照房地产的评估价格计算增值额。《土地增值税条例实施细则》第14条规定，转让房地产的成交价格低于评估价格，又无正当理由的，由税务机关参照房地产评估价格确定转让房地产的收入。对扣除项目金额不实或不清的，按评估的房屋重置价格确定扣除金额。

《土地增值税条例》中所称"评估价格"，是指由政府批准的房地产评估部门（管理部门或房地产中介机构）根据相同地段、同类房地产进行综合评定，并经税务机关确认的价格。

5. 减税免税。鉴于我国房地产市场的实际及人民居住水平条件差等情况，《土地增值税条例》第8条规定有下列情形之一的，免征土地增值税：

（1）纳税人建造普通标准住宅出售，增值额未超过扣除项目金额20%的。一般住宅，即一般居住用的住宅，高级公寓、别墅、度假村不包括在内。

（2）因国家建设需要依法征收、收回的房地产。这是指因国家城市规划、国家重点项目建设的需要而被国家征收的房地产或收回的土地使用权。

6. 纳税期限和纳税地点。《土地增值税条例实施细则》规定，纳税人应当自转让房地产合同签订之日起7日内向房地产所在地税务机关办理纳税申报，并在税务机关规定的期限内缴纳土地增值税。

土地增值税由税务机关负责征收。土地管理部门、房产管理部门应当向税务机关提供有关资料，并协助税务机关依法征收土地增值税。

纳税人未按照规定缴纳土地增值税的，土地管理部门、房产管理部门不得办理有关的权属变更手续。

（二）印花税

印花税是指因商事、产权等行为而对书立、领受凭证的单位和个人所征收的一种税。其性质是把特定行为与相关凭证相结合的一种课税。由于该税是以在凭证上贴印花税票的方式缴纳，故称印花税。

在我国，印花税的征税凭证主要有：具有合同性质的凭证、产权转让书据、权利许可证明、营业账簿以及经财政部确定的征税的其他凭证。

国务院于 1988 年 8 月 6 日发布了《中华人民共和国印花税暂行条例》（以下简称《印花税条例》），2011 年 1 月 8 日国务院对该条例进行了修订。印花税的主要制度包括以下几个方面：

1. 纳税义务人。在中华人民共和国境内书立、领受该条例所列举凭证的单位和个人，都是印花税的纳税义务人。

2. 征税范围。在土地使用权转让中，印花税主要是对领取土地使用证、签订土地使用权转让合同、租赁合同等行为征税。

3. 税目和税率。依照《印花税条例》的规定，领取土地使用证的适用税额为每件 5 元；土地使用权转让合同属于产权转让书据，税率按所载金额 0.5‰贴花；土地使用权租赁合同作为一种财产租赁合同，税率按租赁金额 1‰贴花。税额不足 1 元者按 1 元贴花。

4. 免税规定。根据《印花税条例》第 4 条规定，下列凭证免纳印花税：

（1）已缴纳印花税的凭证的副本或者抄本。

（2）土地使用权人将土地使用权赠给政府、社会福利单位、学校所立的书据。

（3）经财政部批准免税的其他凭证。

5. 印花税的缴纳。印花税由税务机关负责征收管理，由纳税人根据规定自行计算应纳税额，购买并一次贴足印花税票。印花税票应粘贴在应纳税凭证上，并由纳税人在每枚税票的骑缝处盖戳注销或画销。纳税人应在书立或领受应纳税凭证时贴花。同一凭证，由两方以上当事人签订并各执一份的，应由各方就所执的一份各自全额贴花。

已贴花的凭证，修改后所载金额增加的，其增加部分应当补贴印花税票。

6. 罚则。纳税人有下列行为之一的，由税务机关根据情节轻重，予以处罚：

（1）在应纳税凭证上未贴或者少贴印花税票的，税务机关除责令其补贴印花税票外，还处以应补贴印花税票金额 20 倍以下的罚款。

（2）纳税人未在每枚税票的骑缝处盖戳注销或画销的，税务机关可处以未注销或未画销印花税票金额 10 倍以下的罚款。

（3）纳税人重用已贴用的印花税票的，税务机关可处以重用印花税票金额的 30 倍以下的罚款。伪造印花税票的，由税务机关提请司法机关依法追究刑事责任。

（三）房产税

房产税是向城市、县城、建制镇和工矿区的房地产所有人征收的一种财产税。

房产税是以房屋为征税客体，按照房屋的原值或房产租金收入向产权所有人征收的一种税。新中国成立初期，根据当时的实际情况和政策，政务院于 1951 年 8 月公布了《城市房地产税暂行条例》，将房产税和地产税合称为城市房地产税。1973 年税制改革时，对企业征收的房地产税被并入了工商税，仅对房管局和个人的房屋以及外商企业的房屋征收房产税。随着经济体制改革的发展，企业和个人拥有的营业用房不断增多，为了有利于运用税收杠杆，加强对房屋的管理，提高房屋的使用效益，增加地方的财政收入，1986 年 9 月 15 日国务院发布了《房产税暂行条例》，自同年 10 月 1 日起征收房产税。2011 年 1 月 8 日，国务院对该条例进行了修订。房产税的主要制度内容如下：

1. 纳税义务人。房产税由产权所有人缴纳。产权属于全民所有的，由经营管理的单位缴纳；产权出典的，由承典人缴纳；产权所有人、承典人不在房产所在地，或者产权未确定及租典纠纷未解决的，由房产代管人或者使用人缴纳。

2. 计税依据。房产税的计税依据是：房产原值一次减除 10% ~ 30% 后的余值。具体减除幅度，由省、自治区、直辖市人民政府规定。没有房产原值作为依据的，由房产所在地的税务机关参照同类房产核定；房产出租的，以房产租金收入为房产税的计税依据。

3. 税率。房产税的税率根据计税依据不同，分设两种税率：依照房产余值计算缴纳的，税率为 1.2%；依照房产租金收入计算缴纳的，税率为 12%。

4. 纳税期限和纳税地点。房产税实行按年计征、分期缴纳，具体纳税期限由省、自治区、直辖市人民政府规定。根据国家税务总局 2003 年 7 月 15 日发布的《关于房产税、城镇土地使用税有关政策规定的通知》以及财政部、国家税务总局 2006 年 12 月 25 日发布的《关于房产税、城镇土地使用税有关政策的通知》，购置新建商品房，自房屋交付使用之次月起计征房产税；购置存量房，自办理房屋权属转移、变更登记手续，房地产权属登记机关签发房屋权属证书之次月起计征房产税；出租、出借房产，自交付出租、出借房产之次月起计征房产税。纳税人应当依照当地税务机关的规定，将现有房屋的坐落地点、数量的原值或租金收入等情况，据实向税务机关纳税申报，并根据规定在房产所在地纳税。如果纳税人拥有多处房产的，应分别在房产所在地纳税。

5. 房产税征收区域。房产税在城市、县城、建制镇和工矿区征收。

6. 免征范围。下列房产免纳房产税：

(1) 国家机关、人民团体、军队自用的房产；

(2) 由国家财政部门拨付事业经费的单位自用的房产；

(3) 宗教寺庙、公园、名胜古迹自用的房产；

(4) 个人所有非营业用的房产；

(5) 经财政部批准免税的其他房产。

此外，纳税人纳税确有困难的，可由省、自治区、直辖市人民政府确定，定期减征或者免征房产税。

（四）契税

契税是在土地、房屋权属转移登记时，向不动产权属承受人征收的一种税。

契税是一个历史悠久的古老税种。新中国成立后，为了保障不动产所有者的合法产权，政务院于 1950 年 4 月 3 日发布了《中华人民共和国契税暂行条例》。1954 年 6 月 11 日，财政部经政务院批准，规定对国营、集体单位免征契税。1997 年 7 月

7 日，国务院发布并于同年 10 月 1 日开始施行《中华人民共和国契税暂行条例》。2020 年 8 月 11 日第十三届全国人民代表大会常务委员会第二十一次会议通过，2021 年 9 月 1 日起实施的《中华人民共和国契税法》（以下简称《契税法》）取代了前述条例，对契税征收对象、纳税义务人、税率等问题作了最新规定。

1. 征税对象。契税的征税对象为转移土地和房屋权属的行为，包括：

（1）土地使用权出让；

（2）土地使用权的转让，包括出售、赠与和互换；

（3）房屋买卖、赠与、互换；

（4）以作价入股（投资）、偿还债务、划拨、奖励等方式转移工地、房屋权属的。

2. 纳税义务人。契税的纳税义务人是在中国境内因土地、房屋的转移而承受相关权属的单位和个人。土地、房屋权属是指土地使用权或房屋所有权。单位是指企业单位、事业单位、国家机关、军事单位和社会团体以及其他组织。个人是指个体经营者及其他个人，包括中国公民和外籍人员。

3. 税率。契税实行比例税率，税率为 3% ~5%。各省、自治区、直辖市人民政府可以在 3% ~5% 的幅度税率规定范围内，按照本地区的实际情况提出，报同级人民代表大会常务委员会决定，并报全国人民代表大会常务委员会和国务院备案。

省、自治区、直辖市人民政府可以依照上述规定的程序对不同主体、不同地区、不同类型的住房的权属转移确定差别税率。

4. 契税减免。以下项目免征契税：

（1）国家机关、事业单位、社会团体、军事单位承受土地、房屋权属用于办公、教学、医疗、科研和军事设施的；

（2）非营利的学校、医疗机构、社会福利机构承受土地、房屋权属用于办公、教学、医疗、科研、养老、救助的；

（3）承受荒山、荒地、荒滩土地使用权用于农、林、牧、渔业生产的；

（4）婚姻关系存续期间，夫妻之间变更土地、房屋权属的；

（5）法定继承人通过继承承受土地、房屋权属的；

（6）依照法律规定应当予以免税的外国驻华使馆、领事馆和国际组织代表机构承受土地、房屋权属的。

省、自治区、直辖市可以决定对下列情形免征或减征契税：

（1）因土地、房屋被县级以上人民政府征收、征用后，重新承受土地、房屋权属的；

（2）因不可抗力灭失住房，重新承受住房权属的。

上述（1）、（2）规定的减征或免征契税的具体办法由省、自治区、直辖市人民政府提出，报同级人民代表大会常务委员会决定，并报全国人民代表大会常务委员会和国务院备案。

纳税人改变有关土地、房屋的用途，或者有其他不再属于《契税法》规定的免征、减征情形的，应当交纳已经免征、减征的税款。

纳税人办理契税事宜后，税务机关应当开具契税完税凭证。纳税人办理土地、房屋权属登记时，不动产登记机构应当查验契税完税、减免税凭证或有关信息。未按规定交纳契税的，不动产登记机构不予办理土地、房屋权属登记。

（五）城市维护建设税

城市维护建设税是对缴纳增值税、消费税的单位和个人，以其实缴的增值税、消费税税额为计税依据征收的一种税。

新中国成立以来，为了解决城市维护建设资金问题，国家除了每年在基本建设投资中作必要的安排以外，曾经在一些大城市试行从工商利润中提取5%城市维护费的办法，但其征集面比较窄，提取的资金也不平衡。为了进一步加强城市维护建设，扩大和稳定城市维护建设资金的来源，国务院于1985年2月8日发布了《中华人民共和国城市维护建设税暂行条例》，自1985年度起实施。2011年1月8日，国务院对该条例进行了修订。2020年8月11日，第十三届全国人民代表大会常务委员会第二十一次会议通过，2021年9月1日起实施的《中华人民共和国城市维护建设税法》（以下简称《城建税法》）取代了前述条例，其对征税范围、计税依据、税率及减免税作了最新规定。

城市维护建设税与其他税种的不同之处在于，它没有独立的征税对象，而是以增值税和消费税的实际缴纳税额之和为计税依据，随值税、消费税同时附征，属于一种附加税。

1. 纳税人。凡按税法规定，应当缴纳增值税、消费税的企业、单位和个人，均为城市维护建设税的纳税义务人。

2. 计税依据。城市维护建设税以纳税人实际缴纳的增值税和消费税税额为计税依据，分别与增值税、消费税同时交纳。纳税环节确定在纳税人缴纳增值税、消费税的环节上，在商品生产和流转过程中只要发生增值税、消费税的纳税行为，就要以这种税为依据计算缴纳城市维护建设税。

3. 税率。根据《城建税法》第4条规定，城市维护建设税税率如下：

（1）纳税人所在地在市区的，税率为7%；

（2）纳税人所在地在县城、镇的，税率为5%；

（3）纳税人所在地不在市区、县城或者镇的，税率为1%。

4. 减免税规定。按照《城建税法》的规定，根据国民经济和社会发展需要，国务院对重大公共基础设施建设、特殊产业和群体以及重大突发事件应对等情形，可以规定减征或者免征城市维护建设税，但需报全国人民代表大会常务委员会备案。

《城建税法》第3条规定，对进口货物或者境外单位单位和个人向境内销售劳务、服务、无形资产交纳的增值税、消费税税额，不征收城市维护建设税。

5. 征收管理。城市维护建设税由税务机关依照《城建税法》和《中华人民共和国税收征收管理法》的规定征收管理。

纳税人、税务机关及其工作人员违反《城建税法》规定的，依照《中华人民共和国税收征收管理法》和有关法律法规的规定追究相关责任。

■参阅案例

山西嘉和泰房地产开发有限公司与太原重型机械（集团）有限公司土地使用权转让合同纠纷案[1]

【阅读要点提示】

双方当事人签订的《协议书》与《转让合同》是什么关系，双方当事人实际履行的是《协议书》还是《转让合同》？虽然我国税收管理方面的法律、法规对于各种税收的征收均明确规定了纳税义务人，但是并未禁止纳税义务人与合同相对人约定由合同相对人或者第三人缴纳税款，即对于实际由谁缴纳税款并未作出强制性或禁止性规定。因此，当事人在合同中约定由纳税义务人以外的人承担转让土地使用权税费的，并不违反相关法律、法规的强制性规定，应认定为合同有效。

上诉人（原审被告）：山西嘉和泰房地产开发有限公司（下称嘉和泰公司）

上诉人（原审原告）：太原重型机械（集团）有限公司（下称太重公司）

上诉人嘉和泰公司与上诉人太重公司土地使用权转让合同纠纷一案，山西省高级人民法院于2007年1月22日作出（2006）晋民初字第20号民事判决。双方当事人均不服该判决，向法院提起上诉。

一审法院经审理查明：2002年3月26日，太重公司（甲方）与嘉和泰公司（乙方）签订《协议书》。其主要内容如下：

1. ……

2. 开发地段位于太原市并州南路西一巷48号，并规选字（2001）第0068号规选中，南北约232米，东西约221米，除去其中西南角锅炉房、西北角已有建筑物，并留出变电室位置0.5亩左右，占地约64.5亩。

3. 双方权利义务：①太重公司负责上述地段的旧屋拆除及安置；②太重公司负责三通一平，具体时间为2002年6月10日前负责主干道以西地段，2002年11月30日前负责剩余地段；③在土地转让手续办理完毕之前，太重公司协助嘉和泰公司办理项目的建设手续；④太重公司负责嘉和泰公司施工中的水、电供应，费用由嘉和泰公司按月支付，房屋建成后的水电增容及设施费用由嘉和泰公司承担；⑤太重公司现有锅炉房、变电室可与嘉和泰公司共同使用，由此产生的增容费由嘉和泰公司承担（产权归太重公司）；⑥嘉和泰公司负责开发项目所需规划、设计、报建等工

---

[1]　载《中华人民共和国最高人民法院公报》2008年第3期。

作及费用；⑦嘉和泰公司负责工程费用筹措、支付、施工及房屋建成后的销售；⑧太重公司负责办理土地出让手续，土地出让金及相关出让费用由嘉和泰公司按太重公司与土地管理部门签署的《国有土地出让合同》约定的付款方式及付款时间支付给太重公司，再由太重公司向政府相关部门缴纳；⑨在太重公司办理完毕土地出让手续且嘉和泰公司向太重公司支付全部土地补偿金后，太重公司即为嘉和泰公司办理土地使用权转让手续，转让费用由嘉和泰公司承担；⑩嘉和泰公司为取得土地使用权，向太重公司支付土地补偿金每亩94万元（不含土地出让金及相关税费）；⑪建成后的商铺和住宅，太重公司可按嘉和泰公司确定的价格优先购买；⑫如果太重公司需在本小区内建设职工住宅，其占地面积从总面积中扣除；⑬嘉和泰公司在售房过程中发生的各类税、费均由嘉和泰公司承担。

4. 付款方式：①协议签订后2日内，嘉和泰公司向太重公司支付土地补偿金500万元，10日内支付1 500万元；②太重公司与土地部门签订土地出让合同后，10日内由嘉和泰公司按该合同确定的土地出让金比例和数额向太重公司支付该笔款项；③太重公司土地出让完毕，且已取得国有土地使用权后，太重公司与嘉和泰公司签订该土地使用权转让合同，此合同一经土地局批准，10日内由嘉和泰公司支付剩余的土地补偿金，太重公司在收到土地补偿金后，将土地证及已批准的土地使用权转让协议交由嘉和泰公司办理过户手续。

5. 违约责任：①在土地转让手续办理完毕前，太重公司如未按本协议第3条第2项的约定时间实现三通一平，应按嘉和泰公司已付款额，以每日万分之四计息赔偿待工损失，超过3个月仍无法实现约定条款，嘉和泰公司有权解除协议，太重公司须退还所收款项。②嘉和泰公司未按本协议第4条的约定时间向太重公司支付该条约定款项，每超过一日按万分之四计息补偿给太重公司，如超过约定时间3个月后仍不能支付，太重公司有权终止协议，除留下已付款的10%作为对太重公司的补偿款外，其余款项退回嘉和泰公司。③施工期间，如因太重公司原因不能保证用水、用电，太重公司应赔偿嘉和泰公司因此所遭受的直接损失；嘉和泰公司未按本协议约定支付水、电及增容费用，太重公司免除责任。④在土地转让手续办理完毕之前，因太重公司原因，嘉和泰公司未能及时办理工程项目审批手续，影响施工的，太重公司须赔偿因此给嘉和泰公司造成的直接损失；但由于嘉和泰公司未按通知如期支付相关费用的，太重公司免除责任。

2002年4月2日，太重公司（甲方）与嘉和泰公司（乙方）签订《补充协议》。其主要内容如下：

1. 按原订协议的期限，嘉和泰公司按每亩94万元向太重公司支付土地补偿金，94万元/亩中的流转税按太重公司76%、嘉和泰公司24%的比例承担。嘉和泰公司承担的24%流转税款按原《协议书》约定，在嘉和泰公司支付每期土地补偿金的同时一并支付，最终以实际交付的税款按双方约定的比例多退少补。

2. 除以上1条以外，原协议履行过程中的所有各项税费（包括土地增值税、交易税等，但不限于此）均由嘉和泰公司承担。

3. 以上各项税费凡以太重公司名义缴纳的，须由嘉和泰公司如数支付给太重公司。

2002 年 9 月 24 日，太重公司与太原市国土资源局签订《国有土地使用权出让合同》（以下简称《出让合同》），太重公司取得了该宗土地的使用权，确认出让土地面积为 42 968.75 平方米（约 64.45 亩）。

2002 年 12 月，太重公司与嘉和泰公司签订《太原市出让土地使用权转让合同书》（以下简称《转让合同》）。该合同主要内容如下：第 7 条约定，土地使用权转让价格为每平方米 1 223 元，总额为 5 255.08 万元。第 8 条约定，太重公司同意按原出让合同规定向国家交纳转让时的土地增值税。第 10 条约定，双方在本合同签订15 日内，由嘉和泰公司按太原市地产交易管理所审批意见，办理有关手续，交纳有关税费。第 11 条约定，双方在本合同签订后 30 日内到太原市国土资源局申请土地使用权变更登记。

根据《协议书》第 4 条第 1 项的约定，本协议签订后 2 日内，嘉和泰公司支付土地补偿金 500 万元，10 日内支付土地补偿金 1 500 万元。2002 年 4 月 2 日，嘉和泰公司以承兑汇票方式向太重公司支付土地补偿金 2 000 万元（该承兑汇票于 2002年 9 月到期）。

2002 年 10 月 30 日，嘉和泰公司以支票方式向太重公司支付土地补偿金 250万元。

根据《协议书》第 4 条第 3 项的约定，太重公司取得国有出让土地使用权后，由太重公司与嘉和泰公司签订该土地使用权转让合同（按土地局规定文本），此合同一经土地局批准，10 日内嘉和泰公司即支付剩余的土地补偿金。2002 年 12 月，太重公司与嘉和泰公司签订《转让合同》，2003 年 1 月 20 日，嘉和泰公司以承兑汇票方式向太重公司支付土地补偿金 2 000 万元。

2005 年 1 月 5 日、8 月 19 日、8 月 29 日、9 月 22 日，嘉和泰公司以支票、现金方式，分 4 次向太重公司支付土地补偿金共 330 万元。

综上，嘉和泰公司以承兑汇票、支票、现金方式共支付土地补偿金 4 580 万元，余款未付。

根据《协议书》第 3 条第 8 项的约定，太重公司负责办理土地出让手续，土地出让金及相关出让费用由嘉和泰公司按太重公司与土地管理部门签署的《出让合同》约定的付款方式和付款时间支付给太重公司。《协议书》第 4 条第 2 项约定：太重公司与土地管理部门签订土地出让合同后 10 日内，嘉和泰公司应按该合同确定的土地出让金比例和数额向太重公司支付该笔款项。2002 年 9 月 24 日，太重公司和太原市国土资源局签订《出让合同》。2002 年 8 月 12 日，嘉和泰公司以承兑汇票方式向太重公司支付土地出让金 1 000 万元（该承兑汇票于 2003 年 2 月到期）。2002 年 9月 23 日嘉和泰公司以电汇方式向太重公司支付土地出让金 50 万元。嘉和泰公司合计向太重公司支付土地出让金 1 050 万元。

2003 年 1 月 15 日，太重公司与嘉和泰公司取得国有土地使用权转让鉴证单。通过办理权属变更登记手续，嘉和泰公司于 2003 年 1 月取得该宗土地的国有土地使用证。

按照《协议书》和《补充协议》有关税费承担的约定，嘉和泰公司尚欠太重公司各种税金。

一审法院还查明，2002 年 12 月 31 日，嘉和泰公司向太原市国土资源局支付土地出让金 386.72 万元。

一审法院另查明，太重公司已缴纳契税 41.25 万元；已申报营业税 281.25 万元，实际缴纳营业税 242.526 万元。

一审法院再查明，嘉和泰公司住所地由原太原市并州南路西一巷 48 号变更为太原市并州南路西一巷 10 号。

2006 年 1 月 16 日，太重公司向一审法院起诉称，2002 年 3 月 16 日太重公司与嘉和泰公司签订《协议书》，就太重公司向嘉和泰公司转让太原市并州南路西一巷 48 号土地拆迁补偿事宜进行了明确约定。2002 年 4 月 2 日又签订《补充协议》，就《协议书》中有关税费承担问题进一步明确。合同签订后，太重公司按约履行了合同，而嘉和泰公司只支付了土地补偿金 4 559.7 万元，尚欠太重公司土地补偿金、相关税费等款项合计 3 548.627 1 万元。嘉和泰公司应支付欠款并对其违约行为按照合同约定承担违约责任。太重公司请求依法判令：嘉和泰公司立即支付土地补偿金、相关税费合计 3 548.627 1 万元及违约金 755.862 56 万元（截至 2006 年 1 月 12 日）及至全部清偿之日止的违约金；嘉和泰公司承担全部诉讼费用及律师费用。

2006 年 8 月 7 日，太重公司向一审法院递交补充诉状，称根据太重公司与嘉和泰公司签订的《转让合同》，嘉和泰公司还另外拖欠太重公司土地转让金 5 255.08 万元。因此其增加诉讼请求，请求依法判令嘉和泰公司立即支付土地出让金 5 255.08 万元并承担全部诉讼费用。

嘉和泰公司辩称，嘉和泰公司不欠太重公司任何款项，太重公司的诉讼请求应被驳回：①太重公司主张的"土地补偿金"与"土地转让金"是转让同一地块的不同阶段的称谓，其实质是土地转让价。2002 年 3 月 26 日，双方签订《协议书》时，土地性质为划拨土地，且协议的名义是合作开发，故使用"补偿金"这一名词，实质是土地使用权转让合同。2002 年 12 月，双方就该地块重新签订了《转让合同》，并经政府批准。该合同是最终确定土地使用权转让法律关系的合法文件，转让价格为 5 255.08 万元。嘉和泰公司已超额支付土地转让款，不存在欠款一说。②嘉和泰公司不欠太重公司任何税费。《转让合同》中没有约定由嘉和泰公司负担相关税费，且在该合同第 8 条明确约定增值税由太重公司负担。③嘉和泰公司不欠太重公司任何款项，太重公司无权主张所谓的违约金。

一审法院认为，双方当事人争议的主要焦点是：①《协议书》的效力问题；

②《补充协议》的效力问题；③《转让合同》的效力问题；④嘉和泰公司已付价款数额的确定问题、税金问题及违约金问题。

1. 关于《协议书》的效力问题。一审法院从三个方面分析《协议书》的效力。

（1）《协议书》的性质。太重公司认为《协议书》约定的土地补偿金，系用于地上房屋拆迁、职工安置、工厂搬迁及地上建筑物补偿等，与《转让合同》约定的土地转让金，是两个概念，无法替代。嘉和泰公司认为《协议书》名为合作开发，实际是不同时期转让土地使用权的同一称谓，《协议书》的实质为土地使用权转让合同。一审法院认为，《协议书》的性质是土地使用权转让合同。就《协议书》内容看，主要是约定嘉和泰公司为取得该宗土地使用权，向太重公司支付94万元/亩的补偿金，并非以提供土地使用权、资金等作为共同投资、共同经营、共享利润、共担风险、合作开发为基本内容。根据最高人民法院《关于审理涉及国有土地使用权合同纠纷案件适用法律问题的解释》第24条规定，应当将《协议书》认定为土地使用权转让合同。

（2）《协议书》、《补充协议》和《转让合同》的关系。太重公司认为《协议书》涉及土地的拆迁、安置、办理出让手续等内容，《补充协议》涉及税费承担问题，《转让合同》仅是土地使用权的转让，三者之间不存在矛盾，《转让合同》不能取代《协议书》和《补充协议》。嘉和泰公司认为《协议书》和《补充协议》实质是不具有合同效力的土地使用权转让合同，最终被《转让合同》取代。一审法院认为，从形式上讲，《协议书》和《补充协议》是未经备案登记、仅由双方持有的合同，《转让合同》是经过备案登记的合同。从内容上讲，《协议书》和《补充协议》约定转让土地补偿金94万元/亩，共6 058.3万元，土地增值税及相关税费由嘉和泰公司承担；《转让合同》约定土地转让金为每平方米1 223元，共5 255.08万元，土地增值税由太重公司承担。《协议书》约定的权利、义务、付款方式、违约责任、争议解决方式等条款，在《转让合同》中没有条款作出约定或者说明，二者是针对同一标的所签订的形式不同、内容也不尽相同的两份合同。虽然二者都有转让的真实意思表示，但《协议书》是真实履行的合同，而《转让合同》只是用于办理过户之用的合同。

（3）《协议书》的效力问题。太重公司认为《协议书》是双方的真实意思表示，其不违反国家法律法规，是合法有效的合同；嘉和泰公司认为《协议书》是转让划拨土地，其违反《中华人民共和国城市房地产管理法》第39条的规定，是效力瑕疵的合同，被《转让合同》取代。一审法院认为，《协议书》是双方当事人真实的意思表示，也是实际真正履行的合同。《协议书》和《转让合同》是对同一标的所签订的先后两份合同，但后签订的《转让合同》并不当然取代《协议书》。因为：①《转让合同》未废止《协议书》及《协议书》中约定的补偿金条款，也未约定《协议书》与《转让合同》相抵触的部分无效。②《协议书》和《补充协议》约定了包括拆迁、安置、履行期限、履行方式、违约责任承担、纠纷解决方式等内容，

《转让合同》不具备该类交易行为所签合同的必要条款，依照《中华人民共和国合同法》第78条规定，应推定为未变更。③《协议书》不违反国家法律、法规。太重公司与嘉和泰公司签订《协议书》时，该土地为划拨用地，但在履行合同过程中，经政府管理部门批准后，该划拨用地使用权已转化为出让土地使用权，不存在《中华人民共和国合同法》第52条规定的合同无效的任何一种情形。根据最高人民法院《关于审理涉及国有土地使用权合同纠纷案件适用法律问题的解释》第11条规定，《协议书》应认定为合法有效。

2. 关于《补充协议》的效力问题。太重公司认为《补充协议》合法有效；嘉和泰公司认为《补充协议》是效力瑕疵合同，已被《转让合同》取代。一审法院认为，双方在《协议书》的基础上，签订《补充协议》，对土地增值税、流转税的金额及履行方式等进行了明确约定，其内容与《协议书》内容并不冲突，与《协议书》的内容共同构成完整的合同内容，二者是同一的关系。根据《中华人民共和国合同法》第61条规定，该《补充协议》的内容是对《协议书》内容的补充，可以确认《补充协议》与《协议书》具有相同的法律效力。

3. 关于《转让合同》的效力问题。太重公司认为《转让合同》也是合法有效的；嘉和泰公司认为《转让合同》是唯一有效合同。一审法院认为：

（1）《转让合同》第7条约定的土地转让价格5 255.08万元，是国土局的评估价格，是国家土地管理部门对土地交易双方成交价格进行间接调控和引导的最低限价，并非双方达成合意的表示。

（2）《转让合同》约定的价格不符合客观事实，按照《转让合同》约定，该宗土地价格为5 255.08万元，土地增值税由太重公司承担，相关税费没有约定，按规定由太重公司承担。则太重公司在取得5 255.08万元收入时，需向国家交纳土地出让金1 417.97万元，需向国家交纳土地增值税及其他相关税费，还要负责拆迁、安置工作，且该宗土地上建筑物评估价为1 041.217 1万元。显然，太重公司以5 255.08万元转让该宗土地与客观事实和真实合意不符。

（3）按照《转让合同》约定的价款5 255.08万元，嘉和泰公司的支付有悖常理。嘉和泰公司在已支付3 300万元的前提下，只应向太重公司支付1 955.08万元。但嘉和泰公司于2003年1月20日支付了2 000万元，在取得土地使用证、认为它超额支付的情况下，又于2005年1月5日、8月19日、8月29日、9月22日分4次向太重公司共付款330万元，显然与常理不符。

（4）《转让合同》约定的重要条款形同虚设。《转让合同》第8条约定：太重公司同意按原出让合同规定向国家交纳土地增值税。但原出让合同中并无交纳土地增值税的约定。

（5）《转让合同》没有约定土地交付、价款支付、违约责任、纠纷解决方式等内容，不具备土地使用权转让合同的必要条款，不符合一般的交易习惯。

（6）按照《协议书》第4条第3项约定，太重公司土地出让完毕，且已取得国

第十四章

有出让土地使用权后，与嘉和泰公司签订该土地使用权转让合同（按土地局规定文本），此合同一经土地局批准，10日内即由嘉和泰公司向太重公司支付剩余的土地补偿金，太重公司收到土地补偿金后，将土地证及已批准的土地使用权转让协议交由嘉和泰公司办理过户手续。《协议书》第3条第8项约定：出让费标准为太重公司在政策中能享受到的最优惠的价格标准。显然双方存在合理减少土地转让费的合意。由此可以推断，《转让合同》是按照土地局规定文本，为履行土地局的批准手续而作出的。双方将转让价格约定为5 255.08万元，是为了少报纳税金额，而非变更原约定的转让价格。因此，《转让合同》中关于转让价格及土地增值税的约定并非双方当事人真实意思表示，该类条款只会使国家税款减少，因此该类条款应认定无效。其余条款与以前协议内容基本竞合，是双方当事人的真实意思表示，且经土地管理部门审查，并作了土地权属变更登记，双方已实际履行，为有效条款。

4. 关于嘉和泰公司已付价款数额的确定问题、税金问题及违约金问题。

（1）嘉和泰公司已付土地补偿金数额的问题。太重公司和嘉和泰公司对已付款有两个问题意见不同：①承兑汇票。太重公司认为2002年4月2日2 000万元的承兑汇票和8月12日1 000万元的承兑汇票应当扣除贴现利息；嘉和泰公司认为应以收款金额和收据金额为准。一审法院认为，在双方未就付款方式作出明确约定的情况下，嘉和泰公司以承兑汇票方式付款并无不妥，太重公司收取承兑汇票后也没有提出异议。对太重公司扣除贴现利息的主张不予支持。②国土资源局收取的386.72万元土地出让金。嘉和泰公司认为其向国土资源局交纳的386.72万元出让金应计入太重公司收取的土地补偿金数额。一审法院认为，太重公司出售该地，实际就是要取得94万元/亩，合计6 058.3万元的土地补偿金收益，其他一切费用均由嘉和泰公司支付。《协议书》第3条第9项约定：太重公司土地出让手续办理完毕且嘉和泰公司已支付全部土地补偿金后，太重公司即为嘉和泰公司办理土地使用权转让手续，转让费由嘉和泰公司承担。因此，该笔出让金不应算在太重公司收取的补偿金中。

故按照《协议书》约定，嘉和泰公司应支付太重公司土地补偿金6 058.3万元，已支付4 580万元，欠付太重公司土地补偿金1 478.3万元。

（2）税金问题。双方在《补充协议》中约定：除流转税按76%和24%的比例由太重公司和嘉和泰公司承担外，其余所有税费均由嘉和泰公司承担。嘉和泰公司认为，各项税金的纳税主体是明确的，双方的约定是规避法律的行为，应属无效。一审法院认为双方当事人对税金的约定并不违反法律、法规强制性规定。嘉和泰公司向太重公司支付的补偿金是双方约定的不含税价格，双方约定各种税金由嘉和泰公司承担合法有效。但是太重公司并未交纳土地增值税和印花税，营业税须交纳部分亦尚未交纳，对于未交纳的税费，太重公司没有权利向嘉和泰公司主张。在各税费实际发生后，太重公司可依据《协议书》及《补充协议》向嘉和泰公司主张或另行起诉。对于太重公司已缴付的41.25万元契税，予以支持。

（3）违约金问题。一审法院认为嘉和泰公司没有完全履行其付款义务，是基于双方签订了两份合同，双方都有过错，因此对太重公司主张按照日万分之四计算违约金的请求，不予支持。但由于嘉和泰公司迟延付款的责任显然大过太重公司，其迟延付款的行为客观上给太重公司造成了利息损失。依照《中华人民共和国合同法》第107条的规定，利息损失也属违约责任的一种，太重公司虽然未提出利息损失的请求，但提出了违约请求。因此嘉和泰公司应负担迟延付款的利息。

综上，一审法院依照《中华人民共和国民事诉讼法》第64条第1款，《中华人民共和国合同法》第56条、第78条、第107条、第109条之规定，判决：①嘉和泰公司于判决生效后30日内向太重公司支付土地补偿金1478.3万元及利息（自2005年9月23日起至判决确定的支付之日，以1478.3万元为基数，按照中国人民银行同期贷款利率计算）。②嘉和泰公司于判决生效后30日内，向太重公司支付契税41.25万元。③驳回太重公司的其他诉讼请求。案件受理费51.7998万元，保全费26.5万元，其他诉讼费4.5万元，由太重公司负担50万元，由嘉和泰公司负担32.7998万元。

嘉和泰公司不服一审判决，向法院提起上诉，请求：①撤销一审判决，依法改判，驳回太重公司的诉讼请求；②一、二审诉讼费用由太重公司承担。

事实和理由如下：①关于《转让合同》的效力。《转让合同》是双方当事人的真实意思表示，符合法律规定，并经政府批准，是最终确定双方土地使用权转让法律关系的合法文件，土地价格应以《转让合同》的约定为准。嘉和泰公司已按约定履行完毕自己的义务，不存在拖欠款项的行为，一审判决嘉和泰公司承担责任是错误的。②关于《协议书》和《补充协议》的效力。《协议书》和《补充协议》签订时，该宗土地为行政划拨地。根据法律规定，太重公司无权转让该宗土地，应属无效协议。在办理出让手续后，《协议书》的效力才得到补正，才发生法律效力。虽然该协议有效了，但它先天不足是事实，需要在履行过程中逐步合法化。《协议书》是《转让合同》的准备，并最终被《转让合同》取代。③一审判决认定"《协议书》和《转让合同》是针对同一标的所签订的新旧两份合同"，既然如此，根据合同法的一般原理，后合同（《转让合同》）的效力应当优于前合同（《协议书》），政府批准的合同效力当然优于未经批准的合同。④关于《转让合同》和《协议书》相冲突的约定，应以《转让合同》为准。与《协议书》相比，《转让合同》在转让范围、面积、价格、增值税负担等方面都发生了变化，当然应以《转让合同》为准。⑤《补充协议》就税费负担所作的约定，违反了税法的强制性规定，即使其有效，增值税的负担约定也显失公平。增值税的纳税主体是转让人而非受让人，所以《转让合同》变更的增值税由太重公司承担。⑥一审判决认定嘉和泰公司已付价款数额有误，嘉和泰公司代太重公司支付的386.72万元出让金，应计入已付款数额。⑦2005年以后所付330万元是为了促使太重公司履行全面交付土地义务被迫多付的。⑧假如一审判决结果是正确的，其对诉讼费的分担违背了人民法院诉讼收费办法，超过嘉和泰公司应负担的比例。

针对嘉和泰公司的上诉，太重公司答辩称：①嘉和泰公司主张以《转让合同》取代《协议书》和《补充协议》，毫无根据且严重歪曲事实。②嘉和泰公司对协议约定的出让金和税金提出异议，目的是歪曲协议、赖账。③嘉和泰公司认为386.72万元出让金应由太重公司承担，没有根据。

太重公司不服一审判决，向法院提起上诉，请求：①撤销一审判决，依法改判，支持太重公司一审的全部诉讼请求；②一、二审诉讼费用均由嘉和泰公司承担。

事实和理由是：①一审判决对嘉和泰公司欠付土地转让金的事实没有认定，是错误的。《协议书》约定嘉和泰公司支付土地补偿金每亩94万元，是对太重公司进行土地拆迁、安置、三通一平等工作的补偿，而非土地转让价格。《转让合同》约定的是土地转让金，是土地本身的转让价格。两份合同的约定并不矛盾，更没有重复，嘉和泰公司应当分别履行相应的合同付款义务。《协议书》与《转让合同》的内容相互独立，没有重复，均有双方当事人的盖章签字。根据《合同法》规定，两份合同均成立并生效。在两份合同中，并没有任何相互否定或者变更的条款，分别构成双方不同的权利义务。②一审判决为嘉和泰公司减免大部分违约责任，没有依据，也不公平。一审判决已认定嘉和泰公司拖欠土地补偿金的事实存在，应当履行付款义务，但是将太重公司根据合同约定诉请的违约金改为支付同期贷款利息，并且违约金的起算时间也被推迟了2年8个月之多，显然不符合约定，这对太重公司来说是不公平的。根据《协议书》第4条约定，协议签订后2日内，嘉和泰公司支付土地补偿金500万元，10日内支付1500万元；太重公司取得国有土地使用权后，双方签订土地使用权转让合同，此合同经土地局批准，10日内嘉和泰公司支付剩余的土地补偿金。第5条约定，嘉和泰公司未按本协议第4条约定的时间支付该条约定款项，则按该条应支付的款项，每超过一日按万分之四计息补偿给太重公司。以上约定清楚明确，对双方均有法律约束力，人民法院应当尊重当事人的意思自治。按《协议书》约定，嘉和泰公司应在《转让合同》经批准后10日内付清土地补偿金，而《转让合同》经批准的时间双方均认可为2003年1月15日，故嘉和泰公司付清土地补偿金的时间应为2003年1月25日。太重公司正是据此计算违约金，并且对嘉和泰公司中间几次还款数额均予以相应核减，分段计算。截至2006年1月12日，嘉和泰公司应当支付违约金755.86256万元。这一计算结果既符合合同约定，也符合客观事实，应当得到法院的支持。③一审判决驳回太重公司对税金的诉讼请求是错误的。依法纳税是企业应承担的义务，税金对于太重公司是必然发生的费用，太重公司当然有权主张，是否已经发生并不影响嘉和泰公司承担合同义务。而且应纳税款的计算均有国家相关法律法规的规定，太重公司起诉税费金额是依法计算的结果，有充分的法律依据，应当得到支持。④一审判决对嘉和泰公司已付款数额认定也存在错误。在嘉和泰公司支付的款项中，2002年4月2日2000万元的承兑汇票应扣除贴现利息30.3万元；8月12日1000万元的承兑汇票应扣除贴现利息15.6万元。

　　针对太重公司的上诉，嘉和泰公司答辩称，嘉和泰公司不欠太重公司任何款项，太重公司的上诉请求应被驳回：①《协议书》和《补充协议》已被《转让合同》取代。嘉和泰公司已按《转让合同》确定的价格履行完毕付款义务，并无任何拖欠。②嘉和泰公司按约履行了全部付款义务，不拖欠太重公司的任何款项，太重公司无权主张所谓的违约金。③太重公司主张各种税费包括营业税、契税、印花税、土地增值税均由嘉和泰公司承担不能成立。因为《转让合同》取代《协议书》及《补充协议》后，《转让合同》并没有约定上述税费由嘉和泰公司承担，《转让合同》第8条还明确约定增值税由太重公司承担。④太重公司认为已付款中应扣除贴现利息，没有依据。嘉和泰公司支付承兑汇票时，太重公司按票面金额开具了收据，已认可不扣除贴现利息，现在无权主张扣除。

　　法院二审查明的事实与一审法院查明的事实相同。

　　法院认为，嘉和泰公司和太重公司对于《协议书》、《补充协议》及《转让合同》的真实性均无异议。综合双方当事人的上诉请求及事实和理由，本案二审争议的焦点问题是：①《协议书》、《补充协议》和《转让合同》的效力及相互关系问题；②嘉和泰公司已付土地补偿金的数额问题；③太重公司关于税金的请求是否成立问题；④太重公司关于违约金的请求是否成立问题。

　　1. 关于《协议书》、《补充协议》和《转让合同》的效力及相互关系问题。

　　(1) 关于《协议书》、《补充协议》的效力。太重公司认为《协议书》《补充协议》是双方的真实意思表示，不违反国家法律法规，是合法有效的合同。嘉和泰公司认为《协议书》签订时，该宗土地为行政划拨地，根据法律规定，太重公司无权转让该宗土地，应属无效协议；而《补充协议》对税费负担的约定，违反了税法的强制性规定。本院认为，《协议书》、《补充协议》是双方在平等的基础上，自愿协商达成的协议，是双方真实的意思表示。《协议书》不仅详细地约定了所转让土地的面积、价格、付款方式、违约责任，还具体约定了双方权利义务及履行程序。《协议书》签订时，嘉和泰公司及太重公司均知道该宗土地属于划拨用地，所以在《协议书》第3条第8项约定由太重公司负责办理土地出让手续；第3条第9项约定太重公司土地出让手续办理完毕即为嘉和泰公司办理土地使用权转让手续。这一缔约行为并没有规避法律、损害国家利益，事实上，太重公司和嘉和泰公司正是按照上述约定完成该宗土地转让的。2002年9月24日，太重公司与太原市国土资源局签订《出让合同》，取得该宗土地的使用权，嘉和泰公司支付土地出让金；同年12月，太重公司与嘉和泰公司签订《转让合同》，嘉和泰公司依据《协议书》向太原市国土资源局支付土地转让款，随后完成土地使用权变更登记，这些均是双方履行《协议书》的真实行为。最高人民法院《关于审理涉及国有土地使用权合同纠纷案件适用法律问题的解释》第9条规定："转让方未取得出让土地使用权证书与受让方订立合同转让土地使用权，起诉前转让方已经取得出让土地使用权证书或者有批准权的人民政府同意转让的，应当认定合同有效。"因此，《协议书》合法有效。《补充协议》

是对《协议书》约定转让土地使用权的税费承担所作的补充约定，明确了转让土地使用权的税费如何承担及由谁承担的问题。虽然我国税收管理方面的法律法规对于各种税收的征收均明确规定了纳税义务人，但是并未禁止纳税义务人与合同相对人约定由合同相对人或第三人缴纳税款。税法对于税种、税率、税额的规定是强制性的，而对于实际由谁缴纳税款没有作出强制性或禁止性规定，故《补充协议》关于税费负担的约定并不违反税收管理方面的法律法规的规定，属合法有效协议。嘉和泰公司关于《协议书》签订时，所转让的土地属划拨土地，太重公司无权转让及《补充协议》对税费负担的约定违反税法强制性规定的主张，均属无效协议的主张，没有法律依据，不予支持。一审法院关于《协议书》合法有效及《补充协议》与《协议书》具有相同的法律效力的认定是正确的，应予维持。

（2）关于《转让合同》的效力问题。嘉和泰公司认为，《转让合同》是双方当事人的真实意思表示，符合法律规定，并经政府批准，是最终确定双方土地使用权转让关系的合法文件，土地使用权转让价格应以《转让合同》约定为准。太重公司认为，《转让合同》有效，嘉和泰公司应承担《转让合同》约定的支付土地转让金义务。法院认为，太重公司与嘉和泰公司之所以在《协议书》之外又签订《转让合同》，是因为签订《协议书》时，双方当事人均知道所转让的土地属划拨用地，不能直接转让，只有在太重公司办完土地出让手续，取得国有出让土地使用权后，再与嘉和泰公司签订国有出让土地使用权转让合同，并由双方共同到土地管理部门办理登记备案，才能完成该土地使用权转让。因此，《转让合同》对于太重公司及嘉和泰公司来讲，就是到土地管理部门办理登记备案手续，以完成《协议书》约定的转让土地使用权行为，而并非为了变更《协议书》的约定条款或者构成双方新的权利义务关系；对于土地管理部门来讲，以《转让合同》登记备案，则表明土地管理部门认可《转让合同》中的价格并据此征收转让税费，办理相关手续。虽然《转让合同》中的价格比双方当事人实际约定的价格低，但土地管理部门给予登记备案的事实表明，土地管理部门认可双方当事人可以此最低价格办理土地使用权转让手续，也表明双方当事人这一做法并不违反土地管理部门的相关规定。事实上，土地管理部门也正是依据该《转让合同》办理了土地权属变更手续。由此可以认定，在本案中，《转让合同》仅作双方办理登记备案之用，别无他用，其效力仅及于登记备案。《转让合同》对于合同双方而言，其既没有变更《协议书》约定条款，也不构成新的权利义务关系。从嘉和泰公司支付土地补偿金的过程和数额看，也可证明嘉和泰公司在签订《转让合同》后，仍是按《协议书》约定的土地补偿金数额支付的。故嘉和泰公司关于应以《转让合同》中的价格作为本案土地使用权转让价格及太重公司关于以《转让合同》请求另外支付土地转让金的主张，均不符合本案实际情况，没有事实依据，不能成立。

（3）关于《协议书》、《补充协议》与《转让合同》的关系。对于《补充协议》是《协议书》的补充约定，双方均无异议，但对于《协议书》与《转让合同》的关系双方争议较大。嘉和泰公司认为,《协议书》已被《转让合同》所取代,《转让合同》是本案唯一有效的合同。太重公司则认为,《协议书》约定的土地补偿金是对拆迁、安置的补偿,《转让合同》约定的土地转让金是土地本身的转让价格,两份合同的约定并不矛盾,也不重复,相互独立,均成立并有效。法院认为,双方当事人签订《转让合同》的目的是为了办理土地使用权转让登记备案手续,《转让合同》没有约定变更或取代《协议书》的条款,并未在双方当事人之间成立新的权利义务关系。从双方当事人实际履行合同的情况看,太重公司转让土地使用权,收取土地补偿金、出让金、转让金,太重公司与太原市国土资源局签订《出让合同》及其与嘉和泰公司签订《转让合同》到土地管理部门登记等行为都是在履行《协议书》约定的权利义务。而嘉和泰公司支付土地补偿金、出让金、转让金,取得土地使用权等行为也是履行《协议书》约定的权利义务。因此,本案中的《转让合同》是双方在土地管理部门办理土地使用权转让手续的备案合同;《协议书》才是双方实际履行的合同。嘉和泰公司关于《转让合同》取代《协议书》,《转让合同》是本案唯一有效合同的主张不能成立。太重公司关于《协议书》和《转让合同》相互独立,均成立有效,并据此要求嘉和泰公司分别支付土地补偿金及土地转让金的主张也不能成立。

综上,法院认为,《协议书》及《补充协议》是合法有效的协议,是确定双方当事人权利义务及违约责任的合同依据。

2. 嘉和泰公司已付土地补偿金的数额问题。太重公司对于已收到嘉和泰公司以承兑汇票、支票、现金形式支付的土地补偿金总额4 580万元人民币并无异议,但认为其中2002年4月2日的2 000万元承兑汇票应扣除贴现利息30.3万元及2002年8月12日的1 000万元承兑汇票应扣除贴现利息15.6万元。法院认为,根据2002年3月26日太重公司与嘉和泰公司签订的《协议书》第4条第1项约定,嘉和泰公司在《协议书》签订10日内,应支付土地补偿金2 000万元。嘉和泰公司应按约定时间履行付款义务。但嘉和泰公司以2002年9月到期的2 000万元承兑汇票支付该笔土地补偿金,导致太重公司不能在约定时间实际收到该款项,太重公司只有支付贴现利息,才能在约定时间取得上述款项。嘉和泰公司这种以远期承兑汇票履行到期付款义务的行为,实际是迟延付款,属于不当履行合同义务的行为。因嘉和泰公司不当履行合同义务,造成太重公司为此支付30.3万元的贴现利息损失,该损失应由嘉和泰公司承担。太重公司关于扣除该贴现利息的上诉请求成立,应予支持。一审判决对此处理不当,应予纠正。关于2002年8月12日的1 000万元承兑汇票,是嘉和泰公司依据《协议书》第3条第8项的约定支付的土地出让金,而太重公司在一审中并未对土地出让金提出诉讼请求,因此太重公司关于该1 000万元承兑汇票的贴现利息的上诉请求不属于法院二审的审理范围。

嘉和泰公司认为其于2002年12月31日向太原市国土资源局支付的386.72万元土地出让金应计入已付土地补偿金数额。法院认为,该笔款项是在2002年12月太重公司与嘉和泰公司签订《转让合同》后，由嘉和泰公司直接支付给太原市国土资源局的。依据《协议书》第3条第9项约定，太重公司土地出让手续办理完毕且嘉和泰公司支付全部土地补偿金后，太重公司即为嘉和泰公司办理土地使用权转让手续，转让费用由嘉和泰公司承担。故该笔款项属于嘉和泰公司应承担的土地转让款，不应计入其已付的土地补偿金数额。一审判决处理适当，应予维持。

综上，一审判决认定嘉和泰公司已支付土地补偿金4 580万元，尚欠太重公司土地补偿金1 478.3万元有误，应予纠正。嘉和泰公司实欠太重公司土地补偿金1 508.6万元。

3. 太重公司的税金请求是否成立问题。根据《补充协议》的约定，除流转税按76%和24%的比例由太重公司和嘉和泰公司分别承担外，其余所有税费均由嘉和泰公司承担。如前所述，《补充协议》关于税费负担的约定并不违反税收管理法律法规的规定，是合法有效协议，双方当事人应按约定履行自己的义务。关于太重公司在没有缴纳税金的情况下是否有权请求嘉和泰公司支付其所承担的税金的问题，本院认为，《补充协议》约定转让土地使用权税费的承担，只是明确了转让土地使用权过程中所发生的相关税费由谁负担的问题；而对于何时缴纳何种税费及缴纳多少税费，《补充协议》没有约定，也无法约定，只有在相关主管部门确定税费种类及额度，太重公司缴纳后，嘉和泰公司才能支付。太重公司在未缴纳税金，也没有相关部门确定纳税数额的情况下，请求嘉和泰公司支付转让土地税金，没有事实依据。一审判决对于太重公司要求嘉和泰公司支付其尚未缴纳的税费的请求不予支持，但提示其在实际缴纳税费后可以向嘉和泰公司另行主张权利的处理，并无不当，应予维持。对于太重公司已缴纳的营业税和契税，一审判决只支持太重公司的契税请求而没有支持其关于营业税的请求，判决不当，应予纠正。对于太重公司已缴纳的242.526万元营业税，嘉和泰公司应按24%比例负担58.206 24万元。

4. 关于太重公司的违约金请求是否成立问题。法院认为，《协议书》对于双方当事人具体的权利义务包括嘉和泰公司付款时间、数额及违约责任均作出了明确约定，太重公司及嘉和泰公司都应按照诚实、信用原则，实际履行合同义务。太重公司按约定办理了土地出让、转让手续并将涉案地块实际交付给嘉和泰公司，嘉和泰公司应按约定履行付款义务，但嘉和泰公司在取得土地使用权后，未按约定时间及数额支付土地补偿金。嘉和泰公司迟延向太重公司支付土地补偿金是引起本案诉讼的主要原因。因此，嘉和泰公司的行为已构成违约，应按合同约定承担违约责任。一审判决认定嘉和泰公司迟延付款构成违约，但对太重公司按照合同约定的日万分之四的比例计算违约金的请求却未予支持，并将双方当事人按照日万分之四的比例计算违约金的约定调整为按银行利率计算利息。根据《中华人民共和国合同法》第114条规定，人民法院对于当事人在合同中约定的违约金的数额，只有在当事人请求调整，并确实低于或过分高于违约行为给当事人造成的损失时，才能进行调整。一审判决对违约金的调整既违背当事人双方的约定，也缺少法律依据，应予纠正。

第十四章

太重公司关于嘉和泰公司应按合同约定承担违约责任，支付违约金的上诉请求理据充分，应予支持。因为嘉和泰公司最后支付土地补偿金的时间是 2005 年 9 月 23 日，太重公司此前并未要求嘉和泰公司支付违约金。故嘉和泰公司应从 2005 年 9 月 23 日起承担违约责任。

综上所述，嘉和泰公司的上诉请求没有事实和法律依据，应予驳回。太重公司的上诉请求，部分有事实和法律依据，应予支持；部分没有事实和法律依据，应予驳回。一审判决认定事实清楚，但适用法律部分有误，应予纠正。根据《中华人民共和国民事诉讼法》第 153 条第 1 款第 2 项之规定，判决如下：

1. 维持山西省高级人民法院（2006）晋民初字第 20 号民事判决第 3 项。

2. 变更山西省高级人民法院（2006）晋民初字第 20 号民事判决第 1 项为：嘉和泰公司于判决生效后 30 日内向太重公司支付土地补偿金 1 508.6 万元人民币，并从 2005 年 9 月 23 日起按实际迟延付款天数以日万分之四的比例计算违约金支付给太重公司直至还清之日止。

3. 变更山西省高级人民法院（2006）晋民初字第 20 号民事判决第 2 项为：嘉和泰公司于判决生效后 30 日内，向太重公司支付营业税 58.206 24 万元人民币，支付契税 41.25 万元人民币。

如逾期不履行本判决确定之金钱给付义务，应当依照《中华人民共和国民事诉讼法》第 232 条之规定，加倍支付迟延履行期间的债务利息。

一审案件受理费 51.799 8 万元，保全费 26.5 万元，其他诉讼费 4.5 万元，合计 82.799 8 万元，由太重公司负担 50 万元，嘉和泰公司负担 32.799 8 万元；二审案件受理费 48.799 848 万元，由嘉和泰公司负担。

【思考题】

1. 如何理解政府对房地产市场的计划调控？
2. 我国为什么要实行房地产价格评估制度？
3. 房地产交易活动都涉及哪些税种？

参考书目

1. 崔建远等：《中国房地产法研究》，中国法制出版社 1995 年版。

2. 赵红梅：《房地产法论》，中国政法大学出版社 1995 年版。

3. 庄穆等：《房地产制度》，北京经济学院出版社 1993 年版。

4. 房维廉主编：《〈中华人民共和国城市房地产管理法〉实用讲话》，中国商业出版社 1994 年版。

5. 黄河：《土地法理论与中国土地立法》，世界图书出版公司 1997 年版。

6. 黄河等编著：《土地法教程》，中国政法大学出版社 2005 年版。

7. 李延荣、周珂：《房地产法》，中国人民大学出版社 2000 年版。

8. 程信和、刘国臻编著：《房地产法学》，北京大学出版社 2010 年版。

9. 温世扬、宁立志主编：《房地产法教程》，武汉大学出版社 1996 年版。

10. 符启林：《房地产法》，法律出版社 2004 年版。

11. 赵勇山主编：《房地产法论》，法律出版社 2002 年版。

12.《最高人民法院司法解释小文库》编选组编：《房地产司法解释》，人民法院出版社 2006 年版。